辽宁省教育科学"十三五"规划课题"基于教师教育功能拓展的[...]
（JG20DB416）
沈阳师范大学教学改革研究项目"'教师教育+X'的实施模式研究"
沈阳师范大学"2021—2022年度省一流学科教育学学科建设项目"

全日制教育硕士培养院校专业满意度研究

彭万英 著

知识产权出版社
全国百佳图书出版单位
—北京—

图书在版编目（CIP）数据

全日制教育硕士培养院校专业满意度研究/彭万英著. —北京：知识产权出版社，2023.6

ISBN 978-7-5130-8797-1

Ⅰ.①全… Ⅱ.①彭… Ⅲ.①教育学—硕士—专业教育—研究—中国 Ⅳ.①G451.1

中国国家版本馆CIP数据核字（2023）第112629号

内容提要

本书以利益相关者和顾客满意度理论为基础，采用自编问卷对我国教育硕士培养院校的全日制教育硕士在校生、毕业生、校内理论导师、校外实践导师、管理者及任课教师六大群体进行专业满意度现状调查，并对其满意度进行相关性和差异性分析，最终提出提高专业满意度的可行性建议。

本书适合教育学从业者、管理者阅读。

责任编辑：李 婧　　　　　　　　责任印制：孙婷婷

全日制教育硕士培养院校专业满意度研究
QUANRIZHI JIAOYU SHUOSHI PEIYANG YUANXIAO ZHUANYE MANYIDU YANJIU

彭万英　著

出版发行：知识产权出版社有限责任公司	网　　址：http://www.ipph.cn
电　　话：010-82004826	http://www.laichushu.com
社　　址：北京市海淀区气象路50号院	邮　　编：100081
责编电话：010-82000860转8594	责编邮箱：laichushu@cnipr.com
发行电话：010-82000860转8101	发行传真：010-82000893
印　　刷：北京中献拓方科技发展有限公司	经　　销：新华书店、各大网上书店及相关专业书店
开　　本：720mm×1000mm　1/16	印　　张：18.75
版　　次：2023年6月第1版	印　　次：2023年6月第1次印刷
字　　数：280千字	定　　价：98.00元
ISBN 978-7-5130-8797-1	

出版权专有　侵权必究
如有印装质量问题，本社负责调换。

目 录

第一章 绪 论 ·· 1

第二章 研究设计及调查概况 ·· 21
  第一节 研究设计 ··· 21
  第二节 调查概况 ··· 25

第三章 专业满意度总体分析 ·· 31
  第一节 专业满意度总体现状 ·· 31
  第二节 专业满意度相关性分析 ··· 33
  第三节 专业满意度差异性分析 ··· 43

第四章 专业培养目标的满意度 ·· 63
  第一节 专业培养目标及各维度满意度总体现状 ····························· 63
  第二节 专业培养目标及各维度满意度相关性分析 ·························· 70
  第三节 专业培养目标满意度差异性分析 ······································· 76

第五章 课程设置的满意度 ·· 99
  第一节 课程设置及各维度满意度总体现状 ···································· 99

第二节　课程设置及各维度满意度相关性分析 ……………107
　　第三节　课程设置满意度差异性分析 ………………………114

第六章　师资队伍的满意度 ……………………………………………137
　　第一节　师资队伍及各维度满意度总体现状 ………………137
　　第二节　师资队伍及各维度满意度相关性分析 ……………143
　　第三节　师资队伍满意度差异性分析 ………………………149

第七章　实践教学的满意度 ……………………………………………171
　　第一节　实践教学及各维度满意度总体现状 ………………171
　　第二节　实践教学及各维度满意度相关性分析 ……………177
　　第三节　实践教学满意度差异性分析 ………………………183

第八章　教学范式的满意度 ……………………………………………205
　　第一节　教学范式及各维度满意度总体现状 ………………205
　　第二节　教学范式及各维度满意度相关性分析 ……………212
　　第三节　教学范式满意度差异性分析 ………………………219

第九章　管理和经费的满意度 …………………………………………241
　　第一节　管理和经费及各维度满意度总体现状 ……………241
　　第二节　管理和经费及各维度满意度相关性分析 …………246
　　第三节　管理和经费满意度差异性分析 ……………………250

第十章　研究结论与建议 ………………………………………………271
　　第一节　研究结论 ……………………………………………271
　　第二节　建议 …………………………………………………284

参考文献 …………………………………………………………289

后　记 ……………………………………………………………293

第一章 绪 论

一、问题的提出

（一）专业学位研究生教育高质量发展的需求

2020年9月25日国务院学位委员会、教育部印发了《专业学位研究生教育发展方案（2020—2025）》，其中明确提出："发展专业学位研究生教育是经济社会进入高质量发展阶段的必然……专业学位是现代社会发展的产物，科技越发达、社会现代化程度越高，社会对专业学位人才的需求越大，越需要加快发展专业学位研究生教育。""发展专业学位研究生教育是主动服务创新型国家建设的重要路径……专业学位以提高实践创新能力为目标，在适应社会分工日益精细化、专业化、对人才需求多样化方面具有独特优势，已成为高层次应用型人才培养的主阵地，需要大力发展专业学位研究生教育。""发展专业学位是学位与研究生教育改革发展的战略重点……专业学位具有相对独立的教育模式，以产教融合培养为鲜明特征，是职业性与学术性的高度统一。国内外的需求变化表明，专业学位研究生教育地位日益重要，必须加快发展。""专业学位研究生教育主要针对社会特定职业领域需要，培养具有较强专业能力和职业素养、能够创造性地从事实际工作的高层次应用型专门人才。专业学位一般在知识密集、需要较高专业技术或实践创新能力、具有鲜明职业特色、社会需求较

大的领域设置。"

教育硕士研究生教育作为专业学位研究生教育的一种类型，有必要满足高质量发展的需求。

（二）教师教育振兴发展的需求

2022年4月2日由教育部等八部门印发的《新时代基础教育强师计划》中明确提出："高质量教师是高质量教育发展的中坚力量。为贯彻落实《中共中央 国务院关于全面深化新时代教师队伍建设改革的意见》，按照《中华人民共和国国民经济和社会发展第十四个五年规划和2035年远景目标纲要》要求，着力推动教师教育振兴发展，努力造就新时代高素质专业化创新型中小学（含幼儿园、特殊教育，下同）教师队伍，为加快实现基础教育现代化提供强有力的师资保障"。第六条中提出："实施高素质教师人才培育计划。持续实施卓越教师培养计划……适应基础教育改革发展，遵循教师成长规律，改革师范院校课程教学内容，改进教学方法手段，强化教育实践环节，提高师范生培养质量。"

作为培养我国基础教育高层次师资的教育硕士专业学位研究生教育，近年来发展迅猛，截至2022年10月4日，全国教育硕士专业学位招生院校已达190所（其中授权点院校185所），累计录取各类教育硕士研究生54万余人。获得学位人数截至2021年年底近32万人。❶ 随着招生规模的不断扩大，培养院校的不断增加，培养类型和形式日益多样化，教育硕士研究生的培养质量日显重要，尤其是全日制教育硕士的实践能力质量提升尤为关键。然而现实情况却不尽如人意。2021年3月，全国教育专业学位研究生教育指导委员会（以下简称全国教指委）根据国务院学位委员会发布的《关于开展2021年学位与研究生教育质量专项巡查的通知》将"教学范式"作为巡查的重点，并对30所院校开展了为期两个月的专项巡查，在巡查中发现现阶段部分院校"实践教

---

❶ 全国教育专业学位教育指导委员会.教育专业学位教育概况［EB/OL］.（2016-01-12）［2022-11-15］.eduwest.com.

学"环节存在一些问题❶，为此，如何提升全日制教育硕士培养质量尤其是专业培养质量成为当前研究的重要课题之一。

（三）高等教育利益相关者——师生的诉求

满意度测评一直是国内外高等教育质量保障效果的有效方式之一。学生是高等教育的利益相关者之一，重视学生对高等教育质量的诉求是"以学生为本"的办学理念的集中体现。高等教育质量集中反映在培养成效上，而培养成效的好坏又取决于培养条件、培养过程各个要素及环节的质量。其中，专业质量是培养过程和培养条件中的核心要素。教育部2021年1月21日印发的《普通高等学校本科教育教学审核评估指标体系（2021—2025年）》中明确提出了二级指标"质保效果"下审核重点之一就是"学生和用人单位的满意度"。其实，随着世界高等教育理念的发展，世界各国已将高等学校提供的教育视为一种服务，并且提供的这种教育服务已由"以提供者为中心"向"以服务者为中心"转变。学生作为高校的服务对象、利益相关者之一，应该享受到优质的教育。在高等教育服务理念的倡导下，顾客满意理论已被引入高等教育领域。目前在世界范围内，很多国家已经开展了大学生满意度调查。我国很多高校也开始重视对学生满意度的调查。作为为学生提供教育服务的高等院校，重视专业满意度的研究，可了解学生对学校各专业的满意程度，便于发现问题，及时改进，从而促进人才培养质量的全面提升，实现高校的可持续发展。

教育硕士研究生教育借鉴国内外有关大学生满意度的调查方案，同时增加对利益相关者之一的教师对教育硕士专业满意度的测评，将会更加全面衡量专业培养质量，这也是对专业满意度研究的一个重要补充内容。

---

❶ 张斌贤.2021年教育专业学位教育专项质量巡查情况报告［R］.北京：北京师范大学，2021.

二、研究目的与价值

（一）研究目的

本书通过分析我国全日制教育硕士培养质量国内外相关文献、《全日制教育硕士专业学位研究生指导性培养方案（修订）》及《中小学教育专业师范生教师职业能力标准（试行）》等，形成全日制教育硕士满意度评价指标体系，并以三级评价指标为依据设计教师卷和学生卷，分别对我国全日制教育硕士培养院校专业满意度进行教师和学生两大类的问卷调查，其中教师包括理论导师、实践导师、任课教师及管理者，学生包括毕业生和在校生。根据问卷调查数据，全面了解现阶段我国全日制教育硕士培养院校专业满意度的现状，分析不同主体间专业满意度的差异，提出全日制教育硕士培养院校专业满意度提升的建议，从而为提高全日制教育硕士培养质量提供参考。

（二）研究价值

（1）理论价值。通过构建教育硕士研究生专业满意度评价指标体系，丰富教育评价学的研究内容，同时为研究生教育提供新视角，具有重要的理论先导意义。

（2）应用价值。将教师和学生作为全日制教育硕士培养院校专业满意度评价的主体，将专业满意度作为评价专业教育质量的依据。

三、核心概念界定及理论基础

（一）核心概念界定

专业是高校根据学科分类和社会分工所划分的学业门类，专业与学科分类、社会分工是既相互区别又相互联系的两对概念。❶

---

❶ 唐卫民，彭万英．地方普通本科高校学生专业满意度研究［M］．北京：中国社会科学出版社，2017：9．

专业满意度是指高等院校学生在接受专业教育过程中，将自己接受的专业教育服务与自己预期相比较，对专业培养目标、课程设置、师资队伍、教学内容与方式、管理与经费等专业要素所产生的愉悦或失望的心理感受。

全日制教育硕士是教育硕士的一种类型，其培养目标是掌握现代教育理论、具有较强的教学实践能力、具有发现问题和解决问题的能力、高素质的基础教育学校和中等职业技术学校专任教师和管理人员。❶本书中的全日制教育硕士培养院校专业满意度是指在专业培养目标、课程设置、师资队伍、实践教学、教学方式、管理与经费等方面的师生满意度。

（二）理论基础

1.利益相关者理论

"利益相关者"的概念有广义和狭义之分。广义的概念认为利益相关者是能够影响企业或被企业影响的人或群体，既包括有益于企业价值实现的利益相关者，也包含不益于企业价值实现的利益相关者，如股东、员工、客户、供应商、政府机构、业界团体、竞争对手、公益团体、抗议群体等，更注重强调企业与利益相关者的双方立场。狭义的概念认为利益相关者是与企业有直接关系或者占有重要位置的人或群体，如股东、员工、客户、供应商、重要的政府机关和社会团体、相关的金融机构等，更强调企业的立场。❷

利益相关者理论的核心内容是：受公司利益影响的不仅仅是出资人，而是所有利益相关者，公司治理的目标应是满足多方利益相关者的不同要求，关注公司经营所造成的社会经济和政治影响，使各利益相关者都能参与公司治理，公司决策由各利益相关者合力参与、共同决定。从现代企业的生存与发展来看，企业是物质资本与人力等资本的特别契约，企业并非仅仅依赖于股东，而更多地依赖于利益相关者的合作。为了提高公司治理的效率，就必须平等地对待和保护每个利益相关者的产权权益，具体地讲，就是通过剩余索取权合理分

---

❶ 全日制教育硕士专业学位研究生指导性培养方案（修订）[R].教指委发（2017）04号.
❷ 胡赤弟.教育产权与现代大学制度构建[M].广州：广东高等教育出版社，2008：155.

配实现各自的产权权益，通过控制权的合理分配构建一个利益相关者的相互制衡机制，以防范自身权益遭受他人侵犯，从而达到长期稳定合作的目的。❶

大学是一种典型的利益相关者组织，充分认识利益相关者视角下大学治理的境域转换，坚定大学组织的本质属性，将引导大学治理的真正方向。利益相关者理论的提出给大学的利益相关者共同治理提供了理论依据。❷利益相关者理论研究表明，企业除了为股东服务之外，还要为利益相关者服务，是利益相关者之间的"契约网"。由于大学是非营利性组织，所以，本质上它更是利益相关者之间的一张"契约网"，是利益相关者共同治理的组织机构。利益相关者理论为高等教育资源主体之间的合作提供了有价值的研究框架。当今世界利益相关者理论也逐渐成为社会、政治发展的新模式。有关文献研究已经显示，利益相关者理论同样适用于高等教育领域，成为指导高等教育发展的新框架。❸

2. 顾客满意度理论

顾客满意度就是顾客对某种商品的满意度，"是一种顾客满意的量化统计指标，描述了顾客对产品的认知（期望值）和感知（实际感受值）之间的差异，可以测量顾客满意的程度"❹。"顾客满意度实际上包含了顾客满意（积极的）和顾客不满意（消极的）两个方面的含义。"❺当顾客的期望值小于实际感受值时，顾客的满意度就高，会对该产品产生赞誉；当顾客的认知大于感知时，顾客的满意度就低，会对该产品产生抱怨。❻

顾客满意度测评的主要流程：确立测评指标并量化→确定被测评对象→抽样设计→问卷设计→实施调查→调查数据汇总整理→计算顾客满意度指数→分

---

❶ 尹晓敏. 利益相关者参与逻辑下的大学治理研究 [M]. 杭州：浙江大学出版社，2010：31–39.

❷ 尹晓敏. 利益相关者参与逻辑下的大学治理研究 [M]. 杭州：浙江大学出版社，2010：31–39.

❸ 尹晓敏. 利益相关者参与逻辑下的大学治理研究 [M]. 杭州：浙江大学出版社，2010：31–39.

❹ 曹礼和. 顾客满意度理论模型与测评体系研究 [J]. 湖北经济学院学报，2007（1）：115-119.

❺ 郑山. 中雅机电实业公司顾客满意度测评及改善对策研究 [D]. 南昌：南昌大学，2009.

❻ 曹礼和. 顾客满意度理论模型与测评体系研究 [J]. 湖北经济学院学报，2007（1）：115-119.

析评价→编写顾客满意度指数测评报告→改进建议和措施。❶

学生满意度测评方面的理论和实证研究大多数都是通过调查的形式来进行的。要准确地测量学生满意度，首先应该建立满意度指标体系，满意度指标体系能综合反映其本身和环境所构成的复杂系统的不同属性，并按一定层次结构和隶属关系有序组成。❷

由于顾客满意度理论运用的是心理活动和心理特征的过程，因此，本书在教师与学生对培养质量的认知现状中主要运用此理论，将教师和学生的满意度分为"很满意""满意""一般""不满意""很不满意"五级。并且，把教师和学生对专业满意度进行对比分析，发现其中的反差，通过对反差大的方面进行改进来提高全日制教育硕士的专业培养质量。

四、国内外研究述评

（一）国内外研究现状

通过在中国知网以及读秀学术等数据库搜索国内学者对"专业满意度"研究的相关文献，发现研究对象大多为高职、本科生或某一专业研究生，而以教育硕士研究生为对象的专业满意度研究比较缺乏。下面就专著类和论文类两个层面对相关文献进行具体梳理。

1. 专著类

学生满意度研究最早在美国进行，1966年美国教育委员会使用CIRP（Cooperative Institutional Research Program）测量新生的满意度。而对学生满意度测量最有影响的是1993年由Noel-Levitz公司出版的SSI（the Student Satisfaction Inventory）量表，该量表是一个可靠性和有效性都很高的调查工具，被美国大学广泛应用，在为大学提供大量综合性满意度分数方面非常有用。我

---

❶ 李红玫.辽宁省普通高等院校学生满意度研究［D］.沈阳：沈阳师范大学，2011.
❷ 李红玫.辽宁省普通高等院校学生满意度研究［D］.沈阳：沈阳师范大学，2011.

国很多学生满意度的研究和实践也都借鉴使用了这个量表。❶

英国也是世界上高等教育最发达的国家之一。由英国高等教育学会（the Higher Education Academy）与 Ipsos MORI. 共同设计的《大学生满意度量表》面向全国大学的应届大学生进行满意度调查。调查目的在于改善学校和学生之间关系、促进学校发展、监测教学质量、指导未来新生选校学习的重要手段。❷

我国学界关于满意度方面的研究起步较晚，学术著作《现代大学管理：以美国大学学生满意度调查为例》，主要论述了学生满意的基本理论、学生满意度调查在美国大学的兴起和发展、美国全国性大学学生满意度调查的产生及其调查内容、调查方法、调查结果分析、调查的效用和影响等，并且总结了美国大学学生满意度调查的特点。❸

《大学生学习满意度实证研究》通过全国范围内的调查搜证，意在通过实证的方式探讨大学生学习满意度的状态指标、影响因素和内部结构，理清大学生学习期望值和学习体验之间的绩差关系，建立了学生学习满意度的相关模型。❹

《地方普通本科高校学生专业满意度研究》分别对辽宁省部分公办、民办高校的在校生和毕业生的专业满意度情况做了调查与分析，对教育学专业学生满意度做了深入的个案研究，具体剖析了影响其满意度的相关因素及原因、影响其选择就读专业可能因素的重要程度，以及专业构成要素的满意度与专业总体满意度的关系。❺

《中国研究生满意度调查》针对国内研究生（包括硕士和博士）的总体满意度、课程教学满意度、科研训练满意度、导师指导满意度、管理服务满意

---

❶ 李红玫.辽宁省普通高等院校学生满意度研究[D].沈阳：沈阳师范大学，2011.

❷ 杨晓明，金龙，张艳.英国大学生满意度调查及其启示[D]// 转引自李红玫.辽宁省普通高等院校学生专业满意度研究.沈阳：沈阳师范大学，2001.

❸ 韩玉志.现代大学管理－以美国大学学生满意度调查为例[M].杭州：浙江大学出版社，2008：1.

❹ 文静.大学生学习满意度实证研究[M].北京：教育科学出版社，2015：1.

❺ 唐卫民，彭万英.地方普通本科高校学生专业满意度研究[M].北京：中国社会科学出版社，2017：1.

度、专业学位研究生满意度按时间序列进行了调查分析。❶

《大学生专业教学满意度研究与实践》通过对本科生专业教学质量关键影响因子的实证研究，构建专业教学满意度指标体系与测评模型。同时，对应届毕业生专业教学满意度现状进行调查和比较分析，并将满意度测评结果用于教学管理实践的案例呈现。❷

《本科教学质量评估研究——以毕业生满意度为视角》以顾客满意度理论作为基础，将毕业生作为整个高校教育质量的评价主体，围绕高校本科教育质量对毕业生的影响展开研究，构建评价指标。鉴于毕业生既是本科教育结果质量的检验者，又是教育的产品，故从毕业生的角度出发分析和反馈高等教育质量，是衡量高校本科教育质量的关键一环。在此基础上构建了高校本科教育质量的评价模型，科学、合理地建立本科教育质量评价指标体系。❸

2. 论文类

（1）专业满意度的整体研究。

黄瑾婵选取4所学校的401名临近毕业的旅游英语专业的学生，借鉴美国顾客满意度（ACSI）和中国大学生满意度（CCSSI），结合高职旅游英语专业建设特色，从专业形象、学生预期、课程设置、专业软硬件、学生感知价值、就业信心、学生忠诚方面进行了专业满意度调查，并根据各影响因素之间关系的分析结果，有针对性地提出加强高职旅游英语专业建设的建议。❹

赵泽群、孙宇飞等以实施专科教育的高等职业院校一年级学生为研究对象，从学生个人视角对高职专业选择满意度影响因素进行分析。研究发现，个人因素、社会因素和家庭因素对学生的专业满意度均有较为显著的正向影响，但影响其满意度的主要原因首先是对职业岗位缺乏了解、个人能力不足，其次是学校就业指导不够，再次是对自己不够了解，最后是缺乏填报技巧。因此，

---

❶ 周文辉.中国研究生满意度调查［M］.北京：中国科学技术出版社，2018：1.
❷ 胥桂宏.大学生专业教学满意度研究与实践［M］.镇江：江苏大学出版社，2019：1.
❸ 艾小娟.本科教学质量评估研究——以毕业生满意度为视角［M］.北京：中国社会科学出版社，2021：1.
❹ 黄瑾婵.高职院校学生专业满意度影响因素研究［D］.广州：暨南大学，2020.

从学生个体角度来看，在建立科学的职业认知、提升选择能力等方面还有较大空间，由此提出相关政策建议。❶

伍榕认为影响大学新生专业满意度的因素分为内在因素和外在因素，其运用 ACSI 的基本原理与方法，把专业满意度作为目标变量，专业期望、感知专业质量、感知专业价值作为前置变量，专业信任和专业抱怨作为结果变量，进而构建涵盖 6 个一级指标、13 个二级指标、35 个三级指标的大学新生专业满意度测评指标体系。通过对湖南高校的调查，得出大学新生专业满意度整体上处于基本满意水平且具有较大提升空间的结论，进而提出可以通过完善招生录取政策、完善专业注册制度、完善人才培养政策、完善专业与就业指导模式，不断拓展服务内容，丰富服务方式，提升大学新生专业满意度。❷

周银香以浙江财经大学为例，通过构建结构方程模型（SEM），从教学内容与目标、教学方法与手段、教师技能、教学效果评估等视角分析了大数据时代经管类专业统计学教学的现状及满意度，进而提出构建"理论—实验—实践"三位一体的教学范式、创新数字化项目式教学手段、完善一体化效果评价方式及提升统计实践应用价值等对策建议。❸

刘荣君、任志洁等对涉农专业学生进行专业满意度调查，针对农业职业教育生源不足、学校开设专业课程满意度不高、部分学生对从事本专业目标不明确的问题，提出政府要加大对农业高职院校的支持力度、农业高职院校要加大宣传力度、农业高职院校要加强师资培养等改进措施。❹

陈霞通过编制教育类硕士生专业满意度调查问卷，对重庆市四所高校的 450 名教育类硕士开展专业满意度调查。调查分析了课程教学、科学研究、导

---

❶ 赵泽群，孙宇飞，邱懿．高职专业选择满意度影响因素、问题与展望——学生个体视角 [J]．中国职业技术教育，2021（19）：82-86．
❷ 伍榕．基于 ACSI 的大学新生专业满意度测评指标体系研究 [D]．湘潭：湘潭大学，2019．
❸ 周银香．大数据时代统计学教学满意度评价及提升研究——以浙江财经大学经管类专业为例 [J]．教育教学论坛，2022（03）：17-20．
❹ 刘荣君，任志洁，王润霞．高职院校涉农专业学生对本专业满意度分析——以内蒙古某农业高职院校为例 [J]．现代职业教育，2021（33）：100-101．

师指导、管理服务、就业前景等因素对专业满意度的影响，得出结论：教育类硕士生专业满意度整体较低。对此情况，应该优化课程设置，调整课程内容；创新科研管理体制，加大科研投入力度；确立学生主体地位，强化师生共同体；增强管理与服务意识，提高管理人员素质；提高学生自身综合素质，完善就业指导体系。❶

（2）专业培养目标满意度研究。

张淑慧自行编制满意度问卷对冰雪方向体育大学生专业满意度进行调查。通过统计分析，发现冰雪方向体育大学生专业满意度、学习投入度和学业收获水平中等，有很大的提升空间，其中学习投入度、专业满意度中课程设置维度、培养目标达成度维度、就业前景维度等与学业收获变量存在显著的正向相关关系。针对分析结果，提出：一方面要增强冰雪方向体育大学生专业适应性和专业情感认同，提高专业学习投入度；另一方面高等体育院校在培养目标设置中应融入冰雪运动技术专项类培养活动特点，保证构建科学合理的专业课程体系，加大实践学习的投入，培养学生的职业素质，为社会提供专业化人才。❷

窦硕华按照外语教育定位的不同，将江苏省27所高校分为综合、师范类、理工类、农林、医药、财经类，并以江苏省高校外语院系在校本科生（多语种）为研究对象，全面考察人才培养各个环节的学生满意度，归类分析不同学科背景的高校在外语教育领域存在的问题，提出不同类型的高校应因校制宜，重新确定本校外语教育的办学定位尽可能地走差异化发展道路，并将人才培养的重心从传统的语言能力向综合能力转移。❸

王萌萌采用自编问卷，从过程累积满意度的视角对H校硕士研究生专业满意度进行研究，从专业期望与专业感知双维度对专业满意度进行测量。通过分析得出H校硕士研究生专业满意度处于中等偏上水平，专业满意度作为累

---

❶ 陈霞.教育类硕士研究生专业满意度调查研究［D］.重庆：重庆师范大学，2018.
❷ 张淑慧.冰雪方向体育大学生专业满意度、学习投入度对学业收获的影响［D］.哈尔滨：哈尔滨体育学院，2019.
❸ 窦硕华.不同类型高校的外语院系学生专业满意度比较分析［J］.煤炭高等教育，2022，40（04）：18-25.

积变量，受到专业期望与专业感知两方面的影响，专业期望对专业感知具有正向预测作用，专业感知对专业满意度的影响高于专业期望。最后，结合硕士研究生专业满意度影响因素和专业满意度对学习结果影响的分析过程，从院校层面和个体层面对提高硕士研究生专业满意度提出了相关建议。❶

李孟璐、柳亮选择某地方医科大学5300名学生进行自制式问卷调查，了解地方医学院校在校本科生专业满意度现状及其影响因素。研究结果表明总体满意度一般，学生对所学专业的认识不足。在所有影响因子中，学生对"未来就业前景"的满意度最低。因此，应通过加强对学生的专业教育和指导，让学生了解专业内涵和就业前景，指导学生对学业和职业进行合理规划，增强专业认同感。此外，针对学生对专业的"培养特色"满意度不高的问题，地方医学院校需要适时调整专业结构，集中资源建设优势专业，打造特色专业。❷

丁沁南将专业满意度作为专业教育的结果变量，并将其影响因素区分为两大类：一类为人口统计学变量，另一类为专业教育过程中涉及的变量，包括专业自主选择、专业承诺。结果发现，专业选择和专业培养两个环节都是影响专业教育结果的有效路径。但从目前我国专业教育的整体过程来看，专业人才培养过程仍存在缺乏衔接性、灵活性和科学性的现象。因此，在具体实践过程中，需要三个环节科学衔接，实现专业教育资源的效用最大化。❸

（3）教学、课程满意度研究。

安惠麟分析外国专硕对课程的认知与满意度，将课程认知分为课程目标、课程结构、课程内容、课程实施和课程管理4个部分，并探讨课程认知与满意度、课程帮扶与课程满意度的相关度。通过调查发现教师授课方式和态度，学校和教师的指导、关心是影响课程满意度的重要影响因素，分别在课程设置与

---

❶ 王萌萌.硕士研究生专业满意度及其对学习结果的影响研究［D］.上海：华东师范大学，2020.

❷ 李孟璐，柳亮.地方医学院校本科生专业满意度调查分析［J］.中国高等医学教育，2022（05）：15-17.

❸ 丁沁南.选择重要还是培养重要——本科生专业自主选择、专业承诺与专业满意度关系探究［J］.教育发展研究，2019，39（23）：27-33.

课程安排、课程内容和课程实施、课程管理提出建议。❶

李颖君选择广西外国语学院东盟语种专业的学生为研究对象，分析学生对课堂教学的评价及其影响因素。研究结果表明，教师的教学态度、教学内容和教学方法对学生的满意度评价有显著的影响。提出应通过加强教师专业能力建设、转变教学方式等途径提升东盟语种专业课堂教学满意度。❷

黄艳丽、杨葛君等重视临床学院教学模式的学生满意度，以 B 地方高校临床学院学生教学信息员反馈文本为研究对象，借用 NVIVO11 软件分析临床学院教学模式学生满意度。研究发现，总体上学生临床学院教学模式满意度较高，但在教师教学、学生学习、教学管理、教学保障各方面还存在提升空间，提出应提升教师执教能力、创新教学方法，教学安排时应注重理论与实践的结合，夯实临床学院同质化建设、严抓教学常规管理等改进措施。❸

陈倩对 LS 中专财经商贸专业学生进行课程满意度调查与评价，研究结果显示：LS 中专财经商贸专业学生对学校课程的总体满意度一般，在课程满意度维度中，满意度最高的是基本课程满意度，其次是生涯发展能力，对工作胜任能力维度最不满意。并从提升对职业核心素养的认识、建设"双师型"教师队伍、建立健全课程体系、开展对口实践培训、帮助学生树立良好的学习态度方面提出了提高课程满意度的对策。❹

熊敏通过对教育硕士（职业技术教育领域）专业学位研究生进行关于课程满意度的问卷和访谈调查，发现教育硕士（职业技术教育领域）专业学位研究生对课程总体上比较满意，但也存在课程设置满意度有待加强、课程内容满意度整体偏低、课程实施满意度有待提高、课程评价满意度部分欠佳的问题。研

---

❶ 安惠麟.基于 SEM 的云南省高职院校在校大学生对专业满意度的研究［D］.昆明：云南财经大学，2019.

❷ 李颖君.东盟语种专业课堂教学满意度调研——以广西外国语学院为例［J］.高教论坛，2021（10）：117-120.

❸ 黄艳丽，杨葛君，许华山.临床医学专业临床学院教学模式学生满意度分析——基于 Nvivo11 的质性研究［J］.高教论坛，2020（09）：45-49.

❹ 陈倩.基于职业核心素养的中职财经商贸专业课程满意度评价研究［D］.大连：辽宁师范大学，2021.

究分别从行业企业、高校管理者、任课教师和作为见习实习研习基地的中等职业学校四个利益相关者角度出发，提出了"四位一体"的系统对策。❶

（4）实践教学满意度研究。

林荫采用深度访谈法对10名中职学校旅游专业实习生的实习体验满意度进行了半结构化式的访谈，借助研究工具NVIVO12.0进行质性分析，得出影响旅游专业实习体验满意度的四大因素为个体层面因素、工作层面因素、群体层面因素、组织层面因素。最后提出学生应加强对自身性格的了解与专业认知，优化实习单位管理体系，加强学校在教材、教学方式及课程方面的指导，同时建设教育机构的实习体系的建议，以提高学生实习体验满意度。❷

王传毅、李福林聚焦不同类型的实习形式，利用2020年对全国42 582名专业硕士满意度调查的数据，充分考察了实习对其实践创新能力及职业素养的影响。研究发现，实习对专业硕士的实践创新能力和职业素养具有正向影响，且实习活动越嵌入真实的工作场景，正向影响越大。鉴于实习对专业硕士培养所起的重要作用，研究认为应充分发挥政府、高校和企业的重要作用，为专业学位研究生提供高质量的实习机会。❸

赵潇竹、李晓飞等认为集中实习满意度是评价学校实践教学质量、提升学生实践能力、完善实习机制的重要依据。因此，以2021届毕业生为研究对象，从实习总体安排、实习任务、校内指导教师、实习基地环境、实习基地指导教师五个方面对集中实习满意度展开调查研究。通过对调查结果的分析，提出优化实习课程设计、建构稳定的实习基地、强化实习过程管理等相关建议。❹

刘睿构建了基于WSR方法论的体育教育专业学生教育实习满意度评价指

---

❶ 熊敏.教育硕士（职业技术教育领域）专业学位研究生课程满意度研究［D］.天津：天津职业技术师范大学，2022.
❷ 林荫.中职学校旅游专业学生实习体验满意度调查研究［D］.大连：辽宁师范大学，2019.
❸ 王传毅，李福林.实习如何"赋能"专业学位硕士研究生——基于研究生满意度调查［J］.中国高教研究，2021（10）：81-87.
❹ 赵潇竹，李晓飞，胡慧敏.河北省新建本科院校学前教育专业学生集中实习满意度调查——以X学院学前教育专业2021届毕业生为例［J］.西部学刊，2021（22）：84-87.

标体系，采用问卷调查法、数理统计法对江苏省部分高校体育教育专业学生教育实习满意度进行调查。结果表明，江苏省高校体育教育专业学生教育实习总体满意度在一般至比较满意之间。研究从教育部门、高校、实习学校、指导教师、学生的角度提出提高体育教育专业学生教育实习满意度的建议。❶

常荔、吕河西等在评估 W 校公共管理专业课堂实践、课题研究及实习实训三种实践教学模式的学生满意度的基础上，剖析影响学生对实践教学满意度的因素为实践教学活动的系统性安排、实践教学资源的协同支持、教师对学生的指导反馈、实践教学质量的考核激励机制，进而有针对性地提出完善公共管理专业实践教学模式的策略。❷

（5）师资、管理与经费满意度研究。

李卫祥针对地方高校农科大学生的专业满意度从十个维度进行了考察，并对影响农科大学生专业满意度的影响因素进行分析。其中教师保障条件是影响其满意度的因素之一，学生对教学设施和图书资料的反映主要为提供给学生实践动手的机会少，设施设备的有限不能保障更多的实践教学活动开展，在学生阅读图书上学生对图书资源表示还有欠缺。学生的反应说明了地方高校在强化教学条件方面的投入不足。对此情况，提出要加大专业设施投入，重视和加大涉农专业的实验设备、实习实训基地、图书资料等方面的建设；重视师资队伍建设，组建好新农科专业的师资队伍。❸

曲彩云、吴楠冰对西藏高校培养的公费师范生的专业满意度进行实证调研。专业满意度各维度情况表明，当前西藏公费师范生对自己所学专业的满意度不高，具体到二级维度，学生对专业师资和专业管理人员服务的满意度最低。原因在于，一方面，西藏地区缺乏教育部属高校，在培养高水平的师资上存在很

---

❶ 刘睿.基于WSR方法论的体育教育专业学生教育实习满意度研究［D］.南京：南京师范大学，2020.

❷ 常荔，吕河西，周荣.满意度视角下公共管理专业实践教学模式优化［J］.黑龙江教育（高教研究与评估），2020（05）：48-51.

❸ 李卫祥.地方高校农科大学生就读专业满意度的调查研究［J］.教育现代化，2020，7（51）：190-192，196.

大局限，且教师无法适应该地区环境，另一方面，高校中的教师往往承担着行政岗与教学岗职责，传达消息时效性不强，且学生在日常学习生活中所反馈的问题未能得到及时解决，导致学生对专业管理人员管理水平满意度不高。因此，要想使免费师范生的培养达到预期的效果，学校需要在提升专业师资水平、加强学校设施建设、加强对大学生高考志愿填报的指导上继续做出努力。❶

如鲜古丽·艾海提聚焦三所MTI英语口译专业2022年毕业生这一群体，从学生培养方案及其实施、课程设置、师资、学生能力培养及职业规划五个方面调查学生对MTI学位教育满意度。研究结果显示，学生对师资力量及综合能力培养较满意，对导师制度、实践实习、职业规划等不满意，由此提出高校应该优化课程内容，实行双导师制，制定职业规划等有关建议。❷

刘超在全国49家有图情专硕的培养单位中进行了满意度问卷发放，分析结果发现，课程教学、科学研究、导师指导和管理与服务因素对培养过程满意度有着显著影响。针对结果从以下方面提出建议：创新课程教学体系，巩固科研主体地位，构建完善的实践教学体系，落实好导师责任制及双导师制培养方式，不同单位建立优势互补的联合培养模式，重视MLIS硕士点管理与服务水平的提升。❸

巨岚采用问卷调查法，对206名职教硕士对校内外导师的综合素质、指导内容、指导过程、指导效果四个方面的满意度展开调查。结果显示，职教硕士认为的导师方面存在综合素质可待优化、指导内容部分欠佳、指导过程有待提升、指导效果需要提高的问题。研究从学生、导师、学校、合作单位四个层面入手，提出提升导师的指导工作质量与指导效率的建议与对策。❹

---

❶ 曲彩云，吴楠冰.西藏地区公费师范生专业满意度实证研究［J］.现代职业教育，2022（10）：148-150.

❷ 如鲜古丽·艾海提.MTI英语口译专业研究生学位教育满意度调查［D］.北京：北京外国语大学，2022.

❸ 刘超.图书情报专业硕士培养过程满意度调查与影响因素研究［D］.济南：山东师范大学，2022.

❹ 巨岚.教育硕士（职业技术教育领域）专业学位研究生对导师满意度研究［D］.天津：天津职业技术师范大学，2022.

（二）对已有文献的评价

综上所述，我国对专业满意度问题的相关研究成果颇丰，尤其以近十年为突出。从研究成果内容上看有理论研究，有比较研究，有不同院校的研究，有不同专业的研究；在研究方法上，主要以调查研究、个案研究等方法为主。可以说，这些研究不但拓展了专业满意度的研究领域，同时也为本书研究思路的拓展、研究策略的提出和研究方法的确立提供了重要的借鉴和参考。

但是，由于专业满意度问题在学术界还是一个较新的研究领域，因而尚存在些许不足。在现已出版的学术著作中，尚未发现有专门研究教育硕士研究生专业满意度的著作，更多的学者是从学生整体满意度或学习满意度、实习满意度等方面加以研究。论文类中有涉及专业满意度研究的，但是研究对象狭窄，研究不系统，也没有专门针对我国全日制教育硕士培养院校专业满意度进行的系统研究。因此，本书研究弥补了高等教育领域教育硕士培养院校专业满意度的空白，研究成果也将对全国教指委及全日制教育硕士培养院校提供有力的数据支撑。

五、研究内容、思路与方法

（一）研究内容

（1）构建全日制教育硕士培养院校专业满意度评价指标。本书以相关群体为基础构建模型和满意度理论为理论基础，通过对文献整理构建专业满意度评价指标。

（2）全日制教育硕士培养院校专业满意度实证评价。本书对全国教育硕士培养院校的教师（理论导师、实践导师、任课教师、管理者）及学生（在校生和毕业生）进行测评（自评及他评），并进行统计分析。

（3）提出全日制教育硕士培养院校专业满意度提升策略的完善建议。本书依据满意度实证测评所得结果，结合实际情况，为提升教育硕士培养院校的专业满意度提供可行的建议。

（二）研究思路

首先，在问题提出的基础上，对专业满意度进行概念界定和理论基础分析，再综合相关文献资料，构建教育硕士专业满意度评价指标体系；其次，根据评价指标体系，编制满意度测评问卷，从自评（在校生、毕业生）、他评（理论导师、实践导师、任课教师、管理者）两个视角六大群体了解全日制教育硕士培养院校专业满意度现状，挖掘存在问题，进行满意度的相关性和差异性分析；最后，基于存在问题及满意度的相关性和差异性的分析，提出全日制教育硕士培养院校专业满意度提升策略（见图1-1）。

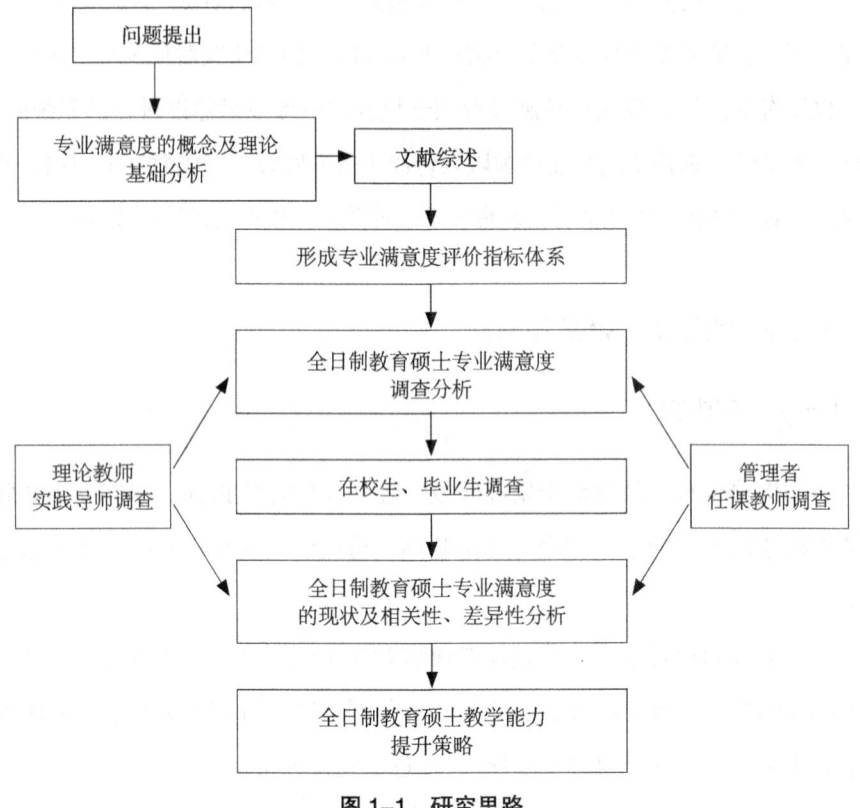

图1-1 研究思路

（三）研究方法

1. 文献法

依托学校图书馆丰富的馆藏资源——独秀学术资源、中国知网（CNKI）、EBSCO等中外文数据库对"专业满意度"及"教育硕士"相关文献进行广泛收集、查阅与分析，为本书提供理论与逻辑支撑。

2. 问卷调查法

依据构建的专业满意度指标体系，分别编制教师卷和学生卷进行专业满意度现状的问卷调查，其中教师包括双导师（理论导师、实践导师）、任课教师及管理者，学生包括在校生和毕业生，从而为本书提供有力的实证调查支撑。

3. 比较研究法

本书通过比较不同院校类型、师生不同主体的专业满意度，分析专业满意度的差异及存在的问题，并进行系统的归因分析。

4. 统计学分析法

运用SPSS26.0对六大类群体调查的数据进行相应的统计与分析。

第二章 研究设计及调查概况

第一节 研究设计

一、调查目的

2021年3月11日,《中华人民共和国国民经济和社会发展第十四个五年规划和二〇三五年远景目标的建议》正式出台,明确提出"建设高素质专业化教师队伍",教师教育专业化标准是教师队伍建设的重要保障。教育硕士研究生作为未来教师预备军,其培养质量的高低直接影响基础教育和中职师资队伍的整体质量。本书主要对我国全日制教育硕士培养院校专业满意度的现状进行调查。通过对专业满意度整体、各维度的现状及相关主体的差异性分析,总结出全日制教育硕士培养院校专业满意度存在的问题,依据现存问题提出相应策略,从而为全国教指委及教育硕士各培养院校提供一手数据和决策参考。

二、调查问卷的设计与实施

（一）调查问卷的设计

调查问卷是依据研制的专业满意度评价指标体系自编而成的,主要围绕个人基本情况、专业满意度总体状况、专业满意度各维度评价价量表,设计了2份问卷,即教师卷和学生卷,教师卷的调查对象包括理论导师、实践导师、任

课教师和管理者四类群体，学生卷包括在校生和毕业生两类群体。调查问卷的重点在于专业满意度评价量表，本书在相关文献及专家咨询的基础上，编制专业满意度的指标体系，包括二级指标6个，三级指标19个（见表2-1-1）。

表 2-1-1　专业满意度指标体系

一级指标	二级指标	三级指标
专业满意度	专业培养目标满意度	符合学校办学定位
		符合基础教育发展需求
		以实践为导向
	课程设置满意度	课程结构
		课程内容
		课程考核方式
		实践课程百分比
	师资队伍满意度	校内理论导师
		校外实践导师
		任课教师
	实践教学满意度	校内实训
		校内实验设施
		校外"三习"
	教学范式满意度	案例教学
		讲授教学
		讨论教学
		实验教学
	管理与经费满意度	教学管理
		经费投入

（二）问卷调查的实施

本次问卷调查分为预测和正式调查两个阶段。预测阶段于2022年11月1日—3日进行，将编制好的问卷星链接同时发给20名教师和30名同学进行试填，并收集反馈意见后再次修订问卷，最终形成定稿。正式调查阶段于2022

年11月6日—12日进行，调查采取全覆盖方式，即通过全国教指委秘书处对全国190所教育硕士培养院校工作群发放问卷星问卷链接，再由各校负责老师转发给教师和学生，两份问卷总体回收情况是学生卷共计31 085份、教师卷共计11 443份。

对回收问卷的参与学校进行统计可知，参加教师卷的学校是170所，按照不同隶属层次、不同类型、不同城市、不同地区、不同审批批次进行统计可知，院校数分别是部属院校23所、非部属院校147所；师范类院校64所、非师范类院校106所；直辖市和省会城市（自治区首府）院校90所，其他城市院校80所；华东地区院校50所、华南地区院校13所、华中地区院校29所、华北地区院校23所、西南地区院校17所、西北地区院校18所、东北地区院校20所。

参与学生卷的学校是177所，按照不同隶属层次、不同类型、不同城市、不同地区、不同审批批次进行统计，具体院校数分别是部属院校26所、非部属院校151所；师范类院校64所、非师范类院校113所；直辖市和省会城市（自治区首府）院校91所，其他城市院校86所；华东地区院校51所、华南地区院校13所、华中地区院校29所、华北地区院校23所、西南地区院校20所、西北地区院校21所、东北地区院校20所。

三、调查问卷的信度与效度

（一）信度分析

信度是测验的可信度，主要体现测验结果的一致性与稳定性。一般来说，在心理测验、考试试卷、社会性问卷的有效性分析中都要涉及信度分析，适用于态度、意见等类型的量表题项。信度可视为测量结果受随机误差影响的程度，信度系数是衡量测验好坏的重要指标。

本书采用的是目前最常用的克隆巴赫系数（Cronbach Alpha），即 α 信度系数。系数作为衡量测量好坏的重要指标，在测验结果中系数越大则可信度越

高；若低于 0.6 则表明量表需要重新设计了。

本书通过 SPSS 26.0 数据分析软件对学生卷和教师卷量表中的题项进行内部一致性分析。量表题均为李克特五维量表，包括五种程度指标，因此使用 α 系数检验内部一致性。学生问卷中共 46 道题，其中第 38 题专业满意度为量表题，满意程度 Cronbach's Alpha 值为 0.956；教师问卷中共 31 道题，其中第 23 题专业满意度为量表题，满意程度 Cronbach's Alpha 值为 0.939。这说明本研究学生卷和教师卷中的题项均具有高程度的内部一致性，因此，问卷在信度上可信，由此得到的调查数据结果可信。

（二）效度分析

效度又称"有效性"，是指测量工具能够测出被测变量的正确性的程度，是衡量综合评价体系是否能够准确反映评价目的和要求的方法，效度越高，说明测量结果与内容越契合，反之，则效度越低。调查问卷常用的效度分析方法有单项与总和相关效度分析、准则效度分析和结构效度分析。其中结构效度能够反映某种结构与测量值之间的对应程度，所采用的最理想的方法就是利用因子分析测量量表或整个问卷的结构效度。本书参考结构效度进行因子分析，发现学生卷足够度的 KMO=0.933，教师卷足够度的 KMO=0.927，经过 Bartlett 球形度检验学生卷和教师卷的 Sig<0.05，说明显著性较好，两份问卷数据适用因子分析，结构效度良好。

第二节 调查概况

一、教育硕士培养概况

（一）全国教育硕士培养院校概况

截至2022年10月4日，按照教育部公布的15批次教育硕士招生院校进行统计，全国共有190所教育硕士研究生招生院校。[1] 对190所培养院校按照不同隶属层次、不同类型、不同城市、不同地区、不同审批批次进行统计，具体情况是：部属院校29所、非部属院校161所；师范类院校66所、非师范类院校124所；直辖市和省会城市（自治区首府）院校99所，其他城市院校91所；华东地区院校53所、华南地区院校16所、华中地区院校30所、华北地区院校25所、西南地区院校22所、西北地区院校22所、东北地区院校22所。

（二）全国教育硕士研究生概况

全国教育硕士现有教育管理、学科教学、现代教育技术、小学教育、科学技术教育、心理健康教育、学前教育、特殊教育、职业技术教育9个专业，20个领域。招生人数由1997年的不足200人，到2001年突破5000人，达到6262人；再到2004年（2005年入学）突破万人大关，达到10 422人，2005—2009年稳定在每年11 000余人，2010年由于国家减少在职攻读硕士专业学位总招生规模，招生人数下降为8986人；2011—2014年基本上每年录取8000—10 000人，共录取38 593人。到2015年12月，传统在职教育硕士

---

[1] 全国教育专业学位硕士研究生教育指导委员会.教育专业学位教育概况［EB/OL］.（2016-1-12）［2022-11-15］.eduwest.com.

[不包括特岗、免费师范生（2018年7月又改成公费师范生）录取数据］累计录取人数154 289人；从2009年开始，国家开通全日制攻读教育硕士专业学位（打破设立之初的原则，招收无教育实践背景的考生），当年招生人数为3896人，2010年招生人数为4783人，2011年为5906人，2012年为8092人，2013年为10 009人，2014年为11 270人，2015年为12 623人，2016年为14 537人，2017年为18 730人，2018年为22 183人，传统全日制教育硕士累计录取（不包括农村教育硕士数据）112 029人。截至2022年，累计录取各类教育硕士研究生54万余人。获得学位人数为：1999年100余人，2000年1183人，2005年6206人，2010年8700人，2014年17 985人，2015年23 271人，2016年23 799人，2017年25 923人，2018年31 829人。截至2021年年底，各类教育硕士获学位人数近32万人。攻读类型的形式和项目也呈现多样化，具体包括全日制和非全日制，农村学校教师、特岗教师和"免费师范教育生"在职攻读教育硕士，中国科协与教育部的合作项目，"服务国家特殊需求"人才培养项目等，教育专业学位教育呈现开放、立体（分层）、多元化的发展态势。❶

二、调查对象概况

（一）学生概况

对全日制教育硕士培养院校专业满意度的学生卷调查，共回收教育硕士问卷31 085份，其中按目前就读高校或工作单位性质分为高校、基础教育和其他3类，具体人数分别为24 405人、5818人、862人。其中，在高校教育硕士的24 405人中，按目前就读高校隶属层次划分为部属、省属和市属3个层次，人数分别为2072人、18 136人、4197人；按目前就读高校的院校类型划分为师范类和非师范类，具体人数分别为17 133人、7272人。

按目前就读高校或工作单位所在城市类型划分为省会城市、直辖市和其他

---

❶ 全国教育专业学位硕士研究生教育指导委员会. 教育专业学位教育概况［EB/OL］.（2016-01-12）［2022-11-15］. http://www.eduwest.com.

城市3类，具体人数分别为12 549人、3957人、14 579人。

按目前就读高校或工作单位所在地区划分为华东、华南、华中、华北、西南、西北、东北7类，具体人数分别为5070人、4268人、5463人、4049人、3638人、4038人、4559人。

按教育硕士所学专业划分为20个专业方向，具体人数分布是小学教育为2726人、教育管理为1396人、心理健康教育为1650人、现代教育技术为1231人、特殊教育为193人、职业技术教育为1272人、科学技术教育为169人、学前教育为1516人、学科教学·语文为3765人、学科教学·数学为2393人、学科教学·英语为4832人、学科教学·物理为1005人、学科教学·化学为1244人、学科教学·生物为1565人、学科教学·思政为2254人、学科教学·历史为1564人、学科教学·地理为1133人、学科教学·体育为358人、学科教学·音乐为437人、学科教学·美术为382人。

按读研前是否取得教师资格证、有无从教经历、能否胜任基础教育教学工作，具体人数分别为读研前取得教师资格证书人数为24 597人，未取得的人数为6488人；有从教经历人数为13 602人、无从教经历人数为17 483人；能胜任基础教育教学工作人数为28 737人、不能胜任基础教育教学工作人数为2348人。

按对中小学幼儿园教师专业标准了解程度划分为五个等级，具体人数分布情况是很了解为2825人、了解为8773人、一般了解为14 888人、不了解为3334人、很不了解为1265人。

按教育硕士类型划分为毕业生和在校生，具体人数分别为9451人、21 634人。其中，在毕业生的9451人中，按是否工作进行统计，已工作人数为7185人、未工作人数为2266人；按毕业年限进行统计，具体人数分布情况是1年以下为4632人、1～2年为2959人、3～4年为1304人、5～6年为332人、7年及以上为224人。在已工作毕业生的7185人中，按照现在从事的工作与读研时就读专业的相关性进行统计，具体人数分布情况是很相关为5156人、相关为838人、一般相关为611人、不相关为248人、很不相关

为332人；按对现有工作满意程度进行统计，具体人数分布情况是很满意为2302人、满意为2712人、一般满意为1818人、不满意为222人、很不满意为131人；按在工作岗位上取得业绩的大小进行统计，具体人数分布情况是很大为597人、比较大为1533人、一般为3811人、不太大为914人、完全没有为330人；按就读期间所学知识对现有工作帮助程度进行统计，具体人数分布情况是很大为2334人、比较大为2745人、一般为1721人、不太大为300人、无帮助为85人；按就读期间获得的能力对现有工作帮助程度进行统计，具体人数分布情况是很大为2474人、比较大为2691人、一般为1747人、不太大为217人、无帮助为56人；按本科是否为师范类专业进行统计，是师范类专业的为4401人，非师范类专业的为2784人。

（二）教师概况

对全日制教育硕士培养院校专业满意度的教师卷调查，共回收教师问卷11 443份，其中按所在学校或工作单位性质分为高校、基础教育和其他3类，具体人数分别为8190人、3054人、199人。其中，属于高校教师的8190人中，按高校隶属层次划分为部属、省属和市属3个层次，具体人数分别为628人、6867人、695人；按院校类型划分为师范类和非师范类，具体人数分别为5756人、2434人。

按学校或单位所在地区划分为华东、华南、华中、华北、西南、西北、东北7类，具体人数分别为2502人、1152人、1836人、1432人、1186人、1313人、2022人。

按学校或单位所在城市类型划分为省会城市、直辖市和其他城市3类，具体人数分别为4376人、830人、6237人。

按教师的年龄、学历、职称、工作年限进行统计，教师具体人数分布情况是35岁及以下为1498人、36～45岁为4533人、46～55岁为4303人、56岁及以上为1109人；博士研究生为4896人、硕士研究生为4043人、本科生及以下为2504人；正高级为3050人、副高级为5952人、中级及以下为2441

人；工作 0~10 年为 2221 人、11~20 年为 3389 人、21~30 年为 3618 人、30 年以上为 2215 人。

按教师所在教育硕士专业划分为 20 个专业方向，具体人数分布情况是小学教育为 832 人、教育管理为 518 人、心理健康教育为 409 人、现代教育技术为 386 人、特殊教育为 39、职业技术教育为 508 人、科学技术教育为 64 人、学前教育为 429 人、学科教学·语文为 1484 人、学科教学·数学为 810 人、学科教学·英语为 1364 人、学科教学·物理为 430 人、学科教学·化学为 538 人、学科教学·生物为 623 人、学科教学·思政为 757 人、学科教学·历史为 557 人、学科教学·地理为 539 人、学科教学·体育为 169 人、学科教学·音乐为 300 人、学科教学·美术为 232 人，其他未注明专业为 455 人。

按教师身份进行统计，具体人数分布情况是导师为 3661 人、导师和任课教师为 4414 人、导师和管理者为 279 人、导师、任课教师和管理者为 1014 人、任课教师为 1328 人、管理者为 466 人、任课教师和管理者为 281 人。按对教育硕士研究生培养目标了解程度进行统计，具体人数分布情况是很了解为 5014 人、了解为 4703 人、一般了解为 1581 人、不了解为 85 人、很不了解为 60 人。

在具有导师身份的教师人数 9368 人中，按导师类型、担任导师年限、对指导的全日制教育硕士研究生的了解程度、对教育硕士研究生导师职责的了解程度、双导师间是否经常沟通合作划分进行统计，具体人数分别为理论导师 6777 人、实践导师 2591 人；导师年限 0~5 年为 5595 人、6~10 年为 2279 人、11~15 年为 910 人、16~20 年为 347 人、20 年以上 237 人；对教育硕士研究生导师职责了解程度是很了解为 4553 人、了解为 3798 人、一般了解为 956 人、不了解为 38 人、很不了解为 23 人；对指导的教育硕士研究生了解程度是很了解为 3796 人、了解为 3895 人、一般了解为 1574 人、不了解为 63 人、很不了解为 40 人；双导师间经常沟通合作为 7902 人、不经常沟通合作为 1466 人。

在校内理论导师人数 6777 人中，按其有无教育学类相关专业背景、有无基础教育工作和研究经历进行统计，具体人数分别为具有教育学类相关专业背

景的人数为 5410 人，无教育学类相关专业背景的为 1367 人；具有基础教育工作和研究经历的为 4528 人、无基础教育工作和研究经历的为 2249 人。

在实践导师人数 2591 人中，按参与的教育硕士培养工作进行统计，具体人次分别为教育硕士见习/研习/实习的人次为 2357 人次，教育硕士论文指导的为 1540 人次，教育硕士授课的为 774 人次，教育硕士论文开题、答辩、评审的为 1121 人次，教育硕士讲座的为 763 人次，教育硕士技能大赛等评委的为 543 人次，教育硕士培养方案研制的为 320 人次，理论导师的课题的为 163 人次，其他的为 44 人次。

第三章 专业满意度总体分析

第一节 专业满意度总体现状

一、教育硕士的总体满意度

（一）全体教育硕士的总体满意度

对全体教育硕士专业总体满意度的调查发现，专业总体满意度为很满意的占 33.0%，满意的占 37.1%，一般的占 25.7%，不满意的占 3.1%，很不满意的占 1.2%，共有 70.1% 的教育硕士对专业的总体满意度在满意及以上程度；但在对愿意更换专业程度的调查中，很愿意和愿意的占 27.4%，表明部分教育硕士对专业还不太满意。

（二）在校生的总体满意度

对在校生专业总体满意度的调查发现，专业总体满意度为很满意的占 25.0%，满意的占 35.5%，一般的占 33.6%，不满意的占 4.4%，很不满意的占 1.5%，共有 60.5% 的在校生对专业的总体满意度在满意及以上程度；但在对愿意更换专业程度的调查中，很愿意和愿意的占 43.7%，表明很大一部分在校生对专业还不太满意。

（三）毕业生的总体满意度

对毕业生专业总体满意度的调查发现，专业总体满意度为很满意的占 36.6%，满意的占 35.1%，一般的占 24.4%，不满意的占 2.8%，很不满意的占 1.1%，共有 71.7% 的毕业生对专业的总体满意度在满意及以上程度；但在对愿意更换专业程度的调查中，很愿意和愿意的占 46.1%，表明近一半的毕业生对专业还不太满意。

二、教师的专业总体满意度

（一）全体教师的专业总体满意度

对全体教师专业总体满意度的调查发现，专业总体满意度为很满意的占 25.7%，满意的占 52.0%，一般的占 20.2%，不满意的占 1.5%，很不满意的占 0.5%，共有 77.7% 的教师对教育硕士的专业满意度在满意及以上程度。

（二）理论导师的专业总体满意度

对理论导师专业总体满意度的调查发现，专业总体满意度为很满意的占 20.6%，满意的占 54.6%，一般的占 22.4%，不满意的占 1.8%，很不满意的占 0.5%，共有 75.2% 的理论导师对教育硕士的专业满意度在满意及以上程度。

（三）实践导师的专业总体满意度

对实践导师专业总体满意度的调查发现，专业总体满意度为很满意的占 35.0%，满意的占 51.9%，一般的占 12.5%，不满意的占 0.4%，很不满意的占 0.1%，共有 86.9% 的实践导师对教育硕士的专业满意度在满意及以上程度。

（四）任课教师的专业总体满意度

对任课教师专业总体满意度的调查发现，专业总体满意度为很满意的占

24.6%，满意的占 51.9%，一般的占 21.4%，不满意的占 1.6%，很不满意的占 0.5%，共有 76.5% 的任课教师对教育硕士的专业满意度在满意及以上程度。

（五）管理者的专业总体满意度

对管理者专业总体满意度的调查发现，专业总体满意度为很满意的占 30.1%，满意的占 52.2%，一般的占 16.4%，不满意的占 1.0%，很不满意的占 0.3%，共有 82.3% 的管理者对教育硕士的专业满意度在满意及以上程度。

第二节 专业满意度相关性分析

一、教育硕士的专业满意度相关性分析

（一）专业总体满意度与专业培养目标满意度的相关性

1. 全体教育硕士

对全体教育硕士❶满意度调查中发现，全体教育硕士对全日制教育硕士专业满意度均值为 3.86，对专业培养目标满意度均值为 4.04，表明全体教育硕士对专业培养目标的满意度较高；同时，对二者的相关性进行分析，皮尔逊相关性值为 0.657，表明全体教育硕士对专业满意度与对专业培养目标满意度二者之间相关性显著。

2. 在校生

对在校生满意度调查发现，在校生对全日制教育硕士专业满意度均值为 3.78，对专业培养目标满意度均值为 3.98，表明在校生对专业培养目标的满意度较高；同时，对二者的相关性进行分析，皮尔逊相关性值为 0.643，表明在

---

❶ 全体教育硕士，指参与调查问卷的全体教育硕士，下同。

校生对专业满意度与对专业培养目标满意度二者之间相关性显著。

3. 毕业生

对毕业生满意度调查发现，毕业生对全日制教育硕士专业满意度均值为4.03，对专业培养目标满意度均值为4.18，表明毕业生对专业培养目标的满意度较高；同时，对二者的相关性进行分析，皮尔逊相关性值为0.673，表明毕业生对专业满意度与对专业培养目标满意度二者之间相关性显著。

（二）专业总体满意度与课程设置满意度的相关性

1. 全体教育硕士

对全体教育硕士满意度调查发现，全体教育硕士对全日制教育硕士专业满意度均值为4.03，对课程设置满意度均值为4.18，表明全体教育硕士对课程设置的满意度较高；同时，对二者的相关性进行分析，皮尔逊相关性值为0.673，表明全体教育硕士对专业满意度与对课程设置满意度二者之间相关性显著。

2. 在校生

对在校生满意度调查发现，在校生对全日制教育硕士专业满意度均值为3.78，对课程设置满意度均值为3.90，表明在校生对课程设置的满意度较高；同时，对二者的相关性进行分析，皮尔逊相关性值为0.620，表明在校生对专业的满意度与对设置满意度二者之间相关性显著。

3. 毕业生

对毕业生满意度调查发现，毕业生对全日制教育硕士专业满意度均值为4.03，对课程设置满意度均值为4.12，表明毕业生对课程设置的满意度较高；同时，对二者的相关性进行分析，皮尔逊相关性值为0.662，表明毕业生对专业满意度与对课程设置满意度二者之间相关性显著。

（三）专业总体满意度与师资队伍满意度的相关性

1. 全体教育硕士

对全体教育硕士满意度调查发现，全体教育硕士对全日制教育硕士专业满意度均值为3.86，对师资队伍满意度均值为4.13，表明全体教育硕士对师资队伍的满意度较高；同时，对二者的相关性进行分析，皮尔逊相关性值为0.606，表明全体教育硕士对专业满意度与对师资队伍满意度二者之间相关性显著。

2. 在校生

对在校生满意度调查发现，在校生对全日制教育硕士专业满意度均值为3.78，对师资队伍满意度均值为4.07，表明在校生对师资队伍的满意度较高；同时，对二者的相关性进行分析，皮尔逊相关性值为0.587，表明在校生对专业满意度与对师资队伍满意度二者之间相关性显著。

3. 毕业生

对毕业生满意度调查发现，毕业生对全日制教育硕士专业满意度均值为4.03，对师资队伍满意度均值为4.26，表明毕业生对师资队伍的满意度较高；同时，对二者的相关性进行分析，皮尔逊相关性值为0.633，表明毕业生对专业满意度与对师资队伍满意度二者之间相关性显著。

（四）专业总体满意度与实践教学满意度的相关性

1. 全体教育硕士

对全体教育硕士满意度调查发现，全体教育硕士对全日制教育硕士专业满意度均值为3.86，对实践教学满意度均值为4.07，表明全体教育硕士对实践教学的满意度较高；同时，对二者的相关性进行分析，皮尔逊相关性值为0.605，表明全体教育硕士对专业满意度与对实践教学满意度二者之间相关性显著。

2. 在校生

对在校生满意度调查发现，在校生对全日制教育硕士专业满意度均值为3.78，对实践教学满意度均值为4.02，表明在校生对实践教学的满意度较高；同时，对二者的相关性进行分析，皮尔逊相关性值为0.589，表明在校生对专业满意度与对实践教学满意度二者之间相关性显著。

3. 毕业生

对毕业生满意度调查发现，毕业生对全日制教育硕士专业满意度均值为

4.03，对实践教学满意度均值为4.02，表明毕业生对实践教学的满意度较高；同时，对二者的相关性进行分析，皮尔逊相关性值为0.625，表明毕业生对专业满意度与对实践教学满意度二者之间相关性显著。

（五）专业总体满意度与教学范式满意度的相关性

1. 全体教育硕士

对全体教育硕士满意度调查发现，全体教育硕士对全日制教育硕士专业满意度均值为3.86，对教学范式满意度均值为4.07，表明全体教育硕士对教学范式的满意度较高；同时，对二者的相关性进行分析，皮尔逊相关性值为0.630，表明全体教育硕士对专业满意度与对教学范式满意度二者之间相关性显著。

2. 在校生

对在校生满意度调查发现，在校生对全日制教育硕士专业满意度均值为3.78，对教学范式满意度均值为4.02，表明在校生对教学范式的满意度较高；同时，对二者的相关性进行分析，皮尔逊相关性值为0.612，表明在校生对专业满意度与对教学范式满意度二者之间相关性显著。

3. 毕业生

对毕业生满意度调查发现，毕业生对全日制教育硕士专业满意度均值为4.03，对教学范式满意度均值为4.20，表明毕业生对教学范式的满意度较高；同时，对二者的相关性进行分析，皮尔逊相关性值为0.655，表明毕业生对专业满意度与对教学范式满意度二者之间相关性显著。

（六）专业总体满意度与管理和经费满意度的相关性

1. 全体教育硕士

对全体教育硕士满意度调查发现，全体教育硕士对全日制教育硕士专业满意度均值为3.86，对管理和经费满意度均值为3.87，表明全体教育硕士对专业的满意度与管理和经费的满意度几乎相同；同时，对二者的相关性进行分析，皮尔逊相关性值为0.568，表明全体教育硕士对专业满意度与对管理和经费满意度二者之间相关性显著。

2. 在校生

对在校生满意度调查发现，在校生对全日制教育硕士专业满意度均值为3.78，对管理和经费满意度均值为3.80，表明在校生对专业的满意度与管理和经费的满意度相差不大；同时，对二者的相关性进行分析，皮尔逊相关性值为0.550，表明在校生对专业满意度与对管理和经费满意度二者之间相关性显著。

3. 毕业生

对毕业生满意度调查发现，毕业生对全日制教育硕士专业满意度均值为4.03，对管理和经费满意度均值为4.03，表明毕业生对专业的满意度与管理和经费的满意度一致；同时，对二者的相关性进行分析，皮尔逊相关性值为0.591，表明毕业生对专业满意度与对管理和经费满意度二者之间相关性显著。

二、教师的专业满意度相关性分析

（一）专业总体满意度与专业培养目标满意度的相关性

1. 全体教师

对全体教师满意度调查发现，全体教师对全日制教育硕士专业满意度均值为4.01，对专业培养目标满意度均值为4.30，表明全体教师对专业培养目标的满意度比较高；同时，对二者的相关性进行分析，皮尔逊相关性值为0.619，表明全体教师对专业满意度与对专业培养目标满意度二者之间相关性显著。

2. 理论导师

对理论导师满意度调查发现，理论导师对全日制教育硕士专业满意度均值为3.93，对专业培养目标满意度均值为4.24，表明理论导师对专业培养目标的满意度比较高；同时，对二者的相关性进行分析，皮尔逊相关性值为0.584，表明理论导师对专业满意度与对专业培养目标满意度二者之间相关性显著。

3. 实践导师

对实践导师满意度调查发现，实践导师对全日制教育硕士专业满意度均

值为 4.21，对专业培养目标满意度均值为 4.47，表明实践导师对专业培养目标的满意度比较高；同时，对二者的相关性进行分析，皮尔逊相关性值为 0.608，表明实践导师对专业满意度与对专业培养目标满意度二者之间相关性显著。

4. 任课教师

对任课教师满意度调查发现，任课教师对全日制教育硕士专业满意度均值为 3.99，对专业培养目标满意度均值为 4.28，表明任课教师对专业培养目标的满意度比较高；同时，对二者的相关性进行分析，皮尔逊相关性值为 0.604，表明任课教师对专业满意度与对专业培养目标满意度二者之间相关性显著。

5. 管理者

对管理者满意度调查发现，管理者对全日制教育硕士专业满意度均值为 4.11，对专业培养目标满意度均值为 4.38，表明管理者对专业培养目标的满意度比较高；同时，对二者的相关性进行分析，皮尔逊相关性值为 0.595，表明管理者对专业满意度与对专业培养目标满意度二者之间相关性显著。

（二）专业总体满意度与课程设置满意度的相关性

1. 全体教师

对全体教师满意度调查发现，全体教师对全日制教育硕士专业满意度均值为 4.01，对课程设置满意度均值为 4.18，表明全体教师对专业培养目标的满意度比较高；同时，对二者的相关性进行分析，皮尔逊相关性值为 0.619，表明全体教师对专业满意度与对课程设置满意度二者之间相关性显著。

2. 理论导师

对理论导师满意度调查发现，理论导师对全日制教育硕士专业满意度均值为 3.93，对课程设置满意度均值为 4.09，表明理论导师对专业培养目标的满意度比较高；同时，对二者的相关性进行分析，皮尔逊相关性值为 0.586，表明理论导师对专业满意度与对课程设置满意度二者之间相关性显著。

3. 实践导师

对实践导师满意度调查发现，实践导师对全日制教育硕士专业满意度均值

为 4.21，对课程设置满意度均值为 4.41，表明实践导师对专业培养目标的满意度比较高；同时，对二者的相关性进行分析，皮尔逊相关性值为 0.620，表明实践导师对专业满意度与对课程设置满意度二者之间相关性显著。

（4）任课教师。

对任课教师满意度调查发现，任课教师对全日制教育硕士专业满意度均值为 3.99，对课程设置满意度均值为 4.15，表明任课教师对专业培养目标的满意度比较高；同时，对二者的相关性进行分析，皮尔逊相关性值为 0.606，表明任课教师对专业满意度与对课程设置满意度二者之间相关性显著。

5. 管理者

对管理者满意度调查发现，管理者对全日制教育硕士专业满意度均值为 4.11，对课程设置满意度均值为 4.28，表明管理者对专业培养目标的满意度比较高；同时，对二者的相关性进行分析，皮尔逊相关性值为 0.583，表明管理者对专业满意度与对课程设置满意度二者之间相关性显著。

（三）专业总体满意度与师资队伍满意度的相关性

1. 全体教师

对全体教师满意度调查发现，全体教师对全日制教育硕士专业满意度均值为 4.01，对师资队伍满意度均值为 4.18，表明全体教师对师资队伍的满意度比较高；同时，对二者的相关性进行分析，皮尔逊相关性值为 0.598，表明全体教师对专业满意度与对师资队伍满意度二者之间相关性显著。

2. 理论导师

对理论导师满意度调查发现，理论导师对全日制教育硕士专业满意度均值为 3.93，对师资队伍满意度均值为 4.05，表明理论导师对师资队伍的满意度比较高；同时，对二者的相关性进行分析，皮尔逊相关性值为 0.567，表明理论导师对专业满意度与对师资队伍满意度二者之间相关性显著。

3. 实践导师

对实践导师满意度调查发现，实践导师对全日制教育硕士专业满意度均值

为 4.21，对师资队伍满意度均值为 4.49，表明实践导师对师资队伍的满意度比较高；同时，对二者的相关性进行分析，皮尔逊相关性值为 0.587，表明实践导师对专业满意度与对师资队伍满意度二者之间相关性显著。

4. 任课教师

对任课教师满意度调查发现，任课教师对全日制教育硕士专业满意度均值为 3.99，对师资队伍满意度均值为 4.14，表明任课教师对师资队伍的满意度比较高；同时，对二者的相关性进行分析，皮尔逊相关性值为 0.581，表明任课教师对专业满意度与对师资队伍满意度二者之间相关性显著。

5. 管理者

对管理者满意度调查发现，管理者对全日制教育硕士专业满意度均值为 4.11，对师资队伍满意度均值为 4.20，表明管理者对师资队伍的满意度比较高；同时，对二者的相关性进行分析，皮尔逊相关性值为 0.575，表明管理者对专业满意度与对师资队伍满意度二者之间相关性显著。

（四）专业总体满意度与实践教学满意度的相关性

1. 全体教师

对全体教师满意度调查发现，全体教师对全日制教育硕士专业满意度均值为 4.01，对实践教学满意度均值为 4.16，表明全体教师对实践教学的满意度比较高；同时，对二者的相关性进行分析，皮尔逊相关性值为 0.607，表明全体教师对专业满意度与对实践教学满意度二者之间相关性显著。

2. 理论导师

对理论导师满意度调查发现，理论导师对全日制教育硕士专业满意度均值为 3.93，对实践教学满意度均值为 4.02，表明理论导师对实践教学的满意度比较高；同时，对二者的相关性进行分析，皮尔逊相关性值为 0.572，表明理论导师对专业满意度与对实践教学满意度二者之间相关性显著。

3. 实践导师

对实践导师满意度调查发现，实践导师对全日制教育硕士专业满意度均值

为 4.21，对实践教学满意度均值为 4.44，表明实践导师对实践教学的满意度比较高；同时，对二者的相关性进行分析，皮尔逊相关性值为 0.614，表明实践导师对专业满意度与对实践教学满意度二者之间相关性显著。

4. 任课教师

对任课教师满意度调查发现，任课教师对全日制教育硕士专业满意度均值为 3.99，对实践教学满意度均值为 4.12，表明任课教师对实践教学的满意度比较高；同时，对二者的相关性进行分析，皮尔逊相关性值为 0.588，表明任课教师对专业满意度与对实践教学满意度二者之间相关性显著。

5. 管理者

对管理者满意度调查发现，管理者对全日制教育硕士专业满意度均值为 4.11，对实践教学满意度均值为 4.25，表明管理者对实践教学的满意度比较高；同时，对二者的相关性进行分析，皮尔逊相关性值为 0.595，表明管理者对专业满意度与对实践教学满意度二者之间相关性显著。

（五）专业总体满意度与教学范式满意度的相关性

1. 全体教师

对全体教师满意度调查发现，全体教师对全日制教育硕士专业满意度均值为 4.01，对教学范式满意度均值为 4.18，表明全体教师对教学范式的满意度比较高；同时，对二者的相关性进行分析，皮尔逊相关性值为 0.617，表明全体教师对专业满意度与对教学范式满意度二者之间相关性显著。

2. 理论导师

对理论导师满意度调查发现，理论导师对全日制教育硕士专业满意度均值为 3.93，对教学范式满意度均值为 4.06，表明理论导师对教学范式的满意度比较高；同时，对二者的相关性进行分析，皮尔逊相关性值为 0.586，表明理论导师对专业满意度与对教学范式满意度二者之间相关性显著。

3. 实践导师

对实践导师满意度调查发现，实践导师对全日制教育硕士专业满意度均值

为4.21，对教学范式满意度均值为4.43，表明实践导师对教学范式的满意度比较高；同时，对二者的相关性进行分析，皮尔逊相关性值为0.606，表明实践导师对专业满意度与对教学范式满意度二者之间相关性显著。

4. 任课教师

对任课教师满意度调查发现，任课教师对全日制教育硕士专业满意度均值为4.21，对教学范式满意度均值为4.43，表明任课教师对教学范式的满意度比较高；同时，对二者的相关性进行分析，皮尔逊相关性值为0.606，表明任课教师对专业满意度与对教学范式满意度二者之间相关性显著。

5. 管理者

对管理者满意度调查发现，管理者对全日制教育硕士专业满意度均值为4.11，对教学范式满意度均值为4.25，表明管理者对教学范式的满意度比较高；同时，对二者的相关性进行分析，皮尔逊相关性值为0.605，表明管理者对专业满意度与对教学范式满意度二者之间相关性显著。

（六）专业总体满意度与管理和经费满意度的相关性

1. 全体教师

对全体教师满意度调查发现，全体教师对全日制教育硕士专业满意度均值为4.01，对管理和经费满意度均值为3.88，表明全体教师对专业的满意度比较高；同时，对二者的相关性进行分析，皮尔逊相关性值为0.539，表明全体教师对专业满意度与对管理和经费满意度二者之间相关性显著。

2. 理论导师

对理论导师满意度调查发现，理论导师对全日制教育硕士专业满意度均值为3.93，对管理和经费满意度均值为3.68，表明理论导师对专业的满意度比较高；同时，对二者的相关性进行分析，皮尔逊相关性值为0.496，表明理论导师对专业满意度与对管理和经费满意度二者之间相关性显著。

3. 实践导师

对实践导师满意度调查发现，实践导师对全日制教育硕士专业满意度均值

为3.93，对管理和经费满意度均值为3.68，表明实践导师对专业的满意度比较高；同时，对二者的相关性进行分析，皮尔逊相关性值为0.496，表明实践导师对专业满意度与对管理和经费满意度二者之间相关性显著。

4. 任课教师

对任课教师满意度调查发现，任课教师对全日制教育硕士专业满意度均值为3.99，对管理和经费满意度均值为3.80，表明任课教师对专业的满意度比较高；同时，对二者的相关性进行分析，皮尔逊相关性值为0.518，表明任课教师对专业满意度与对管理和经费满意度二者之间相关性显著。

5. 管理者

对管理者满意度调查发现，管理者对全日制教育硕士专业满意度均值为4.11，对管理和经费满意度均值为4.00，表明管理者对专业的满意度比较高；同时，对二者的相关性进行分析，皮尔逊相关性值为0.515，表明管理者对专业满意度与对管理和经费满意度二者之间相关性显著。

第三节 专业满意度差异性分析

一、教育硕士的专业满意度差异性分析

（一）全体教育硕士

1. 不同就读高校或工作单位的教育硕士对专业满意度的评价

在对不同就读高校或工作单位的教育硕士进行的专业满意度总体评价上，获取的有效数据是31 085人。

经卡方检验，χ^2值为420.857**，sig<0.01，表明不同就读高校或工作单位教育硕士在对专业满意度评价的两个选项上，至少有一个选项的频数百分比有极其显著差异。

对占比进行 Z 检验比较，从不同就读高校或工作单位与专业满意度交叉表中可以看出，在"满意及以上"选项上，基础教育为 74.6%，高于高校的 61.0%（见表 3-3-1）。

表 3-3-1　就读高校或工作单位与专业满意度交叉表

专业满意度		就读高校或工作单位		合计
		高校	基础教育	
满意及以上	人数/人	14 877$_a$	4 981$_b$	19 858
	占比/%	61.0	74.6	63.9
一般及以下	人数/人	9 528$_a$	1 699$_b$	11 227
	占比/%	39.0	25.4	36.1
总计	人数/人	24 405	6 680	31 085
	占比/%	100.0	100.0	100.0

注：下标字母含义是横向比较，若字母相同，在 0.05 级别，这些类别的列比例相互之间无显著差异。占比是各分项人数占总计人数的比例，同类表格占比含义相同。

2. 不同城市教育硕士对专业满意度的评价

不同城市教育硕士进行的专业满意度总体评价，获取的有效数据是 31 085 人。

经卡方检验，χ^2 值为 29.475**，sig<0.01，表明不同城市教育硕士在对专业满意度的两个选项上，至少有一个选项的频数百分比有极其显著差异。

对占比进行 Z 检验比较，从不同城市与专业满意度交叉表中可以看出，在"满意及以上"选项上，其他城市为 65.3%，高于省会城市（自治区首府）的 63.1% 和直辖市的 61.1%（见表 3-3-2）。

表 3-3-2　不同城市与专业满意度交叉表

专业满意度		不同城市			合计
		省会城市（自治区首府）	直辖市	其他城市	
满意及以上	人数/人	7 922$_a$	2 416$_b$	9 520$_c$	19 858
	占比/%	63.1	61.1	65.3	63.9

续表

专业满意度		不同城市			合计
		省会城市（自治区首府）	直辖市	其他城市	
一般及以下	人数/人	4 627$_a$	1 541$_b$	5 059$_c$	11 227
	占比/%	36.9	38.9	34.7	36.1
总计	人数/人	12 549	3 957	14 579	31 085
	占比/%	100.0	100.0	100.0	100.0

注：下标字母含义是横向比较，若字母相同，在0.05级别，这些类别的列比例相互之间无显著差异。

3.不同地区教育硕士对专业满意度的评价

不同地区教育硕士进行的专业满意度总体评价，获取的有效数据是31 085人。

经卡方检验，χ^2值为454.966**，sig<0.01，表明不同地区教育硕士在对专业满意度的两个选项上，至少有一个选项的频数百分比有极其显著差异。

对占比进行Z检验比较，从不同地区与专业满意度交叉表中可以看出，在"满意及以上"选项上，所有地区的平均值为63.9%，高于平均值的有华东、华北、东北。其中东北地区为73.2%，高于其他选项（见表3-3-3）。

表3-3-3　不同地区与专业满意度交叉表

专业满意度		不同地区							合计
		华东	华南	华中	华北	西南	西北	东北	
满意及以上	人数/人	3 329$_a$	2 640$_b$	3 313$_b$	2 805$_c$	1 925$_d$	2 511$_b$	3 335$_e$	19 858
	占比/%	65.7	61.9	60.6	69.3	52.9	62.2	73.2	63.9
一般及以下	人数/人	1 741$_a$	1 628$_b$	2 150$_c$	1 244$_e$	1 713$_d$	1 527$_b$	1 224$_e$	11 227
	占比/%	34.3	38.1	39.4	30.7	47.1	37.8	26.8	36.1
总计	人数/人	5 070	4 268	5 463	4 049	3 638	4 038	4 559	31 085
	占比/%	100.0	100.0	100.0	100.0	100.0	100.0	100.0	100.0

注：下标字母含义是横向比较，若字母相同，在0.05级别，这些类别的列比例相互之间无显著差异。

4. 读研前有无从教经历教育硕士对专业满意度的评价

读研前有无从教经历教育硕士进行的专业满意度总体评价，获取的有效数据是 31 085 人。

经卡方检验，χ^2 值为 27.582**，sig<0.01，表明读研前有无从教经历教育硕士在对专业满意度的两个选项上，至少有一个选项的频数百分比有极其显著差异。

对占比进行 Z 检验比较，从读研前有无从教经历与专业满意度交叉表中可以看出，在"满意及以上"选项上，有从教经历的为 65.5%，高于无从教经历的 62.6%（见表 3-3-4）。

表 3-3-4　读研前有无从教经历与专业满意度交叉表

专业满意度		读研前有无从教经历		合计
		有	无	
满意及以上	人数 / 人	8 910$_a$	10 948$_b$	19 858
	占比 / %	65.5	62.6	63.9
一般及以下	人数 / 人	4 692$_a$	6 535$_b$	11 227
	占比 / %	34.5	37.4	36.1
总计	人数 / 人	13 602	17 483	31 085
	占比 / %	100.0	100.0	100.0

注：下标字母含义是横向比较，若字母相同，在 0.05 级别，这些类别的列比例相互之间无显著差异。

5. 能否胜任教育教学工作的教育硕士对专业满意度的评价

能否胜任教育教学工作的教育硕士进行的专业满意度总体评价，获取的有效数据是 31 085 人。

经卡方检验，χ^2 值为 427.977**，sig<0.01，表明能否胜任教育教学工作的教育硕士在对专业满意度的两个选项上，至少有一个选项的频数百分比有极其显著差异。

对占比进行 Z 检验比较，从能否胜任教育教学工作有与专业满意度交叉表中可以看出，在"满意及以上"选项上，能胜任教育教学工作的为 65.5%，高于不能胜任教育教学工作的44.2%（见表3-3-5）。

表3-3-5 能否胜任教育教学工作有与专业满意度交叉表

专业满意度		能否胜任教育教学工作		合计
		能	否	
满意及以上	人数/人	18 821a	1 037b	19 858
	占比/%	65.5	44.2	63.9
一般及以下	人数/人	9 916a	1 311b	11 227
	占比/%	34.5	55.8	36.1
总计	人数/人	28 737	2 348	31 085
	占比/%	100.0	100.0	100.0

注：下标字母含义是横向比较，若字母相同，在0.05级别，这些类别的列比例相互之间无显著差异。

6. 不同专业教育硕士对专业满意度的评价

不同专业教育硕士进行的专业满意度总体评价，获取的有效数据是31 085人。其中评价"满意及以上"的人数为19 858人，各专业对其评价的平均百分比为63.9%，评价"一般及以下"的人数为11 227人，各专业对其评价的平均百分比为36.1%。

在评价"一般及以下"的专业中，职业技术教育专业的教育硕士对专业满意度的评价最低，标准化残差为15.1；其次是教育管理专业，标准化残差为5.6；小学教育、现代教育技术、学前教育、学科教学·英语专业的评价也低于平均水平（见表3-3-6）。

表3-3-6 不同专业教育硕士与专业满意度交叉表

专业	满意及以上			一般及以下			总计/人
	人数/人	百分比/%	标准化残差	人数/人	百分比/%	标准化残差	
小学教育	1 652	60.6	−2.1	1 074	39.4	2.9	2 726
教育管理	766	54.9	−4.2	630	45.1	5.6	1 396
心理健康教育	1 024	62.1	−0.9	626	37.9	1.2	1 650
现代教育技术	724	58.8	−2.2	507	41.2	3.0	1 231

续表

专业	满意及以上 人数/人	百分比/%	标准化残差	一般及以下 人数/人	百分比/%	标准化残差	总计/人
特殊教育	118	61.1	−0.5	75	38.9	0.6	193
职业技术教育	488	38.4	−11.4	784	61.6	15.1	1 272
科学技术教育	108	63.9	0.0	61	36.1	0.0	169
学前教育	950	62.7	−0.6	566	37.3	0.8	1 516
学科教学·语文	2 476	65.8	1.4	1 289	34.2	−1.9	3 765
学科教学·数学	1 725	72.1	5.0	668	27.9	−6.7	2 393
学科教学·英语	2 967	61.4	−2.2	1 865	38.6	2.9	4 832
学科教学·物理	725	72.1	3.3	280	27.9	−4.4	1 005
学科教学·化学	857	68.9	2.2	387	31.1	−2.9	1 244
学科教学·生物	1 085	69.3	2.7	480	30.7	−3.6	1 565
学科教学·思政	1 474	65.4	0.9	780	34.6	−1.2	2 254
学科教学·历史	1 093	69.9	3.0	471	30.1	−3.9	1 564
学科教学·地理	841	74.2	4.4	292	25.8	−5.8	1 133
学科教学·体育	242	67.6	0.9	116	32.4	−1.2	358
学科教学·音乐	281	64.3	0.1	156	35.7	−0.1	437
学科教学·美术	262	68.6	1.2	120	31.4	−1.5	382
总计	19 858	63.9	0	11 227	36.1	0	31 085

（二）在校生

1. 不同隶属层次高校在校生对专业满意度的评价

不同隶属层次高校在校生进行的专业满意度总体评价，获取的有效数据是 24 405 人。

经卡方检验，χ^2 值为 14.323**，sig<0.01，表明不同隶属层次高校在校生在对专业满意度的两个选项上，至少有一个选项的频数百分比有极其显著差异。

对占比进行 Z 检验比较，从不同高校隶属层次与专业满意度交叉表中可以看出，在"满意及以上"选项上，市属为 58.4%，显著低于部属和省属，但部属与省属之间无显著差异（见表3-3-7）。

表3-3-7 高校隶属层次与专业满意度交叉表

专业满意度		高校隶属层次			合计
		部属	省属	市属	
满意及以上	人数/人	1 281$_a$	11 146$_a$	2 450$_b$	14 877
	占比/%	61.8	61.5	58.4	61.0
一般及以下	人数/人	791$_a$	6 990$_a$	1 747$_b$	9 528
	占比/%	38.2	38.5	41.6	39.0
总计	人数/人	2 072	18 136	4 197	24 405
	占比/%	100.0	100.0	100.0	100.0

注：下标字母含义是横向比较，若字母相同，在0.05级别，这些类别的列比例相互之间无显著差异。

2. 不同类型高校在校生对专业满意度的评价

不同类型高校在校生进行的专业满意度总体评价，获取的有效数据是24 405人。

经卡方检验，χ^2值为47.397*，sig=0.038<0.05，表明不同类型高校在校生在对专业满意度的两个选项上，至少有一个选项的频数百分比有显著差异。

对占比进行Z检验比较，从高校类型与专业满意度交叉表中可以看出，在"满意及以上"选项上，师范类为62.4%，高于非师范类的57.7%（见表3-3-8）。

表3-3-8 高校类型与专业满意度交叉表

专业满意度		高校类型		合计
		师范类	非师范类	
满意及以上	人数/人	10 684$_a$	4 193$_b$	14 877
	占比/%	62.4	57.7	61.0
一般及以下	人数/人	6 449$_a$	3 079$_b$	9 528
	占比/%	37.6	42.3	39.0
总计	人数/人	17 133	7 272	24 405
	占比/%	100.0	100.0	100.0

注：下标字母含义是横向比较，若字母相同，在0.05级别，这些类别的列比例相互之间无显著差异。

（三）毕业生

1. 不同毕业年限毕业生对专业满意度的评价

不同毕业年限毕业生进行的专业满意度总体评价，获取的有效数据是 9451 人。

经卡方检验，χ^2 值为 88.942**，sig<0.01，表明不同毕业年限毕业生在对专业满意度的两个选项上，至少有一个选项的频数百分比有极其显著差异。

对占比进行 Z 检验比较，从毕业年限与专业满意度交叉表中可以看出，在"满意及以上"选项上，7 年以上为 84.4%，5~6 年为 82.8%，高于其他选项（见表 3-3-9）。

表 3-3-9 毕业年限与专业满意度交叉表

专业满意度		毕业年限					合计
		1 年以下	1~2 年	3~4 年	5~6 年	7 年以上	
满意及以上	人数 / 人	3139$_a$	2191$_b$	980$_b$	275$_c$	189$_c$	6774
	占比 / %	67.8	74.0	75.2	82.8	84.4	71.7
一般及以下	人数 / 人	1493$_a$	768$_b$	324$_b$	57$_c$	35$_c$	2677
	占比 / %	32.2	26.0	24.8	17.2	15.6	28.3
总计	人数 / 人	4632	2959	1304	332	224	9451
	占比 / %	100.0	100.0	100.0	100.0	100.0	100.0

注：下标字母含义是横向比较，若字母相同，在 0.05 级别，这些类别的列比例相互之间无显著差异。

2. 是否工作毕业生对专业满意度的评价

是否工作毕业生进行的专业满意度总体评价，获取的有效数据是 9451 人。

经卡方检验，χ^2 值为 326.952**，sig<0.01，表明是否工作毕业生在对专业满意度的两个选项上，至少有一个选项的频数百分比有极其显著差异。

对占比进行 Z 检验比较，从是否工作与专业满意度交叉表中可以看出，在"满意及以上"选项上，已工作的为 76.4%，高于未工作的 56.8%。在"一般及以下"选项上，未工作的为 43.2%，高于已工作的 23.6%（见表 3-3-10）。

表 3-3-10　是否工作与专业满意度交叉表

专业满意度		是否工作		合计
		是	否	
满意及以上	人数 / 人	5488$_a$	1286$_b$	6774
	占比 / %	76.4	56.8	71.7
一般及以下	人数 / 人	1697$_a$	980$_b$	2677
	占比 / %	23.6	43.2	28.3
总计	人数 / 人	7185	2266	9451
	占比 / %	100.0	100.0	100.0

注：下标字母含义是横向比较，若字母相同，在 0.05 级别，这些类别的列比例相互之间无显著差异。

3. 毕业生是否为师范专业对专业满意度的评价

毕业生是否为师范专业进行的专业满意度总体评价，获取的有效数据是 7185 人。

经卡方检验，χ^2 值为 38.945**，sig<0.01，表明毕业生是否为师范专业在对专业满意度的两个选项上，至少有一个选项的频数百分比有极其显著差异。

对占比进行 Z 检验比较，从毕业生是否为师范专业与专业满意度交叉表中可以看出，在"满意及以上"选项上，师范专业为 78.9%，高于非师范专业的 72.4%（见表 3-3-11）。

表 3-3-11　毕业生是否为师范专业与专业满意度交叉表

专业满意度		毕业生是否为师范专业		合计
		是	否	
满意及以上	人数 / 人	3471$_a$	2017$_b$	5488
	占比 / %	78.9	72.4	76.4
一般及以下	人数 / 人	930$_a$	767$_b$	1697
	占比 / %	21.1	27.6	23.6
总计	人数 / 人	4401	2784	7185
	占比 / %	100.0	100.0	100.0

注：下标字母含义是横向比较，若字母相同，在 0.05 级别，这些类别的列比例相互之间无显著差异。

（四）毕业生和在校生与专业满意度的差异性分析

毕业生和在校生进行的专业满意度总体评价，获取的有效数据是 31 085 人。

经卡方检验，χ^2 值为 357.354**，sig<0.01，表明毕业生和在校生在对专业满意度的两个选项上，至少有一个选项的频数百分比有极其显著差异。

对占比进行 Z 检验比较，从毕业生和在校生与专业满意度交叉表中可以看出，在"满意及以上"选项上，毕业生为 71.7%，高于在校生的 60.5%（见表 3-3-12）。

表 3-3-12　毕业生和在校生与专业满意度交叉表

专业满意度		身份		合计
		毕业生	在校生	
满意及以上	人数 / 人	6 774a	13 084b	19 858
	占比 / %	71.7	60.5	63.9
一般及以下	人数 / 人	2 677a	8 550b	11 227
	占比 / %	28.3	39.5	36.1
总计	人数 / 人	9 451	21 634	31 085
	占比 / %	100.0	100.0	100.0

注：下标字母含义是横向比较，若字母相同，在 0.05 级别，这些类别的列比例相互之间无显著差异。

二、教师的专业满意度差异性分析

（一）教师不同个体背景信息与专业满意度的差异性分析

1. 不同工作单位教师对专业满意度的评价

不同工作单位教师进行的专业满意度总体评价，获取的有效数据是 11 443 人。

经卡方检验，χ^2 值为 90.118**，sig<0.01，表明不同工作单位教师在对专业满意度的两个选项上，至少有一个选项的频数百分比有极其显著差异。

对占比进行 Z 检验比较，从工作单位与专业满意度交叉表中可以看出，在"满意及以上"选项上，基础教育为 83.6%，高于高校的 75.4%（见表 3-3-13）。

表 3-3-13　工作单位与专业满意度交叉表

专业满意度		工作单位		合计
		高校	基础教育	
满意及以上	人数 / 人	6 178$_a$	2 720$_b$	8 898
	占比 / %	75.4	83.6	77.8
一般及以下	人数 / 人	2 012$_a$	533$_b$	2 545
	占比 / %	24.6	16.4	22.2
总计	人数 / 人	8 190	3 253	11 443
	占比 / %	100.0	100.0	100.0

注：下标字母含义是横向比较，若字母相同，在 0.05 级别，这些类别的列比例相互之间无显著差异。

2. 不同城市教师对专业满意度的评价

不同城市教师进行的专业满意度总体评价，获取的有效数据是 11 443 人。

经卡方检验，χ^2 值为 1.436，sig=0.488>0.05，表明不同城市教师在对专业满意度的两个选项上无显著差异。

3. 不同地区教师对专业满意度的评价

不同地区教师进行的专业满意度总体评价，获取的有效数据是 11 443 人。

经卡方检验，χ^2 值为 20.484[**]，sig<0.01，表明不同地区教师在对专业满意度的两个选项上，至少有一个选项的频数百分比有极其显著差异。

对占比进行 Z 检验比较，从不同地区与专业满意度交叉表中可以看出，在"满意及以上"选项上，所有地区的平均值为 77.8%，高于平均值的有华东、华北和东北。其中东北地区为 80.6%，高于其他选项（见表 3-3-14）。

表 3-3-14　不同地区与专业满意度交叉表

专业满意度		不同地区							合计
		华东	华南	华中	华北	西南	西北	东北	
满意及以上	人数/人	1 960$_{a,b}$	867$_{c,d}$	1 414$_{b,c,d}$	1 122$_{a,b,d}$	919$_{b,c,d}$	986$_c$	1 630$_a$	8 898
	占比/%	78.3	75.3	77.0	78.4	77.5	75.1	80.6	77.8
一般及以下	人数/人	542$_{a,b}$	285$_{c,d}$	422$_{b,c,d}$	310$_{a,b,d}$	267$_{b,c,d}$	327$_c$	392$_a$	2 545
	占比/%	21.7	24.7	23.0	21.6	22.5	24.9	19.4	22.2
总计	人数/人	2 502	1 152	1 836	1 432	1 186	1 313	2 022	11 443
	占比/%	100.0	100.0	100.0	100.0	100.0	100.0	100.0	100.0

注：下标字母含义是横向比较，若字母相同，在0.05级别，这些类别的列比例相互之间无显著差异。

4. 不同年龄教师对专业满意度的评价

不同年龄教师进行的专业满意度总体评价，获取的有效数据是11 443人。

经卡方检验，χ^2值为13.215**，sig<0.01，表明不同年龄教师在对专业满意度的两个选项上，至少有一个选项的频数百分比有极其显著差异。

对占比进行Z检验比较，从年龄与专业满意度交叉表中可以看出，在"满意及以上"选项上，36～45岁为78.5%，高于其他选项（见表3-3-15）。

表 3-3-15　年龄与专业满意度交叉表

专业满意度		年龄				合计
		35岁及以下	36～45岁	46～55岁	56岁及以上	
满意及以上	人数/人	1 111$_a$	3 559$_b$	3 366$_b$	862$_b$	8 898
	占比/%	74.2	78.5	78.2	77.7	77.8
一般及以下	人数/人	387$_a$	974$_b$	937$_b$	247$_b$	2 545
	占比/%	25.8	21.5	21.8	22.3	22.2
总计	人数/人	1 498	4 533	4 303	1 109	11 443
	占比/%	100.0	100.0	100.0	100.0	100.0

注：下标字母含义是横向比较，若字母相同，在0.05级别，这些类别的列比例相互之间无显著差异。

5. 不同学历教师对专业满意度的评价

不同学历教师进行的专业满意度总体评价，获取的有效数据是11 443人。

经卡方检验，χ^2值为82.219**，sig<0.01，表明不同学历教师在对专业满意度的两个选项上，至少有一个选项的频数百分比有极其显著差异。

对占比进行Z检验比较，从学历与专业满意度交叉表中可以看出，在"满意及以上"选项上，本科生及以下为83.4%，高于其他选项（见表3-3-16）。

表3-3-16 学历与专业满意度交叉表

专业满意度		学历			合计
		博士	硕士	本科以下	
满意及以上	人数/人	3 635$_a$	3 175$_b$	2 088$_c$	8 898
	占比/%	74.2	78.5	83.4	77.8
一般及以下	人数/人	1 261$_a$	868$_b$	416$_c$	2 545
	占比/%	25.8	21.5	16.6	22.2
总计	人数/人	4 896	4 043	2 504	11 443
	占比/%	100.0	100.0	100.0	100.0

注：下标字母含义是横向比较，若字母相同，在0.05级别，这些类别的列比例相互之间无显著差异。

6.不同职称教师对专业满意度的评价

不同职称教师进行的专业满意度总体评价，获取的有效数据是11 443人。

经卡方检验，χ^2值为11.575**，sig<0.01，表明不同职称教师在对专业满意度的两个选项上，至少有一个选项的频数百分比有极其显著差异。

对占比进行Z检验比较，从职称与专业满意度交叉表中可以看出，在"满意及以上"选项上，副高级为78.9%，高于其他选项（见表3-3-17）。

表3-3-17 职称与专业满意度交叉表

专业满意度		职称			合计
		正高级	副高级	中级及以下	
满意及以上	人数/人	2 353$_{a,b}$	4 698$_b$	1 847$_a$	8 898
	占比/%	77.1	78.9	75.7	77.8
一般及以下	人数/人	697$_{a,b}$	1 254$_b$	594$_a$	2 545
	占比/%	22.9	21.1	24.3	22.2

续表

专业满意度		职称			合计
		正高级	副高级	中级及以下	
总计	人数 / 人	3 050	5 952	2 441	11 443
	占比 / %	100.0	100.0	100.0	100.0

注：下标字母含义是横向比较，若字母相同，在0.05级别，这些类别的列比例相互之间无显著差异。

7. 不同工作年限教师对专业满意度的评价

不同工作年限教师进行的专业满意度总体评价，获取的有效数据是11 443人。

经卡方检验，χ^2值为27.542**，sig<0.01，表明不同工作年限教师在对专业满意度的两个选项上，至少有一个选项的频数百分比有极其显著差异。

对占比进行Z检验比较，从工作年限与专业满意度交叉表中可以看出，在"满意及以上"选项上，0~10年为73.8%，低于其他选项（见表3-3-18）。

表3-3-18 工作年限与专业满意度交叉表

专业满意度		工作年限				合计
		0~10年	11~20年	21~30年	30年以上	
满意及以上	人数 / 人	1 639$_a$	2 638$_b$	2 872$_b$	1 749$_b$	8 898
	占比 / %	73.8	77.8	79.4	79.0	77.8
一般及以下	人数 / 人	582$_a$	751$_b$	746$_b$	466$_b$	2 545
	占比 / %	26.2	22.2	20.6	21.0	22.2
总计	人数 / 人	2 221	3 389	3 618	2 215	11 443
	占比 / %	100.0	100.0	100.0	100.0	100.0

注：下标字母含义是横向比较，若字母相同，在0.05级别，这些类别的列比例相互之间无显著差异。

8. 不同专业教师对专业满意度的评价

不同专业教师进行的专业满意度总体评价，获取的有效数据是10 988人。其中评价"满意及以上"的人数为8398人，各专业对其评价的平均百分比为72.3%，评价"一般及以下"的人数为2590人，各专业对其评价的平均百分比为23.6%。

对评价的人数残差进行标准化后发现,在评价"一般及以下"的专业中,学科教学·历史专业教师对专业满意度的评价最低,标准化残差为2.7;教育管理专业次之,标准化残差分别为2.4;第三为学科教学·语文专业,标准化残差为1.8,小学教育、特殊教育、职业技术教育、学前教育、学科教学·思政、学科教学·体育专业的评价也低于平均水平(见表3-3-19)。

表3-3-19 所在专业与专业满意度交叉表

专业	满意及以上 人数/人	百分比/%	标准化残差	一般及以下 人数/人	百分比/%	标准化残差	总计/人
小学教育	634	76.2	−0.5	198	23.8	1.0	832
教育管理	377	72.8	−1.3	141	27.2	2.4	518
心理健康教育	321	78.5	0.2	88	21.5	−0.3	409
现代教育技术	302	78.2	0.1	84	21.8	−0.2	386
特殊教育	27	69.2	−0.6	12	30.8	1.1	39
职业技术教育	393	77.4	−0.1	115	22.6	0.2	508
科学技术教育	51	79.7	0.2	13	20.3	−0.3	64
学前教育	332	77.4	−0.1	97	22.6	0.2	429
学科教学·语文	1 122	75.6	−0.9	362	24.4	1.8	1 484
学科教学·数学	635	78.4	0.2	175	21.6	−0.4	810
学科教学·英语	1 085	79.5	0.7	279	20.5	−1.4	1 364
学科教学·物理	335	77.9	0.0	95	22.1	−0.1	430
学科教学·化学	443	82.3	1.2	95	17.7	−2.3	538
学科教学·生物	517	83.0	1.5	106	17.0	−2.8	623
学科教学·思政	576	76.1	−0.5	181	23.9	1.0	757
学科教学·历史	403	72.4	−1.4	154	27.6	2.7	557
学科教学·地理	444	82.4	1.2	95	17.6	−2.3	539
学科教学·体育	131	77.5	0.0	38	22.5	0.1	169
学科教学·音乐	242	80.7	0.6	58	19.3	−1.1	300
学科教学·美术	194	83.6	1.0	38	16.4	−1.9	232
总计	8 564	77.8	0	2 424	22.2	0	10 988

9. 不同隶属层次高校教师对专业满意度的评价

不同隶属层次高校教师进行的专业满意度总体评价，获取的有效数据是8190人。

经卡方检验，χ^2值为2.504，sig=0.286>0.05，表明不同隶属层次高校教师在对专业满意度的两个选项上无显著差异。

10. 不同类型高校教师对专业满意度的评价

不同类型高校教师进行的专业满意度总体评价，获取的有效数据是8190人。

经卡方检验，χ^2值为1.133，sig=0.287>0.05，表明不同类型高校教师在对专业满意度的两个选项上无显著差异。

11. 有无教育学相关背景教师对专业满意度的评价

有无教育学相关背景教师进行的专业满意度总体评价，获取的有效数据是6777人。

经卡方检验，χ^2值为21.351**，sig<0.01，表明有无教育学相关背景教师在对专业满意度的两个选项上，至少有一个选项的频数百分比有极其显著差异。

对占比进行Z检验比较，从有无教育学相关背景与专业满意度交叉表中可以看出，在"满意及以上"选项上，具有教育学相关背景的为76.4%，高于无教育学相关背景的70.4%（见表3-3-20）。

表3-3-20　有无教育学相关背景与专业满意度交叉表

专业满意度		有无教育学相关背景		合计
		有	无	
满意及以上	人数/人	4134$_a$	962$_b$	5096
	占比/%	76.4	70.4	75.2
一般及以下	人数/人	1276$_a$	405$_b$	1681
	占比/%	23.6	29.6	24.8
总计	人数/人	5410	1367	6777
	占比/%	100.0	100.0	100.0

注：下标字母含义是横向比较，若字母相同，在0.05级别，这些类别的列比例相互之间无显著差异。

12. 有无基础教育工作和研究经历教师对专业满意度的评价

有无基础教育工作和研究经历教师进行的专业满意度总体评价，获取的有效数据是 6777 人。

经卡方检验，χ^2 值为 17.060**，sig<0.01，表明有无基础教育工作和研究经历教师在对专业满意度的两个选项上，至少有一个选项的频数百分比有极其显著差异。

对占比进行 Z 检验比较，从有无基础教育工作和研究经历与专业满意度交叉表中可以看出，在"满意及以上"选项上，有基础教育工作和研究经历的为 76.7%，高于无基础教育工作和研究经历的 72.1%（见表 3-3-21）。

表 3-3-21　有无基础教育工作和研究经历与专业满意度交叉表

专业满意度		有无基础教育工作和研究经历		合计
		有	无	
满意及以上	人数 / 人	3474ₐ	1622ᵦ	5096
	占比 / %	76.7	72.1	75.2
一般及以下	人数 / 人	1054ₐ	627ᵦ	1681
	占比 / %	23.3	27.9	24.8
总计	人数 / 人	4528	2249	6777
	占比 / %	100.0	100.0	100.0

注：下标字母含义是横向比较，若字母相同，在 0.05 级别，这些类别的列比例相互之间无显著差异。

13. 教师担任导师年限对专业满意度的评价

教师担任导师年限进行的专业满意度总体评价，获取的有效数据是 9368 人。

经卡方检验，χ^2 值为 5.888，sig=0.208>0.05，表明教师担任导师年限在对专业满意度的两个选项上无显著差异。

14. 双导师间是否经常进行沟通合作对专业满意度的评价

双导师间是否经常沟通合作进行的专业满意度总体评价，获取的有效数据是 9368 人。

经卡方检验，χ^2 值为 462.128**，sig<0.01，表明双导师间是否经常沟通合作

在对专业满意度的两个选项上,至少有一个选项的频数百分比有极其显著差异。

对占比进行 Z 检验比较,从双导师间是否经常沟通合作与专业满意度交叉表中可以看出,在"满意及以上"选项上,经常沟通合作的为 82.4%,高于不经常沟通合作的 57.2%(见表 3-3-22)。

表 3-3-22　双导师间是否经常沟通合作与专业满意度交叉表

专业满意度		双导师间是否经常沟通合作		合计
		是	否	
满意及以上	人数 / 人	6509$_a$	839$_b$	7348
	占比 / %	82.4	57.2	78.4
一般及以下	人数 / 人	1393$_a$	627$_b$	2020
	占比 / %	17.6	42.8	21.6
总计	人数 / 人	7902	1466	9368
	占比 / %	100.0	100.0	100.0

注:下标字母含义是横向比较,若字母相同,在 0.05 级别,这些类别的列比例相互之间无显著差异。

(二)不同教师身份对专业满意度的差异性分析

不同教师身份进行的专业满意度总体评价,获取的有效数据是 18 164 人。

经卡方检验,χ^2 值为 182.217**,sig<0.01,表明不同教师身份在对专业满意度的两个选项上,至少有一个选项的频数百分比有极其显著差异。

对占比进行 Z 检验比较,从不同教师身份与专业满意度交叉表中可以看出,在"满意及以上"选项上,实践导师为 86.9%,高于其他选项(见表 3-3-23)。

表 3-3-23　教师身份与专业满意度交叉表

对专业满意度的评价		身份				合计
		理论导师	实践导师	任课教师	管理者	
满意及以上	人数 / 人	5 096$_a$	2 252$_b$	5 171$_a$	1 679$_c$	14 198
	占比 / %	75.2	86.9	76.5	82.3	78.2%

续表

对专业满意度的评价		身份				合计
		理论导师	实践导师	任课教师	管理者	
一般及以下	人数/人	1 681$_a$	339$_b$	1 585$_a$	361$_c$	3 966
	占比/%	24.8	13.1	23.5	17.7	21.8%
总计	人数/人	6 777	2 591	6 756	2 040	18 164
	占比/%	100.0%	100.0%	100.0%	100.0%	100.0%

注：下标字母含义是横向比较，若字母相同，在0.05级别，这些类别的列比例相互之间无显著差异。

三、教育硕士与教师专业满意度的差异比较

教育硕士和教师进行的专业满意度总体评价，获取的有效数据是42 528人。

经卡方检验，χ^2值为735.522**，sig<0.01，表明教育硕士和教师在对专业满意度的两个选项上，至少有一个选项的频数百分比有极其显著差异。

对占比进行Z检验比较，从教育硕士和教师与专业满意度交叉表中可以看出，在"满意及以上"选项上，教师为77.8%，高于教育硕士的63.9%（见表3-3-24）。

表3-3-24 教育硕士和教师与专业满意度交叉表

专业满意度		身份		合计
		教育硕士	教师	
满意及以上	人数/人	19 858$_a$	8 898$_b$	28 756
	占比/%	63.9	77.8	67.6
一般及以下	人数/人	11 227$_a$	2 545$_b$	13 772
	占比/%	36.1	22.2	32.4
总计	人数/人	31 085	11 443	42 528
	占比/%	100.0	100.0	100.0

注：下标字母含义是横向比较，若字母相同，在0.05级别，这些类别的列比例相互之间无显著差异。

第四章 专业培养目标的满意度

第一节 专业培养目标及各维度满意度总体现状

一、专业培养目标满意度总体现状

（一）教育硕士的专业培养目标满意度

1. 全体教育硕士

对全体教育硕士专业培养目标满意度的调查发现，专业培养目标满意度为很满意的占35.4%，满意的占36.5%，一般的占25.6%，不满意的占1.8%，很不满意的占0.8%，共有71.9%的教育硕士对专业培养目标满意度在满意及以上程度。

2. 在校生

对在校生专业培养目标满意度的调查发现，专业培养目标满意度为很满意的占31.7%，满意的占37.9%，一般的占27.7%，不满意的占1.9%，很不满意的占0.8%，共有69.6%的在校生对专业培养目标满意度在满意及以上程度。

3. 毕业生

对毕业生专业培养目标满意度的调查发现，专业培养目标满意度为很满意的占43.8%，满意的占33.2%，一般的占20.7%，不满意的占1.6%，很不满意的占0.7%，共有77.0%的毕业生对专业培养目标满意度在满意及以上程度。

（二）教师的专业培养目标满意度

1. 全体教师

对全体教师专业培养目标满意度的调查发现，专业培养目标满意度为很满意的占 42.1%，满意的占 46.7%，一般的占 10.3%，不满意的占 0.6%，很不满意的占 0.3%，共有 88.8% 的教师对专业培养目标满意度在满意及以上程度。

2. 理论导师

对理论导师专业培养目标满意度的调查发现，专业培养目标满意度为很满意的占 37.7%，满意的占 50.1%，一般的占 11.3%，不满意的占 0.6%，很不满意的占 0.3%，共有 87.8% 的理论导师对专业培养目标满意度在满意及以上程度。

3. 实践导师

对实践导师专业培养目标满意度的调查发现，专业培养目标满意度为很满意的占 52.5%，满意的占 42.1%，一般的占 5.2%，不满意的占 0.2%，很不满意的占 0.1%，共有 94.6% 的实践导师对专业培养目标满意度在满意及以上程度。

4. 任课教师

对任课教师专业培养目标满意度的调查发现，专业培养目标满意度为很满意的占 41.0%，满意的占 47.4%，一般的占 10.9%，不满意的占 0.5%，很不满意的占 0.2%，共有 88.4% 的任课教师对专业培养目标满意度在满意及以上程度。

5. 管理者

对管理者专业培养目标满意度的调查发现，专业培养目标满意度为很满意的占 46.7%，满意的占 45.0%，一般的占 7.6%，不满意的占 0.6%，很不满意的占 0.1%，共有 91.7% 的管理者对专业培养目标满意度在满意及以上程度。

二、专业培养目标各维度满意度现状

（一）对符合学校办学定位的满意度

1. 学生的符合学校办学定位满意度

（1）全体教育硕士。

对全体教育硕士符合学校办学定位满意度的调查发现，符合学校办学定位满意度为很满意的占 36.0%，满意的占 38.4%，一般的占 23.3%，不满意的占 1.6%，很不满意的占 0.7%，共有 74.4% 的教育硕士对符合学校办学定位满意度在满意及以上程度。

（2）在校生。

对在校生符合学校办学定位满意度的调查发现，符合学校办学定位满意度为很满意的占 32.3%，满意的占 39.8%，一般的占 25.4%，不满意的占 1.8%，很不满意的占 0.7%，共有 72.1% 的在校生对符合学校办学定位满意度在满意及以上程度。

（3）毕业生。

对毕业生符合学校办学定位满意度的调查发现，符合学校办学定位满意度为很满意的占 44.4%，满意的占 35.1%，一般的占 18.6%，不满意的占 1.2%，很不满意的占 0.6%，共有 79.5% 的毕业生对符合学校办学定位满意度在满意及以上程度。

2. 教师的符合学校办学定位满意度

（1）全体教师。

对全体教师符合学校办学定位满意度的调查发现，符合学校办学定位满意度为很满意的占 44.2%，满意的占 45.5%，一般的占 9.4%，不满意的占 0.7%，很不满意的占 0.2%，共有 89.7% 的教师对符合学校办学定位满意度在满意及以上程度。

（2）理论导师。

对理论导师符合学校办学定位满意度的调查发现，符合学校办学定位满

意度为很满意的占 40.1%，满意的占 49.0%，一般的占 10.1%，不满意的占 0.7%，很不满意的占 0.2%，共有 89.1% 的理论导师对符合学校办学定位满意度在满意及以上程度。

（3）实践导师。

对实践导师符合学校办学定位满意度的调查发现，符合学校办学定位满意度为很满意的占 53.9%，满意的占 40.8%，一般的占 5.0%，不满意的占 0.3%，很不满意的占 0.0%，共有 94.7% 的实践导师对符合学校办学定位满意度在满意及以上程度。

（4）任课教师。

对任课教师符合学校办学定位满意度的调查发现，符合学校办学定位满意度为很满意的占 43.2%，满意的占 46.0%，一般的占 10.1%，不满意的占 0.7%，很不满意的占 0.1%，共有 89.2% 的任课教师对符合学校办学定位满意度在满意及以上程度。

（5）管理者。

对管理者符合学校办学定位满意度的调查发现，符合学校办学定位满意度为很满意的占 49.1%，满意的占 42.9%，一般的占 7.1%，不满意的占 0.8%，很不满意的占 0.0%，共有 92.1% 的管理者对符合学校办学定位满意度在满意及以上程度。

（二）对符合基础教育发展需求的满意度

1. 学生的符合基础教育发展需求满意度

（1）全体教育硕士。

对全体教育硕士符合基础教育发展需求满意度的调查发现，符合基础教育发展需求满意度为很满意的占 35.9%，满意的占 38.8%，一般的占 22.7%，不满意的占 1.9%，很不满意的占 0.7%，共有 74.7% 的教育硕士对符合基础教育发展需求满意度在满意及以上程度。

（2）在校生。

对在校生符合基础教育发展需求满意度的调查发现，符合基础教育发展需求满意度为很满意的占32.2%，满意的占40.5%，一般的占24.6%，不满意的占2.0%，很不满意的占0.7%，共有72.7%的在校生对符合基础教育发展需求满意度在满意及以上程度。

（3）毕业生。

对毕业生符合基础教育发展需求满意度的调查发现，符合基础教育发展需求满意度为很满意的占44.3%，满意的占35.1%，一般的占18.3%，不满意的占1.7%，很不满意的占0.7%，共有79.4%的毕业生对符合基础教育发展需求满意度在满意及以上程度。

2. 教师的符合基础教育发展需求满意度

（1）全体教师。

对全体教师符合基础教育发展需求满意度的调查发现，符合基础教育发展需求满意度为很满意的占42.6%，满意的占44.8%，一般的占11.3%，不满意的占1.0%，很不满意的占0.3%，共有87.4%的教师对符合基础教育发展需求满意度在满意及以上程度。

（2）理论导师。

对理论导师符合基础教育发展需求满意度的调查发现，符合基础教育发展需求满意度为很满意的占38.4%，满意的占47.6%，一般的占12.6%，不满意的占1.0%，很不满意的占0.4%，共有86.0%的理论导师对符合基础教育发展需求满意度在满意及以上程度。

（3）实践导师。

对实践导师符合基础教育发展需求满意度的调查发现，符合基础教育发展需求满意度为很满意的占52.4%，满意的占40.8%，一般的占6.4%，不满意的占0.3%，很不满意的占0.1%，共有93.2%的实践导师对符合基础教育发展需求满意度在满意及以上程度。

（4）任课教师。

对任课教师符合基础教育发展需求满意度的调查发现，符合基础教育发展需求满意度为很满意的占41.9%，满意的占45.1%，一般的占11.7%，不满意的占1.0%，很不满意的占0.3%，共有87.0%的任课教师对符合基础教育发展需求满意度在满意及以上程度。

（5）管理者。

对管理者符合基础教育发展需求满意度的调查发现，符合基础教育发展需求满意度为很满意的占47.1%，满意的占42.8%，一般的占8.9%，不满意的占0.9%，很不满意的占0.2%，共有89.9%的管理者对符合基础教育发展需求满意度在满意及以上程度。

（三）对以实践为导向的满意度

1. 学生的以实践为导向满意度

（1）全体教育硕士。

对全体教育硕士以实践为导向满意度的调查发现，以实践为导向满意度为很满意的占35.4%，满意的占36.5%，一般的占24.2%，不满意的占2.9%，很不满意的占0.9%，共有71.9%的教育硕士对以实践为导向满意度在满意及以上程度。

（2）在校生。

对在校生以实践为导向满意度的调查发现，以实践为导向满意度为很满意的占31.9%，满意的占38.1%，一般的占25.8%，不满意的占3.2%，很不满意的占1.0%，共有70.0%的在校生对以实践为导向满意度在满意及以上程度。

（3）毕业生。

对毕业生以实践为导向满意度的调查发现，以实践为导向满意度为很满意的占43.5%，满意的占32.9%，一般的占20.4%，不满意的占2.3%，很不满意的占0.9%，共有76.4%的毕业生对以实践为导向满意度在满意及以上程度。

2. 教师的以实践为导向满意度

（1）全体教师。

对全体教师以实践为导向满意度的调查发现，以实践为导向满意度为很满意的占 42.0%，满意的占 42.8%，一般的占 13.3%，不满意的占 1.4%，很不满意的占 0.5%，共有 84.8% 的教师对以实践为导向满意度在满意及以上程度。

（2）理论导师。

对理论导师以实践为导向满意度的调查发现，以实践为导向满意度为很满意的占 36.9%，满意的占 45.3%，一般的占 15.6%，不满意的占 1.6%，很不满意的占 0.6%，共有 82.2% 的理论导师对以实践为导向满意度在满意及以上程度。

（3）实践导师。

对实践导师以实践为导向满意度的调查发现，以实践为导向满意度为很满意的占 53.7%，满意的占 39.3%，一般的占 6.3%，不满意的占 0.5%，很不满意的占 0.2%，共有 93.0% 的实践导师对以实践为导向满意度在满意及以上程度。

（4）任课教师。

对任课教师以实践为导向满意度的调查发现，以实践为导向满意度为很满意的占 40.7%，满意的占 43.2%，一般的占 14.0%，不满意的占 1.6%，很不满意的占 0.5%，共有 83.9% 的任课教师对以实践为导向满意度在满意及以上程度。

（5）管理者。

对管理者以实践为导向满意度的调查发现，以实践为导向满意度为很满意的占 47.8%，满意的占 40.3%，一般的占 10.2%，不满意的占 1.4%，很不满意的占 0.2%，共有 88.1% 的管理者对以实践为导向满意度在满意及以上程度。

第二节　专业培养目标及各维度满意度相关性分析

一、教育硕士的专业培养目标及各维度满意度相关性分析

（一）专业培养目标满意度与符合学校办学定位满意度的相关性

1. 全体教育硕士

对全体教育硕士满意度的调查发现，全体教育硕士对全日制教育硕士专业培养目标满意度均值为4.04，对符合学校办学定位满意度均值为4.07，表明全体教育硕士对符合学校办学定位的满意度较高；同时，对二者的相关性进行分析，皮尔逊相关性值为0.910，表明全体教育硕士对专业培养目标满意度与对符合学校办学定位满意度二者之间相关性显著。

2. 在校生

对在校生满意度的调查发现，在校生对全日制教育硕士专业培养目标满意度均值为3.98，对符合学校办学定位满意度均值为4.01，表明在校生对符合学校办学定位的满意度较高；同时，对二者的相关性进行分析，皮尔逊相关性值为0.902，表明在校生对专业培养目标满意度与对符合学校办学定位满意度二者之间相关性显著。

3. 毕业生

对毕业生满意度的调查发现，毕业生对全日制教育硕士专业培养目标满意度均值为4.18，对符合学校办学定位满意度均值为4.22，表明毕业生对符合学校办学定位的满意度较高；同时，对二者的相关性进行分析，皮尔逊相关性值为0.926，表明毕业生对专业培养目标满意度与对符合学校办学定位满意度二者之间相关性显著。

（二）专业培养目标满意度与符合基础教育发展需求满意度的相关性

1. 全体教育硕士

对全体教育硕士满意度的调查发现，全体教育硕士对全日制教育硕士专业培养目标满意度均值为4.04，对符合基础教育发展需求满意度均值为4.07，表明全体教育硕士对符合基础教育发展需求的满意度较高；同时，对二者的相关性进行分析，皮尔逊相关性值为0.898，表明全体教育硕士对专业培养目标满意度与对符合基础教育发展需求满意度二者之间相关性显著。

2. 在校生

对在校生满意度的调查发现，在校生对全日制教育硕士专业培养目标满意度均值为3.98，对符合基础教育发展需求满意度均值为4.02，表明在校生对符合基础教育发展需求的满意度较高；同时，对二者的相关性进行分析，皮尔逊相关性值为0.890，表明在校生对专业培养目标满意度与对符合基础教育发展需求满意度二者之间相关性显著。

3. 毕业生

对毕业生满意度的调查发现，毕业生对全日制教育硕士专业培养目标满意度均值为4.18，对符合基础教育发展需求满意度均值为4.21，表明毕业生对符合基础教育发展需求的满意度较高；同时，对二者的相关性进行分析，皮尔逊相关性值为0.911，表明毕业生对专业培养目标满意度与对符合基础教育发展需求满意度二者之间相关性显著。

（三）专业培养目标满意度与以实践为导向满意度的相关性

1. 全体教育硕士

对全体教育硕士满意度的调查发现，全体教育硕士对全日制教育硕士专业培养目标满意度均值为4.04，对以实践为导向满意度均值为4.03，表明全体教育硕士对专业培养目标的满意度较高；同时，对二者的相关性进行分析，皮尔逊相关性值为0.851，表明全体教育硕士对专业培养目标满意度与对以实践为导向满意度二者之间相关性显著。

2. 在校生

对在校生满意度的调查发现，在校生对全日制教育硕士专业培养目标满意度均值为 3.98，对以实践为导向满意度均值为 3.97，表明在校生对专业培养目标的满意度较高；同时，对二者的相关性进行分析，皮尔逊相关性值为 0.844，表明在校生对专业培养目标满意度与对以实践为导向满意度二者之间相关性显著。

3. 毕业生

对毕业生满意度的调查发现，毕业生对全日制教育硕士专业培养目标满意度均值为 4.18，对以实践为导向满意度均值为 4.16，表明毕业生对专业培养目标的满意度较高；同时，对二者的相关性进行分析，皮尔逊相关性值为 0.863，表明毕业生对专业培养目标满意度与对以实践为导向满意度二者之间相关性显著。

二、教师的专业培养目标及各维度满意度相关性分析

（一）专业培养目标满意度与符合学校办学定位满意度的相关性

1. 全体教师

对全体教师满意度的调查发现，全体教师对全日制教育硕士专业培养目标满意度均值为 4.30，对符合学校办学定位满意度均值为 4.33，表明全体教师对符合学校办学定位的满意度较高；同时，对二者的相关性进行分析，皮尔逊相关性值为 0.867，表明全体教师对专业培养目标满意度与对符合学校办学定位满意度二者之间相关性显著。

2. 理论导师

对理论导师满意度的调查发现，理论导师对全日制教育硕士专业培养目标满意度均值为 4.24，对符合学校办学定位满意度均值为 4.28，表明理论导师对符合学校办学定位的满意度较高；同时，对二者的相关性进行分析，皮尔逊相

关性值为 0.851，表明理论导师对专业培养目标满意度与对符合学校办学定位满意度二者之间相关性显著。

3. 实践导师

对实践导师满意度的调查发现，实践导师对全日制教育硕士专业培养目标满意度均值为 4.47，对符合学校办学定位满意度均值为 4.48，表明实践导师对符合学校办学定位的满意度较高；同时，对二者的相关性进行分析，皮尔逊相关性值为 0.874，表明实践导师对专业培养目标满意度与对符合学校办学定位满意度二者之间相关性显著。

4. 任课教师

对任课教师满意度的调查发现，任课教师对全日制教育硕士专业培养目标满意度均值为 4.28，对符合学校办学定位满意度均值为 4.31，表明任课教师对符合学校办学定位的满意度较高；同时，对二者的相关性进行分析，皮尔逊相关性值为 0.856，表明任课教师对专业培养目标满意度与对符合学校办学定位满意度二者之间相关性显著。

5. 管理者

对管理者满意度的调查发现，管理者对全日制教育硕士专业培养目标满意度均值为 4.38，对符合学校办学定位满意度均值为 4.40，表明管理者对符合学校办学定位的满意度较高；同时，对二者的相关性进行分析，皮尔逊相关性值为 0.880，表明管理者对专业培养目标满意度与对符合学校办学定位满意度二者之间相关性显著。

（二）专业培养目标满意度与符合基础教育发展需求满意度的相关性

1. 全体教师

对全体教师满意度的调查发现，全体教师对全日制教育硕士专业培养目标满意度均值为 4.30，对符合基础教育发展需求满意度均值为 4.28，表明全体教师对专业培养目标的满意度较高；同时，对二者的相关性进行分析，皮尔逊相关性值为 0.838，表明全体教师对专业培养目标满意度与对符合基础教育发展需求满意度二者之间相关性显著。

2. 理论导师

对理论导师满意度的调查发现，理论导师对全日制教育硕士专业培养目标满意度均值为4.24，对符合基础教育发展需求满意度均值为4.23，表明理论导师对专业培养目标的满意度较高；同时，对二者的相关性进行分析，皮尔逊相关性值为0.819，表明理论导师对专业培养目标满意度与对符合基础教育发展需求满意度二者之间相关性显著。

3. 实践导师

对实践导师满意度的调查发现，实践导师对全日制教育硕士专业培养目标满意度均值为4.47，对符合基础教育发展需求满意度均值为4.45，表明实践导师对专业培养目标的满意度较高；同时，对二者的相关性进行分析，皮尔逊相关性值为0.847，表明实践导师对专业培养目标满意度与对符合基础教育发展需求满意度二者之间相关性显著。

4. 任课教师

对任课教师满意度的调查发现，任课教师对全日制教育硕士专业培养目标满意度均值为4.28，对符合基础教育发展需求满意度均值为4.27，表明任课教师对专业培养目标的满意度较高；同时，对二者的相关性进行分析，皮尔逊相关性值为0.823，表明任课教师对专业培养目标满意度与对符合基础教育发展需求满意度二者之间相关性显著。

5. 管理者

对管理者满意度的调查发现，管理者对全日制教育硕士专业培养目标满意度均值为4.38，对符合基础教育发展需求满意度均值为4.36，表明管理者对专业培养目标的满意度较高；同时，对二者的相关性进行分析，皮尔逊相关性值为0.854，表明管理者对专业培养目标满意度与对符合基础教育发展需求满意度二者之间相关性显著。

（三）专业培养目标满意度与以实践为导向满意度的相关性

1. 全体教师

对全体教师满意度的调查发现，全体教师对全日制教育硕士专业培养目标满意度均值为 4.30，对以实践为导向满意度均值为 4.24，表明全体教师对专业培养目标的满意度较高；同时，对二者的相关性进行分析，皮尔逊相关性值为 0.781，表明全体教师对专业培养目标满意度与对以实践为导向满意度二者之间相关性显著。

2. 理论导师

对理论导师满意度的调查发现，理论导师对全日制教育硕士专业培养目标满意度均值为 4.24，对以实践为导向满意度均值为 4.16，表明理论导师对专业培养目标的满意度较高；同时，对二者的相关性进行分析，皮尔逊相关性值为 0.754，表明理论导师对专业培养目标满意度与对以实践为导向满意度二者之间相关性显著。

3. 实践导师

对实践导师满意度的调查发现，实践导师对全日制教育硕士专业培养目标满意度均值为 4.47，对以实践为导向满意度均值为 4.46，表明实践导师对专业培养目标的满意度较高；同时，对二者的相关性进行分析，皮尔逊相关性值为 0.791，表明实践导师对专业培养目标满意度与对以实践为导向满意度二者之间相关性显著。

4. 任课教师

对任课教师满意度的调查发现，任课教师对全日制教育硕士专业培养目标满意度均值为 4.28，对以实践为导向满意度均值为 4.22，表明任课教师对专业培养目标的满意度较高；同时，对二者的相关性进行分析，皮尔逊相关性值为 0.768，表明任课教师对专业培养目标满意度与对以实践为导向满意度二者之间相关性显著。

5. 管理者

对管理者满意度的调查发现，管理者对全日制教育硕士专业培养目标满意度均值为4.38，对以实践为导向满意度均值为4.34，表明管理者对专业培养目标的满意度较高；同时，对二者的相关性进行分析，皮尔逊相关性值为0.796，表明管理者对专业培养目标满意度与对以实践为导向满意度二者之间相关性显著。

第三节　专业培养目标满意度差异性分析

一、教育硕士的专业培养目标满意度差异性分析

（一）全体教育硕士

1. 不同就读高校或工作单位的教育硕士对专业培养目标满意度的评价

不同就读高校或工作单位的教育硕士进行的专业培养目标满意度总体评价，获取的有效数据是31 085人。

经卡方检验，χ^2值为267.962**，sig<0.01，表明不同就读高校或工作单位教育硕士在对专业培养目标满意度评价的两个选项上，至少有一个选项的频数百分比有极其显著差异。

对占比进行Z检验比较，从不同就读高校或工作单位与专业培养目标满意度交叉表中可以看出，在"满意及以上"选项上，基础教育为79.8%，高于高校的69.7%（见表4-3-1）。

表 4-3-1　就读高校或工作单位与专业培养目标满意度交叉表

专业培养目标满意度		就读高校或工作单位		合计
		高校	基础教育	
满意及以上	人数 / 人	17 003$_a$	5 333$_b$	22 336
	占比 / %	69.7	79.8	71.9
一般及以下	人数 / 人	7 402$_a$	1 347$_b$	8 749
	占比 / %	30.3	20.2	28.1
总计	人数 / 人	24 405	6 680	31 085
	占比 / %	100.0	100.0	100.0

注：下标字母含义是横向比较，若字母相同，在 0.05 级别，这些类别的列比例相互之间无显著差异。

2. 不同城市教育硕士对专业培养目标满意度的评价

不同城市教育硕士进行的专业培养目标满意度总体评价，获取的有效数据是 31 085 人。

经卡方检验，χ^2 值为 40.613**，sig<0.01，表明不同城市教育硕士在对专业培养目标满意度的两个选项上，至少有一个选项的频数百分比有极其显著差异。

对占比进行 Z 检验比较，从不同城市与专业培养目标满意度交叉表中可以看出，在"满意及以上"选项上，其他城市为 73.6%，高于省会城市（自治区首府）的 70.5% 和直辖市的 69.7%（见表 4-3-2）。

表 4-3-2　不同城市与专业培养目标满意度交叉表

专业培养目标满意度		不同城市			合计
		省会城市（自治区首府）	直辖市	其他城市	
满意及以上	人数 / 人	8 851$_a$	2 760$_a$	10 725$_b$	22 336
	占比 / %	70.5	69.7	73.6	71.9
一般及以下	人数 / 人	3 698$_a$	1 197$_a$	3 854$_b$	8 749
	占比 / %	29.5	30.3	26.4	28.1

续表

专业培养目标满意度		不同城市			合计
		省会城市（自治区首府）	直辖市	其他城市	
总计	人数/人	12 549	3 957	14 579	31 085
	占比/%	100.0	100.0	100.0	100.0

注：下标字母含义是横向比较，若字母相同，在 0.05 级别，这些类别的列比例相互之间无显著差异。

3. 不同地区教育硕士对专业培养目标满意度的评价

不同地区教育硕士进行的专业培养目标满意度总体评价，获取的有效数据是 31 085 人。

经卡方检验，χ^2 值为 590.641**，sig<0.01，表明不同地区教育硕士在对专业培养目标满意度的两个选项上，至少有一个选项的频数百分比有极其显著差异。

对占比进行 Z 检验比较，从不同地区与专业培养目标满意度交叉表中可以看出，在"满意及以上"选项上，所有地区的平均值为 71.9%，高于平均值的有华东、华北、东北。其中东北地区为 80.9%，高于其他选项（见表 4-3-3）。

表 4-3-3 不同地区与专业培养目标满意度交叉表

专业培养目标满意度		不同地区							合计
		华东	华南	华中	华北	西南	西北	东北	
满意及以上	人数/人	3 764$_a$	2 911$_b$	3 737$_b$	3 181$_c$	2 195$_d$	2 859$_e$	3 689$_f$	22 336
	占比/%	74.2	68.2	68.4	78.6	60.3	70.8	80.9	71.9
一般及以下	人数/人	1 306$_a$	1 357$_b$	1 726$_b$	868$_c$	1 443$_d$	1 179$_e$	870$_f$	8 749
	占比/%	25.8	31.8	31.6	21.4	39.7	29.2	19.1	28.1
总计	人数/人	5 070	4 268	5 463	4 049	3 638	4 038	4 559	31 085
	占比/%	100.0	100.0	100.0	100.0	100.0	100.0	100.0	100.0

注：下标字母含义是横向比较，若字母相同，在 0.05 级别，这些类别的列比例相互之间无显著差异。

4. 读研前有无从教经历教育硕士对专业培养目标满意度的评价

读研前有无从教经历教育硕士进行的专业培养目标满意度总体评价，获取的有效数据是 31 085 人。

经卡方检验，χ^2值为9.993**，sig<0.01，表明读研前有无从教经历教育硕士在对专业培养目标满意度的两个选项上，至少有一个选项的频数百分比有极其显著差异。

对占比进行Z检验比较，从读研前有无从教经历与专业培养目标满意度交叉表中可以看出，在"满意及以上"选项上，有从教经历为72.8%，高于无从教经历的71.1%（见表4-3-4）。

表4-3-4 读研前有无从教经历与专业培养目标满意度交叉表

专业培养目标满意度		读研前有无从教经历		合计
		有	无	
满意及以上	人数/人	9 898$_a$	12 438$_b$	22 336
	占比/%	72.8	71.1	71.9
一般及以下	人数/人	3 704$_a$	5 045$_b$	8 749
	占比/%	27.2	28.9	28.1
总计	人数/人	13 602	17 483	31 085
	占比/%	100.0	100.0	100.0

注：下标字母含义是横向比较，若字母相同，在0.05级别，这些类别的列比例相互之间无显著差异。

5.能否胜任教育教学工作的教育硕士对专业培养目标满意度的评价

能否胜任教育教学工作的教育硕士进行的专业培养目标满意度总体评价，获取的有效数据是31 085人。

经卡方检验，χ^2值为415.625**，sig<0.01，表明能否胜任教育教学工作的教育硕士在对专业培养目标满意度的两个选项上，至少有一个选项的频数百分比有极其显著差异。

对占比进行Z检验比较，从能否胜任教育教学工作与专业培养目标满意度交叉表中可以看出，在"满意及以上"选项上，能胜任教育教学工作为73.3%，高于不能胜任教育教学工作的53.7%（见表4-3-5）。

表 4-3-5 能否胜任教育教学工作与专业培养目标满意度交叉表

专业培养目标满意度		能否胜任教育教学工作		合计
		能	否	
满意及以上	人数 / 人	21 076ₐ	1 260ᵦ	22 336
	占比 / %	73.3	53.7	71.9
一般及以下	人数 / 人	7 661ₐ	1 088ᵦ	8 749
	占比 / %	26.7	46.3	28.1
总计	人数 / 人	28 737	2 348	31 085
	占比 / %	100.0	100.0	100.0

注：下标字母含义是横向比较，若字母相同，在 0.05 级别，这些类别的列比例相互之间无显著差异。

6. 不同专业教育硕士对专业培养目标满意度的评价

不同专业教育硕士进行的专业培养目标满意度总体评价，获取的有效数据是 31 085 人。其中评价"满意及以上"的人数为 22 336 人，各专业对其评价的平均百分比为 71.9%，评价"一般及以下"的人数为 8749 人，各专业对其评价的平均百分比为 28.1%。

在评价"一般及以下"的专业中，职业技术教育专业的教育硕士对专业满意度的评价最低，标准化残差为 11.4；其次是教育管理专业，标准化残差为 5.7；小学教育、心理健康教育、现代教育技术、特殊教育、学前教育、学科教学·英语、学科教学·思政专业的评价也低于平均水平（见表 4-3-6）。

表 4-3-6 不同专业教育硕士与专业培养目标满意度交叉表

专业	满意及以上			一般及以下			总计 / 人
	人数 / 人	百分比 / %	标准化残差	人数 / 人	百分比 / %	标准化残差	
小学教育	1 909	70.0	−1.1	817	30.0	1.8	2 726
教育管理	891	63.8	−3.5	505	36.2	5.7	1 396
心理健康教育	1 148	69.6	−1.1	502	30.4	1.7	1 650
现代教育技术	837	68.0	−1.6	394	32.0	2.6	1 231
特殊教育	128	66.3	−0.9	65	33.7	1.4	193

续表

专业	满意及以上 人数/人	百分比/%	标准化残差	一般及以下 人数/人	百分比/%	标准化残差	总计/人
职业技术教育	699	55.0	−7.1	573	45.0	11.4	1 272
科学技术教育	126	74.6	0.4	43	25.4	−0.7	169
学前教育	1 064	70.2	−0.8	452	29.8	1.2	1 516
学科教学·语文	2 816	74.8	2.1	949	25.2	−3.4	3 765
学科教学·数学	1 860	77.7	3.4	533	22.3	−5.4	2 393
学科教学·英语	3 403	70.4	−1.2	1 429	29.6	1.9	4 832
学科教学·物理	775	77.1	2	230	22.9	−3.1	1 005
学科教学·化学	950	76.4	1.9	294	23.6	−3.0	1 244
学科教学·生物	1 174	75.0	1.5	391	25.0	−2.4	1 565
学科教学·思政	1 600	71.0	−0.5	654	29.0	0.8	2 254
学科教学·历史	1 197	76.5	2.2	367	23.5	−3.5	1 564
学科教学·地理	882	77.8	2.4	251	22.2	−3.8	1 133
学科教学·体育	263	73.5	0.4	95	26.5	−0.6	358
学科教学·音乐	321	73.5	0.4	116	26.5	−0.6	437
学科教学·美术	293	76.7	1.1	89	23.3	−1.8	382
总计	22 336	71.9	0	8 749	28.1	0	31 085

（二）在校生

1.不同隶属层次高校在校生对专业培养目标满意度的评价

不同隶属层次高校在校生进行的专业培养目标满意度总体评价，获取的有效数据是 24 405 人。

经卡方检验，χ^2 值为 13.290**，sig<0.01，表明不同隶属层次高校在校生在对专业培养目标满意度的两个选项上，至少有一个选项的频数百分比有极其显著差异。

对占比进行 Z 检验比较，从不同高校隶属层次与专业培养目标满意度交叉

表中可以看出,在"满意及以上"选项上,市属为67.4%,低于部属和省属,但部属与省属之间无显著差异(见表4-3-7)。

表4-3-7 高校隶属层次与专业培养目标满意度交叉表

专业培养目标满意度		高校隶属层次			合计
		部属	省属	市属	
满意及以上	人数/人	1 467ₐ	12 709ₐ	2 827ᵦ	17 003
	占比/%	70.8	70.1	67.4	69.7
一般及以下	人数/人	605ₐ	5 427ₐ	1 370ᵦ	7 402
	占比/%	29.2	29.9	32.6	30.3
总计	人数/人	2 072	18 136	4 197	24 405
	占比/%	100.0	100.0	100.0	100.0

注:下标字母含义是横向比较,若字母相同,在0.05级别,这些类别的列比例相互之间无显著差异。

2. 不同类型高校在校生对专业培养目标满意度的评价

不同类型高校在校生进行的专业培养目标满意度总体评价,获取的有效数据是24 405人。

经卡方检验,χ^2值为30.845*,sig=0.038<0.05,表明不同类型高校在校生在对专业培养目标满意度的两个选项上,至少有一个选项的频数百分比有显著差异。

对占比进行Z检验比较,从高校类型与专业培养目标满意度交叉表中可以看出,在"满意及以上"选项上,师范类为70.7%,高于非师范类的67.2%(见表4-3-8)。

表4-3-8 高校类型与专业培养目标满意度交叉表

专业培养目标满意度		高校类型		合计
		师范类	非师范类	
满意及以上	人数/人	12 119ₐ	4 884ᵦ	17 003
	占比/%	70.7	67.2	69.7

续表

专业培养目标满意度		高校类型		合计
		师范类	非师范类	
一般及以下	人数 / 人	5 014$_a$	2 388$_b$	7 402
	占比 / %	29.3	32.8	30.3
总计	人数 / 人	17 133	7 272	24 405
	占比 / %	100.0	100.0	100.0

注：下标字母含义是横向比较，若字母相同，在0.05级别，这些类别的列比例相互之间无显著差异。

（三）毕业生

1. 不同毕业年限毕业生对专业培养目标满意度的评价

不同毕业年限毕业生进行的专业培养目标满意度总体评价，获取的有效数据是9451人。

经卡方检验，χ^2 值为85.081**，sig<0.01，表明不同毕业年限毕业生在对专业培养目标满意度的两个选项上，至少有一个选项的频数百分比有极其显著差异。

对占比进行Z检验比较，从毕业年限与专业培养目标满意度交叉表中可以看出，在"满意及以上"选项上，7年以上为89.3%，5~6年为88.3%，高于其他选项（见表4-3-9）。

表4-3-9 毕业年限与专业培养目标满意度交叉表

专业培养目标满意度		毕业年限					合计
		1年以下	1~2年	3~4年	5~6年	7年以上	
满意及以上	人数 / 人	3408$_a$	2344$_b$	1032$_b$	293$_c$	200$_c$	7277
	占比 / %	73.6	79.2	79.1	88.3	89.3	77.0
一般及以下	人数 / 人	1224$_a$	615$_b$	272$_b$	39$_c$	24$_c$	2174
	占比 / %	26.4	20.8	20.9	11.7	10.7	23.0
总计	人数 / 人	4632	2959	1304	332	224	9451
	占比 / %	100.0	100.0	100.0	100.0	100.0	100.0

注：下标字母含义是横向比较，若字母相同，在0.05级别，这些类别的列比例相互之间无显著差异。

2. 是否工作毕业生对专业培养目标满意度的评价

是否工作毕业生进行的专业培养目标满意度总体评价，获取的有效数据是9451人。

经卡方检验，χ^2 值为 286.681**，sig<0.01，表明是否工作毕业生在对专业培养目标满意度的两个选项上，至少有一个选项的频数百分比有极其显著差异。

对占比进行 Z 检验比较，从是否工作与专业培养目标满意度交叉表中可以看出，在"满意及以上"选项上，已工作为 81.1%，高于未工作的 63.9%（见表4-3-10）。

表 4-3-10　是否工作与专业培养目标满意度交叉表

专业培养目标满意度		是否工作		合计
		是	否	
满意及以上	人数／人	5828$_a$	1449$_b$	7277
	占比／%	81.1	63.9	77.0
一般及以下	人数／人	1357$_a$	817$_b$	2174
	占比／%	18.9	36.1	23.0
总计	人数／人	7185	2266	9451
	占比／%	100.0	100.0	100.0

注：下标字母含义是横向比较，若字母相同，在 0.05 级别，这些类别的列比例相互之间无显著差异。

3. 毕业生是否为师范专业对专业培养目标满意度的评价

毕业生是否为师范专业进行的专业培养目标满意度总体评价，获取的有效数据是 7185 人。

经卡方检验，χ^2 值为 37.667**，sig<0.01，表明毕业生是否为师范专业在对专业培养目标满意度的两个选项上，至少有一个选项的频数百分比有极其显著差异。

对占比进行 Z 检验比较，从毕业生是否为师范专业与专业培养目标满意度交叉表中可以看出，在"满意及以上"选项上，师范专业为 83.4%，高于非师范专业的 77.6%（见表 4-3-11）。

表 4-3-11　毕业生是否为师范专业与专业培养目标满意度交叉表

专业培养目标满意度		毕业生是否为师范专业		合计
		是	否	
满意及以上	人数 / 人	3669$_a$	2159$_b$	5828
	占比 / %	83.4	77.6	81.1
一般及以下	人数 / 人	732$_a$	625$_b$	1357
	占比 / %	16.6	22.4	18.9
总计	人数 / 人	4401	2784	7185
	占比 / %	100.0	100.0	100.0

注：下标字母含义是横向比较，若字母相同，在 0.05 级别，这些类别的列比例相互之间无显著差异。

（四）毕业生和在校生对专业培养目标满意度的差异性分析

毕业生和在校生进行的专业培养目标满意度总体评价，获取的有效数据是 31 085 人。

经卡方检验，χ^2 值为 177.577**，sig<0.01，表明毕业生和在校生在对专业培养目标满意度的两个选项上，至少有一个选项的频数百分比有极其显著差异。

对占比进行 Z 检验比较，从毕业生和在校生与专业培养目标满意度交叉表中可以看出，在"满意及以上"选项上，毕业生为 77.0%，高于在校生的 69.6%（见表 4-3-12）。

表 4-3-12　毕业生和在校生与专业培养目标满意度的交叉表

专业培养目标满意度		身份		合计
		毕业生	在校生	
满意及以上	人数 / 人	7 277$_a$	15 059$_b$	22 336
	占比 / %	77.0	69.6	71.9

续表

专业培养目标满意度		身份		合计
		毕业生	在校生	
一般及以下	人数/人	2 174$_a$	6 575$_b$	8 749
	占比/%	23.0	30.4	28.1
总计	人数/人	9 451	21 634	31 085
	占比/%	100.0	100.0	100.0

注：下标字母含义是横向比较，若字母相同，在0.05级别，这些类别的列比例相互之间无显著差异。

二、教师的专业培养目标满意度差异性分析

（一）全体教师

1. 不同工作单位教师对专业培养目标满意度的评价

不同工作单位教师进行的专业培养目标满意度总体评价，获取的有效数据是11 443人。

经卡方检验，χ^2值为47.559**，sig<0.01，表明不同工作单位教师在对专业培养目标满意度的两个选项上，至少有一个选项的频数百分比有极其显著差异。

对占比进行Z检验比较，从工作单位与专业培养目标满意度交叉表中可以看出，在"满意及以上"选项上，基础教育为92.1%，高于高校的87.6%（见表4-3-13）。

表4-3-13　工作单位与专业培养目标满意度交叉表

专业培养目标满意度		工作单位		合计
		高校	基础教育	
满意及以上	人数/人	7 172$_a$	2 995$_b$	10 167
	占比/%	87.6	92.1	88.8

续表

专业培养目标满意度		工作单位		合计
		高校	基础教育	
一般及以下	人数/人	1 018$_a$	258$_b$	1 276
	占比/%	12.4	7.9	11.2
总计	人数/人	8 190	3 253	11 443
	占比/%	100.0	100.0	100.0

注：下标字母含义是横向比较，若字母相同，在0.05级别，这些类别的列比例相互之间无显著差异。

2. 不同城市教师对专业培养目标满意度的评价

不同城市教师进行的专业培养目标满意度总体评价，获取的有效数据是11 443人。

经卡方检验，χ^2值为1.759，sig=0.415>0.05，表明不同城市教师在对专业培养目标满意度的两个选项上无显著差异。

3. 不同地区教师对专业培养目标满意度的评价

不同地区教师进行的专业培养目标满意度总体评价，获取的有效数据是11 443人。

经卡方检验，χ^2值为20.697**，sig<0.01，表明不同地区教师在对专业培养目标满意度的两个选项上，至少有一个选项的频数百分比有极其显著差异。

对占比进行Z检验比较，从不同地区与专业培养目标满意度交叉表中可以看出，在"满意及以上"选项上，所有地区的平均值为88.8%，高于平均值的有华北和东北。其中东北地区为91.4%，高于其他选项（见表4-3-14）。

表4-3-14 不同地区与专业培养目标满意度交叉表

专业培养目标满意度		不同地区							合计
		华东	华南	华中	华北	西南	西北	东北	
满意及以上	人数/人	2 219$_a$	1 002$_a$	1 630$_a$	1 273$_a$	1 042$_a$	1 152$_a$	1 849$_b$	10 167
	占比/%	88.7	87.0	88.8	88.9	87.9	87.7	91.4	88.8

续表

专业培养目标满意度		不同地区							合计
		华东	华南	华中	华北	西南	西北	东北	
一般及以下	人数/人	283$_a$	150$_a$	206$_a$	159$_a$	144$_a$	161$_a$	173$_b$	1 276
	占比/%	11.3	13.0	11.2	11.1	12.1	12.3	8.6	11.2
总计	人数/人	2 502	1 152	1 836	1 432	1 186	1 313	2 022	11 443
	占比/%	100.0	100.0	100.0	100.0	100.0	100.0	100.0	100.0

注：下标字母含义是横向比较，若字母相同，在0.05级别，这些类别的列比例相互之间无显著差异。

4.不同年龄教师对专业培养目标满意度的评价

不同年龄教师进行的专业培养目标满意度总体评价，获取的有效数据是11 443人。

经卡方检验，χ^2值为38.604**，sig<0.01，表明不同年龄教师对专业培养目标满意度的两个选项上，至少有一个选项的频数百分比有极其显著差异。

对占比进行Z检验比较，从年龄与专业培养目标满意度交叉表中可以看出，在"满意及以上"选项上，56岁及以上为90.3%，高于其他选项（见表4-3-15）。

表4-3-15　年龄与专业培养目标满意度交叉表

专业培养目标满意度		年龄				合计
		35岁及以下	36~45岁	46~55岁	56岁及以上	
满意及以上	人数/人	1 261$_a$	4 053$_b$	3 852$_b$	1 001$_b$	10 167
	占比/%	84.2	89.4	89.5	90.3	88.8
一般及以下	人数/人	237$_a$	480$_b$	451$_b$	108$_b$	1 276
	占比/%	15.8	10.6	10.5	9.7	11.2
总计	人数/人	1 498	4 533	4 303	1 109	11 443
	占比/%	100.0	100.0	100.0	100.0	100.0

注：下标字母含义是横向比较，若字母相同，在0.05级别，这些类别的列比例相互之间无显著差异。

5. 不同学历教师对专业培养目标满意度的评价

不同学历教师进行的专业培养目标满意度总体评价，获取的有效数据是11 443人。

经卡方检验，χ^2值为50.605**，sig<0.01，表明不同学历教师对专业培养目标满意度的两个选项上，至少有一个选项的频数百分比有极其显著差异。

对占比进行Z检验比较，从学历与专业培养目标满意度交叉表中可以看出，在"满意及以上"选项上，本科生及以下为92.6%，高于其他选项（见表4-3-16）。

表4-3-16 学历与专业培养目标满意度交叉表

专业培养目标满意度		学历			合计
		博士研究生	硕士研究生	本科生及以下	
满意及以上	人数/人	4 266$_a$	3 582$_b$	2 319$_c$	10 167
	占比/%	87.1	88.6	92.6	88.8
一般及以下	人数/人	630$_a$	461$_b$	185$_c$	1 276
	占比/%	12.9	11.4	7.4	11.2
总计	人数/人	4 896	4 043	2 504	11 443
	占比/%	100.0	100.0	100.0	100.0

注：下标字母含义是横向比较，若字母相同，在0.05级别，这些类别的列比例相互之间无显著差异。

6. 不同职称教师对专业培养目标满意度的评价

不同职称教师进行的专业培养目标满意度总体评价，获取的有效数据是11 443人。

经卡方检验，χ^2值为38.632**，sig<0.01，表明不同职称教师对专业培养目标满意度的两个选项上，至少有一个选项的频数百分比有极其显著差异。

对占比进行Z检验比较，从职称与专业培养目标满意度交叉表中可以看出，在"满意及以上"选项上，正高级和副高级相同，均为89.7%，高于中级及以下的85.8%（见表4-3-17）。

表 4-3-17　职称与专业培养目标满意度交叉表

专业培养目标满意度		职称			合计
		正高级	副高级	中级及以下	
满意及以上	人数 / 人	2 735$_a$	5 337$_a$	2 095$_b$	10 167
	占比 / %	89.7	89.7	85.8	88.8
一般及以下	人数 / 人	315$_a$	615$_a$	346$_b$	1 276
	占比 / %	10.3	10.3	14.2	11.2
总计	人数 / 人	3 050	5 952	2 441	11 443
	占比 / %	100.0	100.0	100.0	100.0

注：下标字母含义是横向比较，若字母相同，在 0.05 级别，这些类别的列比例相互之间无显著差异。

7. 不同工作年限教师对专业培养目标满意度的评价

不同工作年限教师进行的专业培养目标满意度总体评价，获取的有效数据是 11 443 人。

经卡方检验，χ^2 值为 51.585**，sig<0.01，表明不同工作年限教师在对专业培养目标满意度的两个选项上，至少有一个选项的频数百分比有极其显著差异。

对占比进行 Z 检验比较，从工作年限和专业培养目标满意度交叉表中可以看出，在"满意及以上"选项上，30 年以上为 91.1%，高于其他选项（见表 4-3-18）。

表 4-3-18　工作年限与专业培养目标满意度交叉表

专业培养目标满意度		工作年限				合计
		0～10 年	11～20 年	21～30 年	30 年以上	
满意及以上	人数 / 人	1 887$_a$	3 001$_b$	3 261$_c$	2 018$_c$	10 167
	占比 / %	85.0	88.6	90.1	91.1	88.8
一般及以下	人数 / 人	334$_a$	388$_b$	357$_c$	197$_c$	1 276
	占比 / %	15.0	11.4	9.9	8.9	11.2
总计	人数 / 人	2 221	3 389	3 618	2 215	11 443
	占比 / %	100.0	100.0	100.0	100.0	100.0

注：下标字母含义是横向比较，若字母相同，在 0.05 级别，这些类别的列比例相互之间无显著差异。

8. 不同专业教师对专业培养目标满意度的评价

不同专业教师进行的专业培养目标满意度总体评价，获取的有效数据是10 988人。其中评价"满意及以上"的人数为9784人，各专业对其评价的平均百分比为88.8%，评价"一般及以下"的人数为1204人，各专业对其评价的平均百分比为11.2%。

对评价的人数残差进行标准化后发现，在评价"一般及以下"的专业中，学科教育·体育专业的教师对专业培养目标满意度的评价最低，标准化残差为2.3；其次是学科教学·历史专业，标准化残差为1.8；小学教育、教育管理、心理健康教育、特殊教育、职业技术教育、学前教育、学科教学·音乐专业的评价也低于平均水平（见表4-3-19）。

表4-3-19 所在专业与专业培养目标满意度交叉表

专业	满意及以上 人数/人	百分比/%	标准化残差	一般及以下 人数/人	百分比/%	标准化残差	总计/人
小学教育	728	87.5	−0.4	104	12.5	1.2	832
教育管理	447	86.3	−0.6	71	13.7	1.7	518
心理健康教育	358	87.5	−0.3	51	12.5	0.8	409
现代教育技术	345	89.4	0.1	41	10.6	−0.3	386
特殊教育	32	82.1	−0.5	7	17.9	1.3	39
职业技术教育	441	86.8	−0.5	67	13.2	1.4	508
科学技术教育	58	90.6	0.2	6	9.4	−0.4	64
学前教育	370	86.2	−0.6	59	13.8	1.6	429
学科教学·语文	1 334	89.9	0.4	150	10.1	−1.2	1 484
学科教学·数学	734	90.6	0.5	76	9.4	−1.5	810
学科教学·英语	1 227	90.0	0.4	137	10.0	−1.2	1 364
学科教学·物理	390	90.7	0.4	40	9.3	−1.1	430
学科教学·化学	493	91.6	0.7	45	8.4	−1.9	538
学科教学·生物	572	91.8	0.8	51	8.2	−2.2	623
学科教学·思政	674	89.0	0.1	83	11.0	−0.2	757

续表

专业	满意及以上 人数/人	百分比/%	标准化残差	一般及以下 人数/人	百分比/%	标准化残差	总计/人
学科教学·历史	481	86.4	−0.6	76	13.6	1.8	557
学科教学·地理	487	90.4	0.4	52	9.6	−1.0	539
学科教学·体育	140	82.8	−0.8	29	17.2	2.3	169
学科教学·音乐	264	88.0	−0.2	36	12.0	0.4	300
学科教学·美术	209	90.1	0.2	23	9.9	−0.6	232
总计	9 784	88.8	0	1 204	11.2	0	10 988

（二）导师

1. 有无教育学相关背景教师对专业培养目标满意度的评价

有无教育学相关背景教师进行的专业培养目标满意度总体评价，获取的有效数据是6777人。

经卡方检验，χ^2值为29.420**，sig<0.01，表明有无教育学相关背景教师在对专业培养目标满意度的两个选项上，至少有一个选项的频数百分比有极其显著差异。

对占比进行Z检验比较，从有无教育学相关背景与专业培养目标满意度交叉表中可以看出，在"满意及以上"选项上，具有教育学相关背景为88.9%，高于无教育学相关背景的83.5%（见表4-3-20）。

表4-3-20　有无教育学相关背景与专业培养目标满意度交叉表

专业培养目标满意度		有无教育学相关背景 有	无	合计
满意及以上	人数/人	4810a	1142b	5952
	占比/%	88.9	83.5	87.8
一般及以下	人数/人	600a	225b	825
	占比/%	11.1	16.5	12.2

续表

专业培养目标满意度		有无教育学相关背景		合计
		有	无	
总计	人数 / 人	5410	1367	6777
	占比 / %	100.0	100.0	100.0

注：下标字母含义是横向比较，若字母相同，在 0.05 级别，这些类别的列比例相互之间无显著差异。

2. 有无基础教育工作和研究经历教师对专业培养目标满意度的评价

有无基础教育工作和研究经历教师进行的专业培养目标满意度总体评价，获取的有效数据是 6777 人。

经卡方检验，χ^2 值为 11.626**，sig<0.01，表明有无基础教育工作和研究经历教师对专业培养目标满意度的两个选项上，至少有一个选项的频数百分比有极其显著差异。

对占比进行 Z 检验比较，从有无基础教育工作和研究经历与专业培养目标满意度交叉表中可以看出，在"满意及以上"选项上，有基础教育工作和研究经历为 88.8%，高于无基础教育工作和研究经历的 85.9%（见表 4-3-21）。

表 4-3-21　有无基础教育工作和研究经历与专业培养目标满意度交叉表

专业培养目标满意度		有无基础教育工作和研究经历		合计
		有	无	
满意及以上	人数 / 人	4020$_a$	1932$_b$	5952
	占比 / %	88.8	85.9	87.8
一般及以下	人数 / 人	508$_a$	317$_b$	825
	占比 / %	11.2	14.1	12.2
总计	人数 / 人	4528	2249	6777
	占比 / %	100.0	100.0	100.0

注：下标字母含义是横向比较，若字母相同，在 0.05 级别，这些类别的列比例相互之间无显著差异。

3. 教师担任导师年限对专业培养目标满意度的评价

教师担任导师年限进行的专业培养目标满意度总体评价，获取的有效数据

是 9368 人。

经卡方检验，χ^2 值为 4.014，sig=0.404>0.05，表明教师担任导师年限在对专业培养目标满意度的两个选项上无显著差异。

4. 双导师间是否经常进行沟通合作对专业培养目标满意度的评价

双导师间是否经常沟通合作进行的专业培养目标满意度总体评价，获取的有效数据是 9368 人。

经卡方检验，χ^2 值为 320.951**，sig<0.01，表明双导师间是否经常沟通合作对专业培养目标满意度的两个选项上，至少有一个选项的频数百分比有极其显著差异。

对占比进行 Z 检验比较，从双导师间是否经常沟通合作与专业培养目标满意度交叉表中可以看出，在"满意及以上"选项上，经常沟通合作为 92.1%，高于不经常沟通合作的 76.6%（见表 4-3-22）。

表 4-3-22　双导师间是否经常沟通合作与专业培养目标满意度交叉表

专业培养目标满意度		双导师间是否经常沟通合作		合计 / 人
		是	否	
满意及以上	人数 / 人	7278$_a$	1123$_b$	8401
	占比 / %	92.1	76.6	89.7
一般及以下	人数 / 人	624$_a$	343$_b$	967
	占比 / %	7.9	23.4%	10.3
总计	人数 / 人	7902	1466	9368
	占比 / %	100.0	100.0	100.0

注：下标字母含义是横向比较，若字母相同，在 0.05 级别，这些类别的列比例相互之间无显著差异。

（三）不同身份教师

不同身份教师进行的专业培养目标满意度总体评价，获取的有效数据是 18 164 人。

经卡方检验，χ^2 值为 109.402**，sig<0.01，表明不同身份教师对专业培养

目标满意度的两个选项上,至少有一个选项的频数百分比有极其显著差异。

对占比进行 Z 检验比较,从不同身份教师与专业培养目标满意度交叉表中可以看出,在"满意及以上"选项上,实践导师为 94.5%,高于其他选项(见表 4-3-23)。

表 4-3-23 不同身份教师与专业培养目标满意度交叉表

专业培养目标满意度		身份				合计
		理论导师	实践导师	任课教师	管理者	
比较高及以上	人数 / 人	5 952$_a$	2 449$_b$	5 966$_a$	1 871$_c$	16 238
	占比 / %	87.8	94.5	88.3	91.7	89.4
一般及以下	人数 / 人	825$_a$	142$_b$	790$_a$	169$_c$	1 926
	占比 / %	12.2	5.5	11.7%	8.3	10.6
总计	人数 / 人	6 777	2 591	6 756	2 040	18 164
	占比 / %	100.0	100.0	100.0	100.0	100.0

注:下标字母含义是横向比较,若字母相同,在 0.05 级别,这些类别的列比例相互之间无显著差异。

三、教育硕士与教师专业培养目标满意度的差异性比较

(一)对专业培养目标满意度的差异性分析

教育硕士和教师进行的专业培养目标满意度总体评价,获取的有效数据是 42 528 人。

经卡方检验,χ^2 值为 1 340.831**,sig<0.01,表明教育硕士和教师在对专业培养目标满意度的两个选项上,至少有一个选项的频数百分比有极其显著差异。

对占比进行 Z 检验比较,从教育硕士和教师与全日制教育硕士专业培养目标满意度交叉表中可以看出,在"满意及以上"选项上,教师为 88.8%,高于教育硕士的 71.9%(见表 4-3-24)。

表 4-3-24 教育硕士和教师与专业培养目标满意度交叉表

专业培养目标满意度		身份		合计
		教育硕士	教师	
满意及以上	人数 / 人	22 336$_a$	10 167$_b$	32 503
	占比 / %	71.9	88.8	76.4
一般及以下	人数 / 人	8 749$_a$	1 276$_b$	10 025
	占比 / %	28.1	11.2	23.6
总计	人数 / 人	31 085	11 443	42 528
	占比 / %	100.0	100.0	100.0

注：下标字母含义是横向比较，若字母相同，在 0.05 级别，这些类别的列比例相互之间无显著差异。

（二）对专业培养目标各维度满意度的差异性分析

1. 对符合学校办学定位满意度的差异性分析

教育硕士和教师进行的符合学校办学定位满意度总体评价，获取的有效数据是 42 528 人。

经卡方检验，χ^2 值为 1 172.016**，sig<0.01，表明教育硕士和教师在对符合学校办学定位满意度的两个选项上，至少有一个选项的频数百分比有极其显著差异。

对占比进行 Z 检验比较，从教育硕士和教师与符合学校办学定位满意度交叉表中可以看出，在"满意及以上"选项上，教师为 89.7%，高于教育硕士的 74.4%（见表 4-3-25）。

表 4-3-25 教育硕士和教师与符合学校办学定位满意度交叉表

符合学校办学定位满意度		身份		合计
		教育硕士	教师	
满意及以上	人数 / 人	23 119$_a$	10 270$_b$	33 389
	占比 / %	74.4	89.7	78.5

续表

符合学校办学定位满意度		身份		合计
		教育硕士	教师	
一般及以下	人数/人	7 966$_a$	1 173$_b$	9 139
	占比/%	25.6	10.3	21.5
总计	人数/人	31 085	11 443	42 528
	占比/%	100.0	100.0	100.0

注：下标字母含义是横向比较，若字母相同，在0.05级别，这些类别的列比例相互之间无显著差异。

2. 对符合基础教育发展需求满意度的差异性分析

教育硕士和教师进行的符合基础教育发展需求满意度总体评价，获取的有效数据是42 528人。

经卡方检验，χ^2值为786.687**，sig<0.01，表明教育硕士和教师在对符合基础教育发展需求满意度的两个选项上，至少有一个选项的频数百分比有极其显著差异。

对占比进行Z检验比较，从教育硕士和教师与符合基础教育发展需求满意度交叉表中可以看出，在"满意及以上"选项上，教师为87.4%，高于教育硕士的74.7%（见表4-3-26）。

表4-3-26 教育硕士和教师与符合基础教育发展需求满意度交叉表

符合基础教育发展需求满意度		身份		合计
		教育硕士	教师	
满意及以上	人数/人	23 234$_a$	10 003$_b$	33 237
	占比/%	74.7	87.4	78.2
一般及以下	人数/人	7 851$_a$	1 440$_b$	9 291
	占比/%	25.3	12.6	21.8
总计	人数/人	31 085	11 443	42 528
	占比/%	100.0	100.0	100.0

注：下标字母含义是横向比较，若字母相同，在0.05级别，这些类别的列比例相互之间无显著差异。

3. 对以实践为导向满意度的差异性分析

教育硕士和教师进行的以实践为导向满意度总体评价，获取的有效数据是 42 528 人。

经卡方检验，χ^2 值为 748.499**，sig<0.01，表明教育硕士和教师在对以实践为导向满意度的两个选项上，至少有一个选项的频数百分比有极其显著差异。

对占比进行 Z 检验比较，从教育硕士和教师与以实践为导向满意度交叉表中可以看出，在"满意及以上"选项上，教师为 84.8%，高于教育硕士的 71.9%（见表 4-3-27）。

表 4-3-27 教育硕士和教师与以实践为导向满意度交叉表

以实践为导向满意度		身份		合计
		教育硕士	教师	
满意及以上	人数 / 人	22 365$_a$	9 707$_b$	32 072
	占比 / %	71.9	84.8	75.4
一般及以下	人数 / 人	8 720$_a$	1 736$_b$	10 456
	占比 / %	28.1	15.2	24.6
总计	人数 / 人	31 085	11 443	42 528
	占比 / %	100.0	100.0	100.0

注：下标字母含义是横向比较，若字母相同，在 0.05 级别，这些类别的列比例相互之间无显著差异。

第五章　课程设置的满意度

第一节　课程设置及各维度满意度总体现状

一、课程设置满意度总体现状

（一）教育硕士的课程设置满意度

1. 全体教育硕士

对全体教育硕士课程设置满意度的调查发现，课程设置满意度为很满意的占33.2%，满意的占35.8%，一般的占26.3%，不满意的占3.7%，很不满意的占0.9%，共有69.0%的教育硕士的课程设置满意度在满意及以上程度。

2. 在校生

对在校生课程设置满意度的调查发现，课程设置满意度为很满意的占29.5%，满意的占36.9%，一般的占28.4%，不满意的占4.2%，很不满意的占1.0%，共有66.4%的在校生的课程设置满意度在满意及以上程度。

3. 毕业生

对毕业生课程设置满意度的调查发现，课程设置满意度为很满意的占41.5%，满意的占33.5%，一般的占21.6%，不满意的占2.7%，很不满意的占0.8%，共有75.0%的毕业生的课程设置满意度在满意及以上程度。

（二）教师的课程设置满意度

1. 全体教师

对全体教师课程设置满意度的调查发现，课程设置满意度为很满意的占 36.3%，满意的占 48.0%，一般的占 13.8%，不满意的占 1.5%，很不满意的占 0.5%，共有 84.3% 的教师的课程设置满意度在满意及以上程度。

2. 理论导师

对理论导师课程设置满意度的调查发现，课程设置满意度为很满意的占 30.5%，满意的占 50.9%，一般的占 16.0%，不满意的占 1.9%，很不满意的占 0.6%，共有 81.4% 的理论导师的课程设置满意度在满意及以上程度。

3. 实践导师

对实践导师课程设置满意度的调查发现，课程设置满意度为很满意的占 48.4%，满意的占 45.0%，一般的占 6.4%，不满意的占 0.2%，很不满意的占 0.1%，共有 93.3% 的实践导师的课程设置满意度在满意及以上程度。

4. 任课教师

对任课教师课程设置满意度的调查发现，课程设置满意度为很满意的占 34.6%，满意的占 48.5%，一般的占 14.8%，不满意的占 1.6%，很不满意的占 0.4%，共有 83.1% 的任课教师的课程设置满意度在满意及以上程度。

5. 管理者

对管理者课程设置满意度的调查发现，课程设置满意度为很满意的占 41.6%，满意的占 45.9%，一般的占 11.1%，不满意的占 1.1%，很不满意的占 0.2%，共有 87.5% 的管理者的课程设置满意度在满意及以上程度。

二、课程设置各维度满意度现状

（一）对课程结构的满意度

1. 学生的课程结构满意度

（1）全体教育硕士。

对全体教育硕士的课程结构满意度调查中发现，课程结构满意度为很满意的占33.6%，满意的占36.6%，一般的占26.0%，不满意的占3.0%，很不满意的占0.8%，共有70.2%的教育硕士的课程结构满意度在满意及以上程度。

（2）在校生。

对在校生的课程结构满意度调查中发现，课程结构满意度为很满意的占30.0%，满意的占37.8%，一般的占28.1%，不满意的占3.2%，很不满意的占0.8%，共有67.8%的在校生的课程结构满意度在满意及以上程度。

（3）毕业生。

对毕业生的课程结构满意度调查中发现，课程结构满意度为很满意的占41.7%，满意的占33.9%，一般的占21.2%，不满意的占2.5%，很不满意的占0.7%，共有75.6%的毕业生对专课程结构满意度在满意及以上程度。

2. 教师的课程结构满意度

（1）全体教师。

对全体教师的课程结构满意度调查中发现，课程结构满意度为很满意的占36.8%，满意的占47.3%，一般的占14.1%，不满意的占1.4%，很不满意的占0.4%，共有84.1%的教师对课程结构满意度在满意及以上程度。

（2）理论导师。

对理论导师的课程结构满意度调查中发现，课程结构满意度为很满意的占31.1%，满意的占49.8%，一般的占16.7%，不满意的占1.9%，很不满意的占0.5%，共有80.9%的理论导师的课程结构满意度在满意及以上程度。

（3）实践导师。

对实践导师的课程结构满意度调查中发现，课程结构满意度为很满意的占

48.2%，满意的占 45.0%，一般的占 6.5%，不满意的占 0.3%，很不满意的占 0.1%，共有 93.2% 的实践导师的课程结构满意度在满意及以上程度。

（4）任课教师。

对任课教师的课程结构满意度调查中发现，课程结构满意度为很满意的占 35.3%，满意的占 47.3%，一般的占 15.5%，不满意的占 1.6%，很不满意的占 0.3%，共有 82.6% 的任课教师的课程结构满意度在满意及以上程度。

（5）管理者。

对管理者的课程结构满意度调查中发现，课程结构满意度为很满意的占 42.5%，满意的占 45.0%，一般的占 11.4%，不满意的占 1.0%，很不满意的占 0.1%，共有 87.5% 的管理者的课程结构满意度在满意及以上程度。

（二）对课程内容的满意度

1. 学生的课程内容满意度

（1）全体教育硕士。

对全体教育硕士的课程内容满意度调查中发现，课程内容满意度为很满意的占 33.7%，满意的占 36.8%，一般的占 25.6%，不满意的占 3.0%，很不满意的占 0.7%，共有 70.6% 的教育硕士的课程内容满意度在满意及以上程度。

（2）在校生。

对在校生的课程内容满意度调查中发现，课程内容满意度为很满意的占 30.2%，满意的占 38.0%，一般的占 27.7%，不满意的占 3.3%，很不满意的占 0.8%，共有 68.2% 的在校生的课程内容满意度在满意及以上程度。

（3）毕业生。

对毕业生的课程内容满意度调查中发现，课程内容满意度为很满意的占 41.7%，满意的占 34.2%，一般的占 21.0%，不满意的占 2.5%，很不满意的占 0.7%，共有 75.9% 的毕业生对专课程内容满意度在满意及以上程度。

2. 教师的课程内容满意度

（1）全体教师。

对全体教师的课程内容满意度调查中发现，课程内容满意度为很满意的占36.5%，满意的占47.4%，一般的占14.4%，不满意的占1.3%，很不满意的占0.4%，共有83.9%的教师对课程内容满意度在满意及以上程度。

（2）理论导师。

对理论导师的课程内容满意度调查中发现，课程内容满意度为很满意的占30.6%，满意的占50.2%，一般的占16.9%，不满意的占1.8%，很不满意的占0.5%，共有80.8%的理论导师对课程内容满意度在满意及以上程度。

（3）实践导师。

对实践导师的课程内容满意度调查中发现，课程内容满意度为很满意的占48.3%，满意的占44.9%，一般的占6.5%，不满意的占0.2%，很不满意的占0.1%，共有93.2%的实践导师对课程内容满意度在满意及以上程度。

（4）任课教师。

对任课教师的课程内容满意度调查中发现，课程内容满意度为很满意的占34.9%，满意的占47.8%，一般的占15.5%，不满意的占1.5%，很不满意的占0.3%，共有82.7%的任课教师对课程内容满意度在满意及以上程度。

（5）管理者。

对管理者的课程内容满意度调查中发现，课程内容满意度为很满意的占41.7%，满意的占45.2%，一般的占12.0%，不满意的占0.9%，很不满意的占0.1%，共有87.0%的管理者对课程内容满意度在满意及以上程度。

（三）对课程考核方式的满意度

1. 学生的课程考核方式满意度

（1）全体教育硕士。

对全体教育硕士的课程考核方式满意度调查中发现，课程考核方式满意度为很满意的占33.9%，满意的占38.2%，一般的占25.1%，不满意的占2.1%，

很不满意的占 0.7%，共有 72.1% 的教育硕士的课程考核方式满意度在满意及以上程度。

（2）在校生。

对在校生的课程考核方式满意度调查中发现，课程考核方式满意度为很满意的占 30.4%，满意的占 39.4%，一般的占 27.0%，不满意的占 2.4%，很不满意的占 0.8%，共有 69.8% 的在校生的课程考核方式满意度在满意及以上程度。

（3）毕业生。

对毕业生的课程考核方式满意度调查中发现，课程考核方式满意度为很满意的占 41.9%，满意的占 35.4%，一般的占 20.6%，不满意的占 1.5%，很不满意的占 0.6%，共有 77.3% 的毕业生的课程考核方式满意度在满意及以上程度。

2. 教师的课程考核方式满意度

（1）全体教师。

对全体教师的课程考核方式满意度调查中发现，课程考核方式满意度为很满意的占 36.4%，满意的占 47.9%，一般的占 14.1%，不满意的占 1.2%，很不满意的占 0.4%，共有 84.3% 的教师的课程考核方式满意度在满意及以上程度。

（2）理论导师。

对理论导师的课程考核方式满意度调查中发现，课程考核方式满意度为很满意的占 31.1%，满意的占 50.7%，一般的占 16.3%，不满意的占 1.4%，很不满意的占 0.5%，共有 81.8% 的理论导师的课程考核方式满意度在满意及以上程度。

（3）实践导师。

对实践导师的课程考核方式满意度调查中发现，课程考核方式满意度为很满意的占 47.2%，满意的占 44.9%，一般的占 7.4%，不满意的占 0.5%，很不满意的占 0.0%，共有 92.1% 的实践导师的课程考核方式满意度在满意及以上程度。

（4）任课教师。

对任课教师的课程考核方式满意度调查中发现，课程考核方式满意度为很满意的占 35.2%，满意的占 48.1%，一般的占 15.1%，不满意的占 1.3%，很不满意的占 0.3%，共有 83.3% 的任课教师的课程考核方式满意度在满意及以上程度。

（5）管理者。

对管理者的课程考核方式满意度调查中发现，课程考核方式满意度为很满意的占 41.3%，满意的占 46.2%，一般的占 11.5%，不满意的占 0.8%，很不满意的占 0.2%，共有 87.5% 的管理者的课程考核方式满意度在满意及以上程度。

（四）对实践课程占比的满意度

1. 学生的实践课程占比满意度

（1）全体教育硕士。

对全体教育硕士的实践课程占比满意度调查中发现，实践课程占比满意度为很满意的占 32.8%，满意的占 35.4%，一般的占 26.0%，不满意的占 4.7%，很不满意的占 1.2%，共有 68.2% 的教育硕士的实践课程占比满意度在满意及以上程度。

（2）在校生。

对在校生的实践课程占比满意度调查中发现，实践课程占比满意度为很满意的占 29.5%，满意的占 36.6%，一般的占 27.7%，不满意的占 5.0%，很不满意的占 1.2%，共有 66.1% 的在校生的实践课程占比满意度在满意及以上程度。

（3）毕业生。

对毕业生的实践课程占比满意度调查中发现，实践课程占比满意度为很满意的占 40.4%，满意的占 32.7%，一般的占 22.1%，不满意的占 3.9%，很不满意的占 1.0%，共有 73.1% 的毕业生的实践课程占比满意度在满意及以上程度。

2. 教师的实践课程占比满意度

（1）全体教师。

对全体教师的实践课程占比满意度调查中发现，实践课程占比满意度为很满意的占 35.7%，满意的占 44.8%，一般的占 16.7%，不满意的占 2.3%，很不

满意的占 0.5%，共有 80.5% 的教师的实践课程占比满意度在满意及以上程度。

（2）理论导师。

对理论导师的实践课程占比满意度调查中发现，实践课程占比满意度为很满意的占 30.5%，满意的占 47.5%，一般的占 19.2%，不满意的占 2.7%，很不满意的占 0.6%，共有 77.5% 的理论导师的实践课程占比满意度在满意及以上程度。

（3）实践导师。

对实践导师的实践课程占比满意度调查中发现，实践课程占比满意度为很满意的占 47.2%，满意的占 41.4%，一般的占 10.4%，不满意的占 0.9%，很不满意的占 0.1%，共有 88.6% 的实践导师的实践课程占比满意度在满意及以上程度。

（4）任课教师。

对任课教师的实践课程占比满意度调查中发现，实践课程占比满意度为很满意的占 34.1%，满意的占 45.1%，一般的占 17.7%，不满意的占 2.6%，很不满意的占 0.5%，共有 79.1% 的任课教师的实践课程占比满意度在满意及以上程度。

（5）管理者。

对管理者的实践课程占比满意度调查中发现，实践课程占比满意度为很满意的占 41.6%，满意的占 42.8%，一般的占 13.5%，不满意的占 1.8%，很不满意的占 0.3%，共有 84.4% 的管理者的实践课程占比满意度在满意及以上程度。

第二节 课程设置及各维度满意度相关性分析

一、教育硕士的课程设置及各维度满意度相关性分析

（一）课程设置满意度与课程结构满意度的相关性

1. 全体教育硕士

对全体教育硕士满意度的调查发现，全体教育硕士对全日制教育硕士课程设置满意度均值为3.97，对课程结构满意度均值为3.99，表明全体教育硕士对课程结构的满意度较高；同时，对二者的相关性进行分析，皮尔逊相关性值为0.929，表明全体教育硕士对课程设置满意度与对课程结构满意度二者之间相关性显著。

2. 在校生

对在校生满意度的调查发现，在校生对全日制教育硕士课程设置满意度均值为3.90，对课程结构满意度均值为3.93，表明在校生对课程结构的满意度较高；同时，对二者的相关性进行分析，皮尔逊相关性值为0.924，表明在校生对课程设置满意度与对课程结构满意度二者之间相关性显著。

3. 毕业生

对毕业生满意度的调查发现，毕业生对全日制教育硕士课程设置满意度均值为4.12，对课程结构满意度均值为4.13，表明毕业生对课程结构的满意度较高；同时，对二者的相关性进行分析，皮尔逊相关性值为0.937，表明毕业生对课程设置满意度与对课程结构满意度二者之间相关性显著。

（二）课程设置满意度与课程内容满意度的相关性

1. 全体教育硕士

对全体教育硕士满意度的调查发现，全体教育硕士对全日制教育硕士课程设置满意度均值为 3.97，对课程内容满意度均值为 4.00，表明全体教育硕士对课程内容的满意度较高；同时，对二者的相关性进行分析，皮尔逊相关性值为 0.907，表明全体教育硕士对课程设置满意度与对课程内容满意度二者之间相关性显著。

2. 在校生

对在校生满意度的调查发现，在校生对全日制教育硕士课程设置满意度均值为 3.90，对课程内容满意度均值为 3.94，表明在校生对课程内容的满意度较高；同时，对二者的相关性进行分析，皮尔逊相关性值为 0.900，表明在校生对课程设置满意度与对课程内容满意度二者之间相关性显著。

3. 毕业生

对毕业生满意度的调查发现，毕业生对全日制教育硕士课程设置满意度均值为 4.12，对课程内容满意度均值为 4.14，表明毕业生对课程内容的满意度较高；同时，对二者的相关性进行分析，皮尔逊相关性值为 0.919，表明毕业生对课程设置满意度与对课程内容满意度二者之间相关性显著。

（三）课程设置满意度与课程考核方式满意度的相关性

1. 全体教育硕士

对全体教育硕士满意度的调查发现，全体教育硕士对全日制教育硕士课程设置满意度均值为 3.97，对课程考核方式满意度均值为 4.02，表明全体教育硕士对课程考核方式的满意度较高；同时，对二者的相关性进行分析，皮尔逊相关性值为 0.854，表明全体教育硕士对课程设置满意度与对课程考核方式满意度二者之间相关性显著。

2. 在校生

对在校生满意度的调查发现，在校生对全日制教育硕士课程设置满意度均值为3.90，对课程考核方式满意度均值为3.96，表明在校生对课程考核方式的满意度较高；同时，对二者的相关性进行分析，皮尔逊相关性值为0.838，表明在校生对课程设置满意度与对课程考核方式满意度二者之间相关性显著。

3. 毕业生

对毕业生满意度的调查发现，毕业生对全日制教育硕士课程设置满意度均值为4.12，对课程考核方式满意度均值为4.17，表明毕业生对课程考核方式的满意度较高；同时，对二者的相关性进行分析，皮尔逊相关性值为0.884，表明毕业生对课程设置满意度与对课程考核方式满意度二者之间相关性显著。

（四）课程设置满意度与实践课程占比满意度的相关性

1. 全体教育硕士

对全体教育硕士满意度的调查发现，全体教育硕士对全日制教育硕士课程设置满意度均值为3.86，对实践课程占比满意度均值为4.07，表明全体教育硕士对实践课程占比的满意度较高；同时，对二者的相关性进行分析，皮尔逊相关性值为0.836，表明全体教育硕士对课程设置满意度与对实践课程占比满意度二者之间相关性显著。

2. 在校生

对在校生满意度的调查发现，在校生对全日制教育硕士课程设置满意度均值为3.90，对实践课程占比满意度均值为3.88，表明在校生对课程设置的满意度较高；同时，对二者的相关性进行分析，皮尔逊相关性值为0.832，表明在校生对课程设置满意度与对实践课程占比满意度二者之间相关性显著。

3. 毕业生

对毕业生满意度的调查发现，毕业生对全日制教育硕士课程设置满意度均值为4.12，对实践课程占比满意度均值为4.08，表明毕业生对课程设置的满意度较高；同时，对二者的相关性进行分析，皮尔逊相关性值为0.842，表明毕

业生对课程设置满意度与对实践课程占比满意度二者之间相关性显著。

二、教师的课程设置及各维度满意度相关性分析

（一）课程设置满意度与课程结构满意度的相关性

1. 全体教师

对全体教师满意度的调查发现，全体教师对全日制教育硕士课程设置满意度均值为 4.18，对课程结构满意度均值为 4.19，表明全体教师对课程结构的满意度较高；同时，对二者的相关性进行分析，皮尔逊相关性值为 0.920，表明全体教师对课程设置满意度与对课程结构满意度二者之间相关性显著。

2. 理论导师

对理论导师满意度的调查发现，理论导师对全日制教育硕士课程设置满意度均值与对课程结构满意度均值相同，均为 4.09；同时，对二者的相关性进行分析，皮尔逊相关性值为 0.912，表明理论导师对课程设置满意度与对课程结构满意度二者之间相关性显著。

3. 实践导师

对实践导师满意度的调查发现，实践导师对全日制教育硕士课程设置满意度均值与对课程结构满意度均值相同，均为 4.41；同时，对二者的相关性进行分析，皮尔逊相关性值为 0.929，表明实践导师对课程设置满意度与对课程结构满意度二者之间相关性显著。

4. 任课教师

对任课教师满意度的调查发现，任课教师对全日制教育硕士课程设置满意度均值为 4.15，对课程结构满意度均值为 4.16，表明任课教师对课程结构的满意度较高；同时，对二者的相关性进行分析，皮尔逊相关性值为 0.912，表明任课教师对课程设置满意度与对课程结构满意度二者之间相关性显著。

5. 管理者

对管理者满意度的调查发现，管理者对全日制教育硕士课程设置满意度均

值为4.15，对课程结构满意度均值为4.16，表明管理者对课程结构的满意度较高；同时，对二者的相关性进行分析，皮尔逊相关性值为0.915，表明管理者对课程设置满意度与对课程结构满意度二者之间相关性显著。

（二）课程设置满意度与课程内容满意度的相关性

1. 全体教师

对全体教师满意度的调查发现，全体教师对全日制教育硕士课程设置满意度均值与对课程内容满意度均值相同，均为4.18；同时，对二者的相关性进行分析，皮尔逊相关性值为0.898，表明全体教师对课程设置满意度与对课程内容满意度二者之间相关性显著。

2. 理论导师

对理论导师满意度的调查发现，理论导师对全日制教育硕士课程设置满意度均值与对课程内容满意度均值相同，均为4.09；同时，对二者的相关性进行分析，皮尔逊相关性值为0.888，表明理论导师对课程设置满意度与对课程内容满意度二者之间相关性显著。

3. 实践导师

对实践导师满意度的调查发现，实践导师对全日制教育硕士课程设置满意度均值与对课程内容满意度均值相同，均为4.41；同时，对二者的相关性进行分析，皮尔逊相关性值为0.917，表明实践导师对课程设置满意度与对课程内容满意度二者之间相关性显著。

4. 任课教师

对任课教师满意度的调查发现，任课教师对全日制教育硕士课程设置满意度均值与对课程内容满意度均值相同，均为4.15；同时，对二者的相关性进行分析，皮尔逊相关性值为0.888，表明任课教师对课程设置满意度与对课程内容满意度二者之间相关性显著。

5. 管理者

对管理者满意度的调查发现，管理者对全日制教育硕士课程设置满意度均

值为4.28，对课程内容满意度均值为4.27，表明管理者对课程设置的满意度较高；同时，对二者的相关性进行分析，皮尔逊相关性值为0.875，表明管理者对课程设置满意度与对课程内容满意度二者之间相关性显著。

（三）课程设置满意度与课程考核方式满意度的相关性

1. 全体教师

对全体教师满意度的调查发现，全体教师对全日制教育硕士课程设置满意度均值为4.18，对课程考核方式满意度均值为4.19，表明全体教师对课程考核方式的满意度较高；同时，对二者的相关性进行分析，皮尔逊相关性值为0.844，表明全体教师对课程设置满意度与对课程考核方式满意度二者之间相关性显著。

2. 理论导师

对理论导师满意度的调查发现，理论导师对全日制教育硕士课程设置满意度均值为4.09，对课程考核方式满意度均值为4.11，表明理论导师对课程考核方式的满意度较高；同时，对二者的相关性进行分析，皮尔逊相关性值为0.817，表明理论导师对课程设置满意度与对课程考核方式满意度二者之间相关性显著。

3. 实践导师

对实践导师满意度的调查发现，实践导师对全日制教育硕士课程设置满意度均值为4.41，对课程考核方式满意度均值为4.39，表明实践导师对课程考核方式的满意度较高；同时，对二者的相关性进行分析，皮尔逊相关性值为0.887，表明实践导师对课程设置满意度与对课程考核方式满意度二者之间相关性显著。

4. 任课教师

对任课教师满意度的调查发现，任课教师对全日制教育硕士课程设置满意度均值为4.15，对课程考核方式满意度均值为4.16，表明任课教师对课程考核方式的满意度较高；同时，对二者的相关性进行分析，皮尔逊相关性值为

0.826，表明任课教师对课程设置满意度与对课程考核方式满意度二者之间相关性显著。

5. 管理者

对管理者满意度的调查发现，管理者对全日制教育硕士课程设置满意度均值与对课程考核方式满意度均值相同，均为 4.28；同时，对二者的相关性进行分析，皮尔逊相关性值为 0.821，表明管理者对课程设置满意度与对课程考核方式满意度二者之间相关性显著。

（四）课程设置满意度与实践课程占比满意度的相关性

1. 全体教师

对全体教师满意度的调查发现，全体教师对全日制教育硕士课程设置满意度均值为 4.18，对实践课程占比满意度均值为 4.13，表明全体教师对课程设置的满意度较高；同时，对二者的相关性进行分析，皮尔逊相关性值为 0.807，表明全体教师对课程设置满意度与对实践课程占比满意度二者之间相关性显著。

2. 理论导师

对理论导师满意度的调查发现，理论导师对全日制教育硕士课程设置满意度均值为 4.09，对实践课程占比满意度均值为 4.03，表明理论导师对课程设置的满意度较高；同时，对二者的相关性进行分析，皮尔逊相关性值为 0.782，表明理论导师对课程设置满意度与对实践课程占比满意度二者之间相关性显著。

3. 实践导师

对实践导师满意度的调查发现，实践导师对全日制教育硕士课程设置满意度均值为 4.41，对实践课程占比满意度均值为 4.35，表明实践导师对课程设置的满意度较高；同时，对二者的相关性进行分析，皮尔逊相关性值为 0.830，表明实践导师对课程设置满意度与对实践课程占比满意度二者之间相关性显著。

4. 任课教师

对任课教师满意度的调查发现，任课教师对全日制教育硕士课程设置满意度均值为 4.15，对实践课程占比满意度均值为 4.09，表明任课教师对课程设置的满意度较高；同时，对二者的相关性进行分析，皮尔逊相关性值为 0.792，表明任课教师对课程设置满意度与对实践课程占比满意度二者之间相关性显著。

5. 管理者

对管理者满意度的调查发现，管理者对全日制教育硕士课程设置满意度均值为 4.28，对实践课程占比满意度均值为 4.24，表明管理者对课程设置的满意度较高；同时，对二者的相关性进行分析，皮尔逊相关性值为 0.788，表明管理者对课程设置满意度与对实践课程占比满意度二者之间相关性显著。

第三节　课程设置满意度差异性分析

一、教育硕士的课程设置满意度差异性分析

（一）全体教育硕士

1. 不同就读高校或工作单位的教育硕士对课程设置满意度的评价

不同就读高校或工作单位的教育硕士进行的课程设置满意度总体评价，获取的有效数据是 31 085 人。

经卡方检验，χ^2 值为 303.952**，sig<0.01，表明不同就读高校或工作单位教育硕士在对课程设置满意度评价的两个选项上，至少有一个选项的频数百分比有极其显著差异。

对占比进行 Z 检验比较，从不同就读高校或工作单位与课程设置满意度交叉表中可以看出，在"满意及以上"选项上，基础教育为 77.7%，高于高校的

66.6%（见表 5-3-1）。

表 5-3-1　就读高校或工作单位与课程设置满意度交叉表

课程设置满意度		就读高校或工作单位		合计
		高校	基础教育	
满意及以上	人数 / 人	16 255$_a$	5 193$_b$	21 448
	占比 / %	66.6	77.7	69.0
一般及以下	人数 / 人	8 150$_a$	1 487$_b$	9 637
	占比 / %	33.4	22.3	31.0
总计	人数 / 人	24 405	6 680	31 085
	占比 / %	100.0	100.0	100.0

注：下标字母含义是横向比较，若字母相同，在 0.05 级别，这些类别的列比例相互之间无显著差异。

2. 不同城市教育硕士对课程设置满意度的评价

不同城市教育硕士进行的课程设置满意度总体评价，获取的有效数据是 31 085 人。

经卡方检验，χ^2 值为 34.075**，sig<0.01，表明不同城市教育硕士在对课程设置满意度的两个选项上，至少有一个选项的频数百分比有极其显著差异。

对占比进行 Z 检验比较，不同城市与课程设置满意度交叉表中可以看出，在"满意及以上"选项上，其他城市为 70.6%，高于省会城市（自治区首府）的 67.8% 和直辖市的 66.9%（见表 5-3-2）。

表 5-3-2　不同城市与课程设置满意度交叉表

课程设置满意度		不同城市			合计
		省会城市（自治区首府）	直辖市	其他城市	
满意及以上	人数 / 人	8 507$_a$	2 648$_a$	10 293$_b$	21 448
	占比 / %	67.8	66.9	70.6	69.0
一般及以下	人数 / 人	4 042$_a$	1 309$_a$	4 286$_b$	9 637
	占比 / %	32.2	33.1	29.4	31.0

续表

课程设置满意度		不同城市			合计
		省会城市（自治区首府）	直辖市	其他城市	
总计	人数/人	12 549	3 957	14 579	31 085
	占比/%	100.0	100.0	100.0	100.0

注：下标字母含义是横向比较，若字母相同，在0.05级别，这些类别的列比例相互之间无显著差异。

3. 不同地区教育硕士对课程设置满意度的评价

不同地区教育硕士进行的课程设置满意度总体评价，获取的有效数据是31 085人。

经卡方检验，χ^2值为731.018**，sig<0.01，表明不同地区教育硕士在对课程设置满意度的两个选项上，至少有一个选项的频数百分比有极其显著差异。

对占比进行Z检验比较，从不同地区与课程设置满意度交叉表中可以看出，在"满意及以上"选项上，所有地区的平均值为68.7%，高于平均值的有华东、华北、东北。其中东北地区为80.2%，高于其他选项（见表5-3-3）。

表5-3-3　不同地区与课程设置满意度交叉表

课程设置满意度		不同地区							合计
		华东	华南	华中	华北	西南	西北	东北	
满意及以上	人数/人	3 613$_a$	2 746$_b$	3 578$_{b,c}$	3 093$_d$	2 056$_e$	2 705$_e$	3 657$_f$	21 448
	占比/%	71.3	64.3	65.5	76.4	56.5	67.0	80.2	69.0
一般及以下	人数/人	1 457$_a$	1 522$_b$	1 885$_{b,c}$	956$_d$	1 582$_e$	1 333$_e$	902$_f$	9 637
	占比/%	28.7	35.7	34.5	23.6	43.5	33.0	19.8	31.0
总计	人数/人	5 070	4 268	5 463	4 049	3 638	4 038	4 559	31 085
	占比/%	100.0	100.0	100.0	100.0	100.0	100.0	100.0	100.0

注：下标字母含义是横向比较，若字母相同，在0.05级别，这些类别的列比例相互之间无显著差异。

4. 读研前有无从教经历教育硕士对课程设置满意度的评价

读研前有无从教经历教育硕士进行的课程设置满意度总体评价，获取的有效数据是31 085人。

经卡方检验，χ^2 值为 11.121**，sig<0.01，表明读研前有无从教经历教育硕士在对课程设置满意度的两个选项上，至少有一个选项的频数百分比有极其显著差异。

对占比进行 Z 检验比较，从读研前有无从教经历与课程设置满意度交叉表中可以看出，在"满意及以上"选项上，有从教经历为 70.0%，高于无从教经历的 68.2%（见表 5-3-4）。

表 5-3-4 读研前有无从教经历与课程设置满意度交叉表

课程设置满意度		读研前有无从教经历		合计
		有	无	
满意及以上	人数 / 人	9 520$_a$	11 928$_b$	21 448
	占比 / %	70.0	68.2	69.0
一般及以下	人数 / 人	4 082$_a$	5 555$_b$	9 637
	占比 / %	30.0	31.8	31.0
总计	人数 / 人	13 602	17 483	31 085
	占比 / %	100.0	100.0	100.0

注：下标字母含义是横向比较，若字母相同，在 0.05 级别，这些类别的列比例相互之间无显著差异。

5. 能否胜任教育教学工作的教育硕士对课程设置满意度的评价

能否胜任教育教学工作的教育硕士进行的课程设置满意度总体评价，获取的有效数据是 31 085 人。

经卡方检验，χ^2 值为 362.162**，sig<0.01，表明能否胜任教育教学工作的教育硕士在对课程设置满意度的两个选项上，至少有一个选项的频数百分比有极其显著差异。

对占比进行 Z 检验比较，能否胜任教育教学工作与课程设置满意度交叉表中可以看出，在"满意及以上"选项上，能胜任教育教学工作为 70.4%，高于不能胜任教育教学工作的 51.5%（见表 5-3-5）。

表 5-3-5 能否胜任教育教学工作与课程设置满意度交叉表

课程设置满意度		能否胜任教育教学工作		合计
		能	否	
满意及以上	人数 / 人	20 238_a	1 210_b	21 448
	占比 / %	70.4	51.5	69.0
一般及以下	人数 / 人	8 499_a	1 138_b	9 637
	占比 / %	29.6	48.5	31.0
总计	人数 / 人	28 737	2 348	31 085
	占比 / %	100.0	100.0	100.0

注：下标字母含义是横向比较，若字母相同，在 0.05 级别，这些类别的列比例相互之间无显著差异。

6. 不同专业教育硕士对课程设置满意度的评价

不同专业教育硕士进行的专业培养目标满意度总体评价，获取的有效数据是 31 085 人。其中评价"满意及以上"的人数为 21 448 人，各专业对其评价的平均百分比为 69.0%，评价"一般及以下"的人数为 9637 人，各专业对其评价的平均百分比为 31.0%。

在评价"一般及以下"的专业中，职业技术教育专业的教育硕士对课程设置满意度的评价最低，标准化残差为 9.2；其次是教育管理专业，标准化残差为 3.8；心理健康教育、现代教育技术、特殊教育、学前教育、学科教学·英语、学科教学·思政、学科教学·体育专业的评价也低于平均水平（见表5-3-6）。

表 5-3-6 不同专业教育硕士与课程设置满意度交叉表

专业	满意及以上			一般及以下			总计 /人
	人数 /人	百分比 /%	标准化残差	人数 /人	百分比 /%	标准化残差	
小学教育	1 854	8.6	−0.6	872	9.0	0.9	2 726
教育管理	884	4.1	−2.6	512	5.3	3.8	1 396
心理健康教育	1 067	5.0	−2.1	583	6.0	3.2	1 650
现代教育技术	820	3.8	−1.0	411	4.3	1.5	1 231

续表

专业	满意及以上 人数/人	百分比/%	标准化残差	一般及以下 人数/人	百分比/%	标准化残差	总计/人
特殊教育	124	0.6	−0.8	69	0.7	1.2	193
职业技术教育	694	3.2	−6.2	578	6.0	9.2	1 272
科学技术教育	119	0.6	0.2	50	0.5	−0.3	169
学前教育	1 030	4.8	−0.5	486	5.0	0.7	1 516
学科教学·语文	2 651	12.4	1.0	1 114	11.6	−1.6	3 765
学科教学·数学	1 792	8.4	3.5	601	6.2	−5.2	2 393
学科教学·英语	3 246	15.1	−1.5	1 586	16.5	2.3	4 832
学科教学·物理	755	3.5	2.3	250	2.6	−3.5	1 005
学科教学·化学	914	4.3	1.9	330	3.4	−2.8	1 244
学科教学·生物	1 134	5.3	1.6	431	4.5	−2.5	1 565
学科教学·思政	1 534	7.2	−0.5	720	7.5	0.8	2 254
学科教学·历史	1 165	5.4	2.6	399	4.1	−3.9	1 564
学科教学·地理	842	3.9	2.2	291	3.0	−3.2	1 133
学科教学·体育	239	1.1	−0.5	119	1.2	0.8	358
学科教学·音乐	310	1.4	0.5	127	1.3	−0.7	437
学科教学·美术	274	1.3	0.6	108	1.1	−1.0	382
总计	21 448	69.0	0	9 637	31.0	0	31 085

（二）在校生

1. 不同隶属层次高校在校生对课程设置满意度的评价

不同隶属层次高校在校生进行的课程设置满意度总体评价，获取的有效数据是 24 405 人。

经卡方检验，χ^2 值为 6.970*，sig=0.031<0.05，表明不同隶属层次高校在校生在对课程设置满意度的两个选项上，至少有一个选项的频数百分比有显著差异。

对占比进行 Z 检验比较，从不同高校隶属层次与课程设置满意度交叉表中

可以看出，在"满意及以上"选项上，市属为 64.9%，低于部属和省属，但部属与省属之间无显著差异（见表 5-3-7）。

表 5-3-7　高校隶属层次与课程设置满意度交叉表

课程设置满意度		高校隶属层次			合计
		部属	省属	市属	
满意及以上	人数 / 人	1 375$_{a, b}$	12 156$_b$	2 724$_a$	16 255
	占比 / %	66.4	67.0	64.9	66.6
一般及以下	人数 / 人	697$_{a, b}$	5 980$_b$	1 473$_a$	8 150
	占比 / %	33.6	33.0	35.1	33.4
总计	人数 / 人	2 072	18 136	4 197	24 405
	占比 / %	100.0	100.0	100.0	100.0

注：下标字母含义是横向比较，若字母相同，在 0.05 级别，这些类别的列比例相互之间无显著差异。

2. 不同类型高校在校生对课程设置满意度的评价

不同类型高校在校生进行的课程设置满意度总体评价，获取的有效数据是 24 405 人。

经卡方检验，χ^2 值为 25.911**，sig<0.01，表明不同类型高校在校生在对课程设置满意度的两个选项上，至少有一个选项的频数百分比有极其显著差异。

对占比进行 Z 检验比较，从高校类型与课程设置满意度交叉表中可以看出，在"满意及以上"选项上，师范类为 67.6%，高于非师范类的 64.2%（见表 5-3-8）。

表 5-3-8　高校类型与课程设置满意度交叉表

课程设置满意度		高校类型		合计
		师范类	非师范类	
满意及以上	人数 / 人	11 583$_a$	4 672$_b$	16 255
	占比 / %	67.6	64.2	66.6
一般及以下	人数 / 人	5 550$_a$	2 600$_b$	8 150
	占比 / %	32.4	35.8	33.4

续表

课程设置满意度		高校类型		合计
		师范类	非师范类	
总计	人数 / 人	17 133	7 272	24 405
	占比 / %	100.0	100.0	100.0

注：下标字母含义是横向比较，若字母相同，在0.05级别，这些类别的列比例相互之间无显著差异。

（三）毕业生

1. 不同毕业年限毕业生对课程设置满意度的评价

不同毕业年限毕业生进行的课程设置满意度总体评价，获取的有效数据是9451人。

经卡方检验，χ^2 值为76.381**，sig<0.01，表明不同毕业年限毕业生在对课程设置满意度的两个选项上，至少有一个选项的频数百分比有极其显著差异。

对占比进行Z检验比较，从毕业年限与课程设置满意度交叉表中可以看出，在"满意及以上"选项上，7年以上为83.5%，5~6年为84.3%，高于其他选项（见表5-3-9）。

表5-3-9 毕业年限与课程设置满意度交叉表

课程设置满意度		毕业年限					合计
		1年以下	1~2年	3~4年	5~6年	7年以上	
满意及以上	人数 / 人	3301$_a$	2294$_b$	1022$_{b,c}$	280$_d$	187$_{c,d}$	7084
	占比 / %	71.3	77.5	78.4	84.3	83.5	75.0
一般及以下	人数 / 人	1331$_a$	665$_b$	282$_{b,c}$	52$_d$	37$_{c,d}$	2367
	占比 / %	28.7	22.5	21.6	15.7	16.5	25.0
总计	人数 / 人	4632	2959	1304	332	224	9451
	占比 / %	100.0	100.0	100.0	100.0	100.0	100.0

注：下标字母含义是横向比较，若字母相同，在0.05级别，这些类别的列比例相互之间无显著差异。

2. 是否工作毕业生对课程设置满意度的评价

是否工作毕业生进行的课程设置满意度总体评价，获取的有效数据是9451人。

经卡方检验，χ^2 值为 231.273**，sig<0.01，表明是否工作毕业生在对课程设置满意度的两个选项上，至少有一个选项的频数百分比有极其显著差异。

对占比进行 Z 检验比较，从是否工作与课程设置满意度交叉表中可以看出，在"满意及以上"选项上，已工作为 78.8%，高于未工作的 62.9%（见表5-3-10）。

表 5-3-10　是否工作与课程设置满意度交叉表

课程设置满意度		是否工作		合计
		是	否	
满意及以上	人数/人	5659$_a$	1425$_b$	7084
	占比/%	78.8	62.9	75.0
一般及以下	人数/人	1526$_a$	841$_b$	2367
	占比/%	21.2	37.1	25.0
总计	人数/人	7185	2266	9451
	占比/%	100.0	100.0	100.0

注：下标字母含义是横向比较，若字母相同，在 0.05 级别，这些类别的列比例相互之间无显著差异。

3. 毕业生是否为师范专业对课程设置满意度的评价

毕业生是否为师范专业进行的课程设置满意度总体评价，获取的有效数据是7185人。

经卡方检验，χ^2 值为 38.440**，sig<0.01，表明毕业生是否为师范专业在对课程设置满意度的两个选项上，至少有一个选项的频数百分比有极其显著差异。

对占比进行 Z 检验比较，从毕业生是否为师范专业与课程设置满意度交叉表中可以看出，在"满意及以上"选项上，师范专业为 81.1%，高于非师范专业的 75.0%（见表5-3-11）。

表 5-3-11 毕业生是否为师范专业与课程设置满意度交叉表

课程设置满意度		毕业生是否为师范专业		合计
		是	否	
满意及以上	人数 / 人	3571$_a$	2088$_b$	5659
	占比 / %	81.1	75.0	78.8
一般及以下	人数 / 人	830$_a$	696$_b$	1526
	占比 / %	18.9	25.0	21.2
总计	人数 / 人	4401	2784	7185
	占比 / %	100.0	100.0	100.0

注：下标字母含义是横向比较，若字母相同，在 0.05 级别，这些类别的列比例相互之间无显著差异。

（四）毕业生和在校生对课程设置满意度的差异性分析

毕业生和在校生进行的课程设置满意度总体评价，获取的有效数据是 31 085 人。

经卡方检验，χ^2 值为 225.288**，sig<0.01，表明毕业生和在校生在对课程设置满意度的两个选项上，至少有一个选项的频数百分比有极其显著差异。

对占比进行 Z 检验比较，从毕业生和在校生与课程设置满意度交叉表中可以看出，在"满意及以上"选项上，毕业生为 75.0%，高于在校生的 66.4%（见表 5-3-12）。

表 5-3-12 毕业生和在校生与课程设置满意度的差异性分析

课程设置满意度		身份		合计
		毕业生	在校生	
满意及以上	人数 / 人	7 084$_a$	14 364$_b$	21 448
	占比 / %	75.0	66.4	69.0
一般及以下	人数 / 人	2 367$_a$	7 270$_b$	9 637
	占比 / %	25.0	33.6	31.0
总计	人数 / 人	9 451	21 634	31 085
	占比 / %	100.0	100.0	100.0

注：下标字母含义是横向比较，若字母相同，在 0.05 级别，这些类别的列比例相互之间无显著差异。

二、教师的课程设置满意度差异性分析

（一）全体教师

1. 不同工作单位教师对课程设置满意度的评价

不同工作单位教师进行的课程设置满意度总体评价，获取的有效数据是 11 443 人。

经卡方检验，χ^2 值为 141.842**，sig<0.01，表明不同工作单位教师在对课程设置满意度的两个选项上，至少有一个选项的频数百分比有极其显著差异。

对占比进行 Z 检验比较，从工作单位与课程设置满意度交叉表中可以看出，在"满意及以上"选项上，基础教育为 90.7%，高于高校的 81.7%（见表 5-3-13）。

表 5-3-13　工作单位与课程设置满意度交叉表

课程设置满意度		工作单位		合计
		高校	基础教育	
满意及以上	人数 / 人	6 694[a]	2 951[b]	9 645
	占比 / %	81.7	90.7	84.3
一般及以下	人数 / 人	1 496[a]	302[b]	1 798
	占比 / %	18.3	9.3	15.7
总计	人数 / 人	8 190	3 253	11 443
	占比 / %	100.0	100.0	100.0

注：下标字母含义是横向比较，若字母相同，在 0.05 级别，这些类别的列比例相互之间无显著差异。

2. 不同城市教师对课程设置满意度的评价

不同城市教师进行的课程设置满意度总体评价，获取的有效数据是 11 443 人。

经卡方检验，χ^2 值为 0.413，sig=0.813>0.05，表明不同城市教师在对课程设置满意度的两个选项上无显著差异。

3. 不同地区教师对课程设置满意度的评价

不同地区教师进行的课程设置满意度总体评价，获取的有效数据是 11 443 人。

经卡方检验，χ^2 值为 44.204**，sig<0.01，表明不同地区教师在对课程设置满意度的两个选项上，至少有一个选项的频数百分比有极其显著差异。

对占比进行 Z 检验比较，从不同地区与课程设置满意度交叉表中可以看出，在"满意及以上"选项上，所有地区的平均值为 83.9%，高于平均值的有华东、华北和东北。其中东北地区为 88.7%，高于其他选项（见表 5-3-14）。

表 5-3-14 不同地区与课程设置满意度交叉表

课程设置满意度		不同地区							合计
		华东	华南	华中	华北	西南	西北	东北	
满意及以上	人数/人	2 106$_a$	938$_b$	1 537$_{a,b}$	1 210$_a$	978$_{a,b}$	1 082$_{a,b}$	1 794$_c$	9 645
	占比/%	84.2	81.4	83.7	84.5	82.5	82.4	88.7	84.3
一般及以下	人数/人	396$_a$	214$_b$	299$_{a,b}$	222$_a$	208$_{a,b}$	231$_{a,b}$	228$_c$	1 798
	占比/%	15.8	18.6	16.3	15.5	17.5	17.6	11.3	15.7
总计	人数/人	2 502	1 152	1 836	1 432	1 186	1 313	2 022	11 443
	占比/%	100.0	100.0	100.0	100.0	100.0	100.0	100.0	100.0

注：下标字母含义是横向比较，若字母相同，在 0.05 级别，这些类别的列比例相互之间无显著差异。

4. 不同年龄教师对课程设置满意度的评价

不同年龄教师进行的课程设置满意度总体评价，获取的有效数据是 11 443 人。

经卡方检验，χ^2 值为 17.697**，sig<0.01，表明不同年龄教师对课程设置满意度的两个选项上，至少有一个选项的频数百分比有极其显著差异。

对占比进行 Z 检验比较，从年龄与课程设置满意度交叉表中可以看出，在"满意及以上"选项上，36～45 岁为 85.4%，高于其他选项（见表 5-3-15）。

表 5-3-15 年龄与课程设置满意度交叉表

课程设置满意度		年龄				合计
		35 岁及以下	36~45 岁	46~55 岁	56 岁及以上	
满意及以上	人数/人	1 213$_a$	3 873$_b$	3 634$_b$	925$_{a,b}$	8 898
	占比/%	81.0	85.4	84.5	83.4	77.8
一般及以下	人数/人	285$_a$	660$_b$	669$_b$	184$_{a,b}$	2 545
	占比/%	19.0	14.6	15.5	16.6	22.2
总计	人数/人	1 498	4 533	4 303	1 109	11 443
	占比/%	100.0	100.0	100.0	100.0	100.0

注：下标字母含义是横向比较，若字母相同，在 0.05 级别，这些类别的列比例相互之间无显著差异。

5. 不同学历教师对课程设置满意度的评价

不同学历教师进行的课程设置满意度总体评价，获取的有效数据是 11 443 人。

经卡方检验，χ^2 值为 135.592**，sig<0.01，表明不同学历教师对课程设置满意度的两个选项上，至少有一个选项的频数百分比有极其显著差异。

对占比进行 Z 检验比较，从学历与课程设置满意度交叉表中可以看出，在"满意及以上"选项上，本科生及以下为 90.7%，高于其他选项（见表 5-3-16）。

表 5-3-16 学历与课程设置满意度交叉表

课程设置满意度		学历			合计
		博士研究生	硕士研究生	本科生及以下	
满意及以上	人数/人	3 937$_a$	3 436$_b$	2 272$_c$	9 645
	占比/%	80.4	85.0	90.7	84.3
一般及以下	人数/人	959$_a$	607$_b$	232$_c$	1 798
	占比/%	19.6	15.0	9.3	15.7
总计	人数/人	4 896	4 043	2 504	11 443
	占比/%	100.0	100.0	100.0	100.0

注：下标字母含义是横向比较，若字母相同，在 0.05 级别，这些类别的列比例相互之间无显著差异。

6. 不同职称教师对课程设置满意度的评价

不同职称教师进行的课程设置满意度总体评价，获取的有效数据是 11 443 人。

经卡方检验，χ^2 值为 9.214**，sig<0.01，表明不同职称教师对课程设置满意度的两个选项上，至少有一个选项的频数百分比有极其显著差异。

对占比进行 Z 检验比较，在职称与课程设置满意度交叉表中可以看出，在"满意及以上"选项上，副高级为 85.2%，高于其他选项（见表 5-3-17）。

表 5-3-17 职称与课程设置满意度交叉表

课程设置满意度		职称			合计
		正高级	副高级	中级及以下	
满意及以上	人数 / 人	2 549$_a$	5 074$_b$	2 022$_a$	9 645
	占比 / %	83.6	85.2	82.8	84.3
一般及以下	人数 / 人	501$_a$	878$_b$	419$_a$	1 798
	占比 / %	16.4	14.8	17.2	15.7
总计	人数 / 人	3 050	5 952	2 441	11 443
	占比 / %	100.0	100.0	100.0	100.0

注：下标字母含义是横向比较，若字母相同，在 0.05 级别，这些类别的列比例相互之间无显著差异。

7. 不同工作年限教师对课程设置满意度的评价

不同工作年限教师进行的课程设置满意度总体评价，获取的有效数据是 11 443 人。

经卡方检验，χ^2 值为 23.196**，sig<0.01，表明不同工作年限教师在对课程设置满意度的两个选项上，至少有一个选项的频数百分比有极其显著差异。

对占比进行 Z 检验比较，从工作年限与课程设置满意度交叉表中可以看出，在"满意及以上"选项上，21～30 年为 85.9%，高于其他选项（见表 5-3-18）。

表 5-3-18　工作年限与课程设置满意度交叉表

课程设置满意度		工作年限				合计
		0～10年	11～20年	21～30年	30年以上	
满意及以上	人数/人	1 806$_a$	2 846$_b$	3 107$_c$	1 886$_{b,c}$	9 645
	占比/%	81.3	84.0	85.9	85.1	84.3
一般及以下	人数/人	415$_a$	543$_b$	511$_c$	329$_{b,c}$	1 798
	占比/%	18.7	16.0	14.1	14.9	15.7
总计	人数/人	2 221	3 389	3 618	2 215	11 443
	占比/%	5.1	6.6	6.5	4.1	22.2

注：下标字母含义是横向比较，若字母相同，在0.05级别，这些类别的列比例相互之间无显著差异。

8. 不同专业教师对课程设置满意度的评价

不同专业教师进行的课程设置满意度总体评价，获取的有效数据是11 443人。其中评价"满意及以上"的人数为9645人，各专业对其评价的平均百分比为84.3%，评价"一般及以下"的人数为1798人，各专业对其评价的平均百分比为15.7%。

对评价的人数残差进行标准化后发现，在评价"一般及以下"的专业中，学科教育·体育专业的教师对课程设置满意度的评价最低，标准化残差为2.6；教育管理次之、小学教育次之，其标准化残差分别为2.4、1.9（见表5-3-19）。

表 5-3-19　所在专业与课程设置满意度交叉表

专业	满意及以上			一般及以下			总计/人
	人数/人	百分比/%	标准化残差	人数/人	百分比/%	标准化残差	
小学教育	679	7.0	-0.8	153	8.5	1.9	832
教育管理	415	4.3	-1.0	103	5.7	2.4	518
心理健康教育	334	3.5	-0.6	75	4.2	1.3	409
现代教育技术	330	3.4	-0.3	56	3.1	-0.6	386
特殊教育	31	0.3	-0.3	8	0.4	0.8	39

续表

专业	满意及以上 人数/人	百分比/%	标准化残差	一般及以下 人数/人	百分比/%	标准化残差	总计/人
职业技术教育	421	4.4	−0.3	87	4.8	0.8	508
科学技术教育	54	0.6	0.0	10	0.6	0.0	64
学前教育	358	3.7	−0.2	71	3.9	0.4	429
学科教学·语文	1 251	13.0	0.0	233	13.0	0.0	1 484
学科教学·数学	712	7.4	1.1	98	5.5	−2.6	810
学科教学·英语	1 171	12.1	0.6	193	10.7	−1.5	1 364
学科教学·物理	375	3.9	0.7	55	3.1	−1.5	430
学科教学·化学	468	4.9	0.7	70	3.9	−1.6	538
学科教学·生物	546	5.7	0.9	77	4.3	−2.1	623
学科教学·思政	638	6.6	0.0	119	6.6	0.0	757
学科教学·历史	459	4.8	−0.5	98	5.5	1.1	557
学科教学·地理	464	4.8	0.5	75	4.2	−1.1	539
学科教学·体育	129	1.3	−1.1	40	2.2	2.6	169
学科教学·音乐	248	2.6	−0.3	52	2.9	−0.7	300
学科教学·美术	194	2.0	−0.1	38	2.1	0.3	232
其他	368	3.8	−.8	87	4.8	1.8	455
总计	9 645	84.3	0	1 798	15.7	0	11 443

（二）导师

1. 有无教育学相关背景教师对课程设置满意度的评价

有无教育学相关背景教师进行的课程设置满意度总体评价，获取的有效数据是6777人。

经卡方检验，χ^2值为2.834，sig=0.092＞0.05，表明有无教育学相关背景教师在对课程设置满意度的两个选项上无显著差异。

2. 有无基础教育工作和研究经历教师对课程设置满意度的评价

有无基础教育工作和研究经历教师进行的课程设置满意度总体评价，获取

的有效数据是 6777 人。

经卡方检验，χ^2 值为 2.036，sig=0.154＞0.05，表明有无基础教育工作和研究经历教师在对课程设置满意度的两个选项上无显著差异。

3.教师担任导师年限对课程设置满意度的评价

教师担任导师年限进行的课程设置满意度总体评价，获取的有效数据是 9368 人。

经卡方检验，χ^2 值为 16.005*，sig=0.003＜0.05，表明教师担任导师年限在对课程设置满意度的两个选项上，至少有一个选项的频数百分比有显著差异。

对占比进行 Z 检验比较，从担任导师年限和课程设置满意度交叉表中可以看出，在"满意及以上"选项上，0～5 年为 85.6%，高于其他选项（见表 5-3-20）。

表 5-3-20　担任导师年限与课程设置满意度交叉表

课程设置满意度		担任导师年限					合计
		0～5 年	6～10 年	11～15 年	16～20 年	20 年以上	
满意及以上	人数/人	4791$_a$	1904$_b$	761$_{a,b}$	294$_{a,b}$	184$_c$	7934
	占比/%	85.6	83.5	83.6	84.7	77.6	84.7
一般及以下	人数/人	804$_a$	375$_b$	149$_{a,b}$	53$_{a,b}$	53$_c$	1434
	占比/%	14.4	16.5	16.4	15.3	22.4	15.3
总计	人数/人	5595	2279	910	347	237	9368
	占比/%	100.0	100.0	100.0	100.0	100.0	100.0

注：下标字母含义是横向比较，若字母相同，在 0.05 级别，这些类别的列比例相互之间无显著差异。

4.双导师间是否经常进行沟通合作对课程设置满意度的评价

双导师间是否经常沟通合作进行的课程设置满意度总体评价，获取的有效数据是 9368 人。

经卡方检验，χ^2 值为 300.792**，sig<0.01，表明双导师间是否经常沟通合作对课程设置满意度的两个选项上，至少有一个选项的频数百分比有极其显著

差异。

对占比进行 Z 检验比较，从双导师间是否经常沟通合作与课程设置满意度交叉表中可以看出，在"满意及以上"选项上，经常沟通合作为 87.5%，高于不经常沟通合作的 69.7%（见表 5-3-21）。

表 5-3-21　双导师间是否经常沟通合作与课程设置满意度交叉表

课程设置满意度		双导师间是否经常沟通合作		合计
		是	否	
满意及以上	人数 / 人	6912$_a$	1022$_b$	7934
	占比 / %	87.5	69.7	84.7
一般及以下	人数 / 人	990$_a$	444$_b$	1434
	占比 / %	12.5	30.3	15.3
总计	人数 / 人	7902	1466	9368
	占比 / %	100.0	100.0	100.0

注：下标字母含义是横向比较，若字母相同，在 0.05 级别，这些类别的列比例相互之间无显著差异。

（三）不同身份教师

不同教师身份进行的课程设置满意度总体评价，获取的有效数据是 18 164 人。

经卡方检验，χ^2 值为 227.676**，sig<0.01，表明不同教师身份对课程设置满意度的两个选项上，至少有一个选项的频数百分比有极其显著差异。

对占比进行 Z 检验比较，从不同教师身份与课程设置满意度交叉表中可以看出，在"比较高及以上"选项上，实践导师为 85.6%，高于其他选项（见表 5-3-22）。

表 5-3-22 教师身份与课程设置满意度交叉表

课程设置满意度		身份				合计
		理论导师	实践导师	任课教师	管理者	
满意及以上	人数 / 人	5 516$_a$	2 418$_b$	5 613$_c$	1 786$_d$	15 333
	占比 / %	81.4	93.3	83.1	87.5	84.4
一般及以下	人数 / 人	1 261$_a$	173$_b$	1 143$_c$	254$_d$	2 831
	占比 / %	18.6	6.7	16.9	12.5	15.6
总计	人数 / 人	6 777	2 591	6 756	2 040	18 164
	占比 / %	100.0	100.0	100.0	100.0	100.0

注：下标字母含义是横向比较，若字母相同，在 0.05 级别，这些类别的列比例相互之间无显著差异。

三、教育硕士与教师课程设置满意度的差异性比较

（一）对课程设置满意度的差异性分析

教育硕士和教师进行的课程设置满意度总体评价，获取的有效数据是 42 528 人。

经卡方检验，χ^2 值为 994.602**，sig<0.01，表明教育硕士和教师在对课程设置满意度的两个选项上，至少有一个选项的频数百分比有极其显著差异。

对占比进行 Z 检验比较，在教育硕士和教师与全日制教育硕士课程设置满意度交叉表中可以看出，在"满意及以上"选项上，教师为 84.3%，高于教育硕士的 69.0%（见表 5-3-23）。

表 5-3-23 教育硕士和教师与课程设置满意度交叉表

课程设置满意度		身份		合计
		教育硕士	教师	
满意及以上	人数 / 人	21 448$_a$	9 645$_b$	31 093
	占比 / %	69.0	84.3	73.1

续表

课程设置满意度		身份		合计
		教育硕士	教师	
一般及以下	人数 / 人	9 637$_a$	1 798$_b$	11 435
	占比 / %	31.0	15.7	26.9
总计	人数 / 人	31 085	11 443	42 528
	占比 / %	100.0	100.0	100.0

注：下标字母含义是横向比较，若字母相同，在0.05级别，这些类别的列比例相互之间无显著差异。

（二）对课程设置各维度满意度的差异性分析

1. 对课程结构满意度的差异性分析

教育硕士和教师进行的课程结构满意度总体评价，获取的有效数据是42 528人。

经卡方检验，χ^2值为837.258**，sig<0.01，表明教育硕士和教师在对课程结构满意度的两个选项上，至少有一个选项的频数百分比有极其显著差异。

对占比进行Z检验比较，在教育硕士和教师与课程结构满意度交叉表中可以看出，在"满意及以上"选项上，教师为84.1%，高于教育硕士的70.2%（见表5-3-24）。

表5-3-24 教育硕士和教师与课程结构满意度交叉表

课程结构满意度		身份		合计
		教育硕士	教师	
满意及以上	人数 / 人	21 811$_a$	9 619$_b$	31 430
	占比 / %	70.2	84.1	73.9
一般及以下	人数 / 人	9 274$_a$	1 824$_b$	11 098
	占比 / %	29.8	15.9	26.1
总计	人数 / 人	31 085	11 443	42 528
	占比 / %	100.0	100.0	100.0

注：下标字母含义是横向比较，若字母相同，在0.05级别，这些类别的列比例相互之间无显著差异。

2. 对课程内容满意度的差异性分析

教育硕士和教师进行的课程内容满意度总体评价，获取的有效数据是 42 528 人。

经卡方检验，χ^2 值为 777.782**，sig<0.01，表明教育硕士和教师在对课程内容满意度的两个选项上，至少有一个选项的频数百分比有极其显著差异。

对占比进行 Z 检验比较，从教育硕士和教师与课程内容满意度交叉表中可以看出，在"满意及以上"选项上，教师为 83.9%，高于教育硕士的 70.6%（见表 5-3-25）。

表 5-3-25　教育硕士和教师与课程内容满意度交叉表

课程内容满意度		身份		合计
		教育硕士	教师	
满意及以上	人数 / 人	21 934$_a$	9 602$_b$	31 536
	占比 / %	70.6	83.9	74.2
一般及以下	人数 / 人	9 151$_a$	1 841$_b$	10 992
	占比 / %	29.4	16.1	25.8
总计	人数 / 人	31 085	11 443	42 528
	占比 / %	100.0	100.0	100.0

注：下标字母含义是横向比较，若字母相同，在 0.05 级别，这些类别的列比例相互之间无显著差异。

3. 对课程考核方式满意度的差异性分析

教育硕士和教师进行的课程考核方式满意度总体评价，获取的有效数据是 42 528 人。

经卡方检验，χ^2 值为 670.484**，sig<0.01，表明教育硕士和教师在对课程考核方式满意度的两个选项上，至少有一个选项的频数百分比有极其显著差异。

对占比进行 Z 检验比较，在教育硕士和教师与课程考核方式满意度交叉表中可以看出，在"满意及以上"选项上，教师为 84.3%，高于教育硕士的 72.1%（见表 5-3-26）。

表 5-3-26 教育硕士和教师与课程考核方式满意度交叉表

课程考核方式满意度		身份		合计
		教育硕士	教师	
满意及以上	人数 / 人	22 412$_a$	9 646$_b$	32 058
	占比 / %	72.1	84.3	75.4
一般及以下	人数 / 人	8 673$_a$	1 797$_b$	10 470
	占比 / %	27.9	15.7	24.6
总计	人数 / 人	31 085	11 443	42 528
	占比 / %	100.0	100.0	100.0

注：下标字母含义是横向比较，若字母相同，在 0.05 级别，这些类别的列比例相互之间无显著差异。

4. 对实践课程占比满意度的差异性分析

教育硕士和教师进行的实践课程占比满意度总体评价，获取的有效数据是 42 528 人。

经卡方检验，χ^2 值为 627.762**，sig<0.01，表明教育硕士和教师在对实践课程占比满意度的两个选项上，至少有一个选项的频数百分比有极其显著差异。

对占比进行 Z 检验比较，从教育硕士和教师与实践课程占比满意度交叉表中可以看出，在"满意及以上"选项上，教师为 80.5%，高于教育硕士的 68.2%（见表 5-3-27）。

表 5-3-27 教育硕士和教师与实践课程占比满意度交叉表

实践课程占比满意度		身份		合计
		教育硕士	教师	
满意及以上	人数 / 人	21 191$_a$	9 216$_b$	30 407
	占比 / %	68.2	80.5	71.5
一般及以下	人数 / 人	9 894$_a$	2 227$_b$	12 121
	占比 / %	31.8	19.5	28.5
总计	人数 / 人	31 085	11 443	42 528
	占比 / %	100.0	100.0	100.0

注：下标字母含义是横向比较，若字母相同，在 0.05 级别，这些类别的列比例相互之间无显著差异。

第六章　师资队伍的满意度

第一节　师资队伍及各维度满意度总体现状

一、师资队伍满意度总体现状

（一）教育硕士的师资队伍满意度

1. 全体教育硕士

对全体教育硕士师资队伍满意度的调查发现，师资队伍满意度为很满意的占 38.6%，满意的占 39.0%，一般的占 19.9%，不满意的占 1.9%，很不满意的占 0.7%，共有 77.6% 的教育硕士对师资队伍满意度在满意及以上程度。

2. 在校生

对在校生师资队伍满意度的调查发现，师资队伍满意度为很满意的占 35.2%，满意的占 40.5%，一般的占 21.6%，不满意的占 2.1%，很不满意的占 0.7%，共有 75.7% 的在校生对师资队伍满意度在满意及以上程度。

3. 毕业生

对毕业生师资队伍满意度的调查发现，师资队伍满意度为很满意的占 46.3%，满意的占 35.5%，一般的占 16.2%，不满意的占 1.4%，很不满意的占 0.6%，共有 81.8% 的毕业生对师资队伍满意度在满意及以上程度。

（二）教师的师资队伍满意度

1. 全体教师

对全体教师师资队伍满意度的调查发现，师资队伍满意度为很满意的占 37.2%，满意的占 46.2%，一般的占 14.7%，不满意的占 1.5%，很不满意的占 0.5%，共有 83.4% 的教师对师资队伍满意度在满意及以上程度。

2. 理论导师

对理论导师师资队伍满意度的调查发现，师资队伍满意度为很满意的占 29.2%，满意的占 49.7%，一般的占 18.3%，不满意的占 2.1%，很不满意的占 0.6%，共有 78.9% 的理论导师对师资队伍满意度在满意及以上程度。

3. 实践导师

对实践导师师资队伍满意度的调查发现，师资队伍满意度为很满意的占 54.1%，满意的占 40.8%，一般的占 4.9%，不满意的占 0.1%，很不满意的占 0.1%，共有 94.9% 的实践导师对师资队伍满意度在满意及以上程度。

4. 任课教师

对任课教师师资队伍满意度的调查发现，师资队伍满意度为很满意的占 34.9%，满意的占 46.7%，一般的占 16.2%，不满意的占 1.6%，很不满意的占 0.6%，共有 81.6% 的任课教师对师资队伍满意度在满意及以上程度。

5. 管理者

对管理者师资队伍满意度的调查发现，师资队伍满意度为很满意的占 38.2%，满意的占 45.3%，一般的占 14.8%，不满意的占 1.4%，很不满意的占 0.3%，共有 83.5% 的管理者对师资队伍满意度在满意及以上程度。

二、师资队伍各维度满意度现状

（一）对校内理论导师的满意度

1. 学生对校内理论导师的满意度

（1）全体教育硕士。

对全体教育硕士校内理论导师满意度的调查发现，校内理论导师满意度为很满意的占 44.7%，满意的占 37.5%，一般的占 15.9%，不满意的占 1.3%，很不满意的占 0.6%，共有 82.2% 的教育硕士对校内理论导师满意度在满意及以上程度。

（2）在校生。

对在校生校内理论导师满意度的调查发现，校内理论导师满意度为很满意的占 41.4%，满意的占 39.4%，一般的占 17.2%，不满意的占 1.4%，很不满意的占 0.6%，共有 80.8% 的在校生对校内理论导师满意度在满意及以上程度。

（3）毕业生。

对毕业生校内理论导师满意度的调查发现，校内理论导师满意度为很满意的占 52.1%，满意的占 33.1%，一般的占 13.0%，不满意的占 1.2%，很不满意的占 0.6%，共有 85.2% 的毕业生对校内理论导师满意度在满意及以上程度。

2. 教师对校内理论导师满意度

（1）全体教师。

对全体教师校内理论导师满意度的调查发现，校内理论导师满意度为很满意的占 39.9%，满意的占 46.7%，一般的占 12.0%，不满意的占 1.0%，很不满意的占 0.3%，共有 86.7% 的教师对校内理论导师满意度在满意及以上程度。

（2）理论导师。

对理论导师自身满意度的调查发现，自身满意度为很满意的占 32.4%，满意的占 50.8%，一般的占 14.9%，不满意的占 1.5%，很不满意的占 0.4%，共有 83.2% 的理论导师对自身满意度在满意及以上程度。

（3）实践导师。

对实践导师校内理论导师满意度的调查发现，校内理论导师满意度为很满意的占56.2%，满意的占39.7%，一般的占3.9%，不满意的占0.1%，很不满意的占0.1%，共有95.9%的实践导师对校内理论导师满意度在满意及以上程度。

（4）任课教师。

对任课教师校内理论导师满意度的调查发现，校内理论导师满意度为很满意的占37.7%，满意的占47.6%，一般的占13.1%，不满意的占1.3%，很不满意的占0.3%，共有85.3%的任课教师对校内理论导师满意度在满意及以上程度。

（5）管理者。

对管理者校内理论导师满意度的调查发现，校内理论导师满意度为很满意的占42.0%，满意的占45.2%，一般的占11.6%，不满意的占1.0%，很不满意的占0.2%，共有87.2%的管理者对校内理论导师满意度在满意及以上程度。

（二）对校外实践导师的满意度

1. 学生对校外实践导师满意度

（1）全体教育硕士。

对全体教育硕士校外实践导师满意度的调查发现，校外实践导师满意度为很满意的占39.6%，满意的占37.7%，一般的占20.0%，不满意的占1.9%，很不满意的占0.9%，共有77.2%的教育硕士对校外实践导师满意度在满意及以上程度。

（2）在校生。

对在校生校外实践导师满意度的调查发现，校外实践导师满意度为很满意的占36.6%，满意的占39.6%，一般的占21.2%，不满意的占1.7%，很不满意的占0.8%，共有76.2%的在校生对校外实践导师满意度在满意及以上程度。

（3）毕业生。

对毕业生校外实践导师满意度的调查发现，校外实践导师满意度为很满意的占46.4%，满意的占33.2%，一般的占17.0%，不满意的占2.3%，很不满意的占1.1%，共有79.6%的毕业生对校外实践导师满意度在满意及以上程度。

2. 教师对校外实践导师满意度

（1）全体教师。

对全体教师校外实践导师满意度的调查发现，校外实践导师满意度为很满意的占36.6%，满意的占45.3%，一般的占15.7%，不满意的占2.0%，很不满意的占0.5%，共有81.9%的全体教师对校外实践导师满意度在满意及以上程度。

（2）理论导师。

对理论导师校外实践导师满意度的调查发现，校外实践导师满意度为很满意的占28.0%，满意的占48.4%，一般的占20.1%，不满意的占2.9%，很不满意的占0.6%，共有76.4%的理论导师对校外实践导师满意度在满意及以上程度。

（3）实践导师。

对实践导师自身满意度的调查发现，自身满意度为很满意的占55.1%，满意的占40.8%，一般的占4.0%，不满意的无，很不满意的无，共有95.9%的实践导师对自身满意度在满意及以上程度。

（4）任课教师。

对任课教师校外实践导师满意度的调查发现，校外实践导师满意度为很满意的占34.3%，满意的占45.1%，一般的占17.8%，不满意的占2.3%，很不满意的占0.5%，共有79.4%的任课教师对校外实践导师满意度在满意及以上程度。

（5）管理者。

对管理者校外实践导师满意度的调查发现，校外实践导师满意度为很满意的占38.7%，满意的占45.5%，一般的占14.0%，不满意的占1.4%，很不满意

的占 0.3%，共有 84.2% 的管理者对校外实践导师满意度在满意及以上程度。

（三）对任课教师的满意度

1. 学生对任课教师的满意度

（1）全体教育硕士。

对全体教育硕士任课教师满意度的调查发现，任课教师满意度为很满意的占 38.3%，满意的占 39.9%，一般的占 20.0%，不满意的占 1.3%，很不满意的占 0.5%，共有 78.2% 的全体教育硕士对任课教师满意度在满意及以上程度。

（2）在校生。

对在校生任课教师满意度的调查发现，任课教师满意度为很满意的占 34.8%，满意的占 41.5%，一般的占 21.6%，不满意的占 1.5%，很不满意的占 0.6%，共有 76.4% 的在校生对任课教师满意度在满意及以上程度。

（3）毕业生。

对毕业生任课教师满意度的调查发现，任课教师满意度为很满意的占 46.2%，满意的占 36.0%，一般的占 16.3%，不满意的占 1.1%，很不满意的占 0.5%，共有 82.2% 的毕业生对任课教师满意度在满意及以上程度。

2. 教师对任课教师满意度

（1）全体教师。

对全体教师任课教师满意度的调查发现，任课教师满意度为很满意的占 38.0%，满意的占 47.9%，一般的占 12.8%，不满意的占 1.0%，很不满意的占 0.3%，共有 85.9% 的全体教师对任课教师满意度在满意及以上程度。

（2）理论导师。

对理论导师任课教师满意度的调查发现，任课教师满意度为很满意的占 30.1%，满意的占 51.8%，一般的占 16.1%，不满意的占 1.4%，很不满意的占 0.5%，共有 81.9% 的理论导师对任课教师满意度在满意及以上程度。

（3）实践导师。

对实践导师任课教师满意度的调查发现，任课教师满意度为很满意的占

53.9%，满意的占 41.5%，一般的占 4.4%，不满意的占 0.1%，很不满意的占 0.0%，共有 95.4% 的实践导师对任课教师满意度在满意及以上程度。

（4）任课教师。

对任课教师自身满意度的调查发现，自身满意度为很满意的占 35.9%，满意的占 49.0%，一般的占 13.7%，不满意的占 1.1%，很不满意的占 0.3%，共有 84.9% 的任课教师对自身满意度在满意及以上程度。

（5）管理者。

对管理者任课教师满意度的调查发现，任课教师满意度为很满意的占 39.6%，满意的占 47.7%，一般的占 11.8%，不满意的占 0.6%，很不满意的占 0.2%，共有 87.3% 的管理者对任课教师满意度在满意及以上程度。

第二节 师资队伍及各维度满意度相关性分析

一、教育硕士的师资队伍及各维度满意度相关性分析

（一）师资队伍满意度与校内理论导师满意度的相关性

1. 全体教育硕士

对全体教育硕士满意度的调查发现，全体教育硕士对全日制教育硕士师资队伍满意度均值为 4.13，对校内理论导师满意度均值为 4.24，表明全体教育硕士对校内理论导师的满意度较高；同时，对二者的相关性进行分析，皮尔逊相关性值为 0.806，表明全体教育硕士对师资队伍满意度与对校内理论导师满意度二者之间相关性显著。

2. 在校生

对在校生满意度的调查发现，在校生对全日制教育硕士师资队伍满意度均值为 4.07，对校内理论导师满意度均值为 4.20，表明在校生对校内理论导师的

满意度较高；同时，对二者的相关性进行分析，皮尔逊相关性值为0.801，表明在校生对师资队伍满意度与对校内理论导师满意度二者之间相关性显著。

3. 毕业生

对毕业生满意度的调查发现，毕业生对全日制教育硕士师资队伍满意度均值为4.26，对校内理论导师满意度均值为4.35，表明毕业生对校内理论导师的满意度较高；同时，对二者的相关性进行分析，皮尔逊相关性值为0.814，表明毕业生对师资队伍满意度与对校内理论导师满意度二者之间相关性显著。

（二）师资队伍满意度与校外实践导师满意度的相关性

1. 全体教育硕士

对全体教育硕士满意度的调查发现，全体教育硕士对全日制教育硕士师资队伍满意度均值与对校外实践导师满意度均值相同，均为4.13；同时，对二者的相关性进行分析，皮尔逊相关性值为0.744，表明全体教育硕士对师资队伍满意度与对校外实践导师满意度二者之间相关性显著。

2. 在校生

对在校生满意度的调查发现，在校生对全日制教育硕士师资队伍满意度均值为4.07，对校外实践导师满意度均值为4.09，表明在校生对校外实践导师的满意度较高；同时，对二者的相关性进行分析，皮尔逊相关性值为0.747，表明在校生对师资队伍满意度与对校外实践导师满意度二者之间相关性显著。

3. 毕业生

对毕业生满意度的调查发现，毕业生对全日制教育硕士师资队伍满意度均值为4.26，对校外实践导师满意度均值为4.21，表明毕业生对师资队伍的满意度较高；同时，对二者的相关性进行分析，皮尔逊相关性值为0.733，表明毕业生对师资队伍满意度与对校外实践导师满意度二者之间相关性显著。

(三)师资队伍满意度与任课教师满意度的相关性

1. 全体教育硕士

对全体教育硕士满意度的调查发现,全体教育硕士对全日制教育硕士师资队伍满意度均值为4.13,对任课教师满意度均值为4.14,表明全体教育硕士对任课教师的满意度较高;同时,对二者的相关性进行分析,皮尔逊相关性值为0.875,表明全体教育硕士对师资队伍满意度与对任课教师满意度二者之间相关性显著。

2. 在校生

对在校生满意度的调查发现,在校生对全日制教育硕士师资队伍满意度均值为4.07,对任课教师满意度均值为4.09,表明在校生对任课教师的满意度较高;同时,对二者的相关性进行分析,皮尔逊相关性值为0.867,表明在校生师资队伍满意度与任课教师满意度二者之间相关性显著。

3. 毕业生

对毕业生满意度的调查发现,毕业生对全日制教育硕士师资队伍满意度均值与对任课教师满意度均值相同,均为4.25;同时,对二者的相关性进行分析,皮尔逊相关性值为0.892,表明毕业生对师资队伍满意度与对任课教师满意度二者之间相关性显著。

二、教师的师资队伍及各维度满意度相关性分析

(一)师资队伍满意度与校内理论导师满意度的相关性

1. 全体教师

对全体教师满意度的调查发现,全体教师对全日制教育硕士师资队伍满意度均值为4.18,对校内理论导师满意度均值为4.25,表明全体教师对校内理论导师的满意度较高;同时,对二者的相关性进行分析,皮尔逊相关性值为0.893,表明全体教师对师资队伍满意度与对校内理论导师满意度二者之间相

关性显著。

2. 理论导师

对理论导师满意度的调查发现，理论导师对全日制教育硕士师资队伍满意度均值为 4.05，对校内理论导师满意度均值为 4.13，表明理论导师对校内理论导师的满意度较高；同时，对二者的相关性进行分析，皮尔逊相关性值为 0.881，表明理论导师对师资队伍满意度与对校内理论导师满意度二者之间相关性显著。

3. 实践导师

对实践导师满意度的调查发现，实践导师对全日制教育硕士师资队伍满意度均值为 4.49，对校内理论导师满意度均值为 4.52，表明实践导师对校内理论导师的满意度较高；同时，对二者的相关性进行分析，皮尔逊相关性值为 0.905，表明实践导师对师资队伍满意度与对校内理论导师满意度二者之间相关性显著。

4. 任课教师

对任课教师满意度的调查发现，任课教师对全日制教育硕士师资队伍满意度均值为 4.14，对校内理论导师满意度均值为 4.21，表明任课教师对校内理论导师的满意度较高；同时，对二者的相关性进行分析，皮尔逊相关性值为 0.885，表明任课教师对师资队伍满意度与对校内理论导师满意度二者之间相关性显著。

5. 管理者

对管理者满意度的调查发现，管理者对全日制教育硕士师资队伍满意度均值为 4.20，对校内理论导师满意度均值为 4.28，表明管理者对校内理论导师的满意度较高；同时，对二者的相关性进行分析，皮尔逊相关性值为 0.880，表明管理者对师资队伍满意度与对校内理论导师满意度二者之间相关性显著。

(二)师资队伍满意度与校外实践导师满意度的相关性

1. 全体教师

对全体教师满意度的调查发现，全体教师对全日制教育硕士师资队伍满意度均值为4.18，对校外实践导师满意度均值为4.16，表明全体教师对师资队伍的满意度较高；同时，对二者的相关性进行分析，皮尔逊相关性值为0.799，表明全体教师对师资队伍满意度与对校外实践导师满意度二者之间相关性显著。

2. 理论导师

对理论导师满意度的调查发现，理论导师对全日制教育硕士师资队伍满意度均值为4.05，对校外实践导师满意度均值为4.00，表明理论导师对师资队伍的满意度较高；同时，对二者的相关性进行分析，皮尔逊相关性值为0.755，表明理论导师对资队伍满意度与对校外实践导师满意度二者之间相关性显著。

3. 实践导师

对实践导师满意度的调查发现，实践导师对全日制教育硕士师资队伍满意度均值为4.49，对校外实践导师满意度均值为4.51，表明实践导师对校外实践导师的满意度较高；同时，对二者的相关性进行分析，皮尔逊相关性值为0.881，表明实践导师对师资队伍满意度与对校外实践导师满意度二者之间相关性显著。

4. 任课教师

对任课教师满意度的调查发现，任课教师对全日制教育硕士师资队伍满意度均值为4.14，对校外实践导师满意度均值为4.10，表明任课教师对师资队伍的满意度较高；同时，对二者的相关性进行分析，皮尔逊相关性值为0.776，表明任课教师对师资队伍满意度与对校外实践导师满意度二者之间相关性显著。

5. 管理者

对管理者满意度的调查发现，管理者对全日制教育硕士师资队伍满意度均

值为 4.20，对校外实践导师满意度均值为 4.21，表明管理者对校外实践导师的满意度较高；同时，对二者的相关性进行分析，皮尔逊相关性值为 0.771，表明管理者对师资队伍满意度与对校外实践导师满意度二者之间相关性显著。

（三）师资队伍满意度与任课教师满意度的相关性

1. 全体教师

对全体教师满意度的调查发现，全体教师对全日制教育硕士师资队伍满意度均值为 4.18，对任课教师满意度均值为 4.22，表明全体教师对任课教师的满意度较高；同时，对二者的相关性进行分析，皮尔逊相关性值为 0.860，表明全体教师对师资队伍满意度与对任课教师满意度二者之间相关性显著。

2. 理论导师

对理论导师满意度的调查发现，理论导师对全日制教育硕士师资队伍满意度均值为 4.05，对任课教师满意度均值为 4.10，表明理论导师对任课教师的满意度较高；同时，对二者的相关性进行分析，皮尔逊相关性值为 0.832，表明理论导师对师资队伍满意度与对任课教师满意度二者之间相关性显著。

3. 实践导师

对实践导师满意度的调查发现，实践导师对全日制教育硕士师资队伍满意度均值与对任课教师满意度均值相同，均为 4.49；同时，对二者的相关性进行分析，皮尔逊相关性值为 0.911，表明实践导师对师资队伍满意度与对任课教师满意度二者之间相关性显著。

4. 任课教师

对任课教师满意度的调查发现，任课教师对全日制教育硕士师资队伍满意度均值为 4.14，对任课教师满意度均值为 4.19，表明任课教师对任课教师的满意度较高；同时，对二者的相关性进行分析，皮尔逊相关性值为 0.848，表明任课教师对师资队伍满意度与对任课教师满意度二者之间相关性显著。

5. 管理者

对管理者满意度的调查发现，管理者对全日制教育硕士师资队伍满意度均值为 4.20，对任课教师满意度均值为 4.26，表明管理者对任课教师的满意度较高；同时，对二者的相关性进行分析，皮尔逊相关性值为 0.846，表明管理者对师资队伍满意度与对任课教师满意度二者之间相关性显著。

第三节　师资队伍满意度差异性分析

一、教育硕士的师资队伍满意度差异性分析

（一）全体教育硕士

1. 不同就读高校或工作单位的教育硕士对师资队伍满意度的评价

不同就读高校或工作单位的教育硕士进行的师资队伍满意度总体评价，获取的有效数据是 31 085 人。

经卡方检验，χ^2 值为 210.379**，sig<0.01，表明不同就读高校或工作单位教育硕士在对师资队伍满意度评价的两个选项上，至少有一个选项的频数百分比有极其显著差异。

对占比进行 Z 检验比较，从不同就读高校或工作单位与师资队伍满意度交叉表中可以看出，在"满意及以上"选项上，基础教育为 84.1%，高于高校的 75.7%（见表 6-3-1）。

表 6-3-1　就读高校或工作单位与师资队伍满意度交叉表

师资队伍满意度		就读高校或工作单位		合计
		高校	基础教育	
满意及以上	人数 / 人	18 481$_a$	5 617$_b$	24 098
	占比 / %	75.7	84.1	77.5
一般及以下	人数 / 人	5 924$_a$	1 063$_b$	6 987
	占比 / %	24.3	15.9	22.5

续表

师资队伍满意度		就读高校或工作单位		合计
		高校	基础教育	
总计	人数/人	24 405	6 680	31 085
	占比/%	100.0	100.0	100.0

注：下标字母含义是横向比较，若字母相同，在0.05级别，这些类别的列比例相互之间无显著差异。

2. 不同城市教育硕士对师资队伍满意度的评价

不同城市教育硕士进行的师资队伍满意度总体评价，获取的有效数据是31 085人。

经卡方检验，χ^2值为1.557，sig=0.459>0.05，表明不同城市教育硕士在对师资队伍满意度的两个选项上无显著差异。

3. 不同地区教育硕士对师资队伍满意度的评价

不同地区教育硕士进行的师资队伍满意度总体评价，获取的有效数据是31 085人。

经卡方检验，χ^2值为524.005**，sig<0.01，表明不同地区教育硕士在对师资队伍满意度的两个选项上，至少有一个选项的频数百分比有极其显著差异。

对占比进行Z检验比较，从不同地区与师资队伍满意度交叉表中可以看出，在"满意及以上"选项上，所有地区的平均值为77.5%，高于平均值的有华东、华北、东北。其中东北地区为85.6%，高于其他选项（见表6-3-2）。

表6-3-2 不同地区与师资队伍满意度交叉表

师资队伍满意度		不同地区							合计
		华东	华南	华中	华北	西南	西北	东北	
满意及以上	人数/人	4 029$_a$	3 171$_b$	4 118$_b$	3 400$_c$	2 480$_d$	2 999$_b$	3 901$_e$	24 098
	占比/%	79.5	74.3	75.4	84.0	68.2	74.3	85.6	77.5
一般及以下	人数/人	1 041$_a$	1 097$_b$	1 345$_b$	649$_c$	1 158$_d$	1 039$_b$	658$_e$	6 987
	占比/%	20.5	25.7	24.6	16.0	31.8	25.7	14.4	22.5

第六章 师资队伍的满意度

续表

师资队伍满意度		不同地区							合计
		华东	华南	华中	华北	西南	西北	东北	
总计	人数/人	5 070	4 268	5 463	4 049	3 638	4 038	4 559	31 085
	占比/%	100.0	100.0	100.0	100.0	100.0	100.0	100.0	100.0

注：下标字母含义是横向比较，若字母相同，在 0.05 级别，这些类别的列比例相互之间无显著差异。

4. 读研前有无从教经历教育硕士对师资队伍满意度的评价

读研前有无从教经历教育硕士进行的师资队伍满意度总体评价，获取的有效数据是 31 085 人。

经卡方检验，χ^2 值为 4.145*，sig=0.042<0.05，表明读研前有无从教经历教育硕士在对师资队伍满意度的两个选项上，至少有一个选项的频数百分比有显著差异。

对占比进行 Z 检验比较，从读研前有无从教经历与师资队伍满意度交叉表中可以看出，在"满意及以上"选项上，有从教经历的为 78.1%，高于无从教经历的 77.1%（见表 6-3-3）。

表 6-3-3 读研前有无从教经历与师资队伍满意度交叉表

师资队伍满意度		读研前有无从教经历		合计
		有	无	
满意及以上	人数/人	10 619$_a$	13 479$_b$	24 098
	占比/%	78.1	77.1	77.5
一般及以下	人数/人	2 983$_a$	4 004$_b$	6 987
	占比/%	21.9	22.9	22.5
总计	人数/人	13 602	17 483	31 085
	占比/%	100.0	100.0	100.0

注：下标字母含义是横向比较，若字母相同，在 0.05 级别，这些类别的列比例相互之间无显著差异。

5. 能否胜任教育教学工作的教育硕士对师资队伍满意度的评价

能否胜任教育教学工作的教育硕士进行的师资队伍满意度总体评价，获取的有效数据是 31 085 人。

经卡方检验，χ^2 值为 228.897**，sig<0.01，表明能否胜任教育教学工作的教育硕士在对师资队伍满意度的两个选项上，至少有一个选项的频数百分比有极其显著差异。

对占比进行 Z 检验比较，能否胜任教育教学工作与师资队伍满意度交叉表中可以看出，在"满意及以上"选项上，能胜任教育教学工作的为 78.5%，高于不能胜任教育教学工作的 65.0%（见表 6-3-4）。

表 6-3-4 能否胜任教育教学工作与师资队伍满意度交叉表

师资队伍满意度		能否胜任教育教学工作		合计
		能	否	
满意及以上	人数 / 人	22 572$_a$	1 526$_b$	24 098
	占比 / %	78.5	65.0	77.5
一般及以下	人数 / 人	6 165$_a$	822$_b$	6 987
	占比 / %	21.5	35.0	22.5
总计	人数 / 人	28 737	2 348	31 085
	占比 / %	100.0	100.0	100.0

注：下标字母含义是横向比较，若字母相同，在 0.05 级别，这些类别的列比例相互之间无显著差异。

6. 不同专业教育硕士对师资队伍满意度的评价

不同专业教育硕士进行的师资队伍满意度总体评价，获取的有效数据是 31 085 人。其中评价"满意及以上"的人数为 24 098 人，各专业对其评价的平均百分比为 77.5%，评价"一般及以下"的人数为 6987 人，各专业对其评价的平均百分比为 22.5%。

在评价"一般及以下"的专业中，职业技术教育专业的教育硕士对专业满意度的评价最低，标准化残差为 9.2；其次是现代教育技术专业，标准化残差为 2.2；小学教育、教育管理、学科教学·生物、学科教学·体育、学科教学·思政专业的评价也低于平均水平（见表 6-3-5）。

表6-3-5　不同专业教育硕士与师资队伍满意度交叉表

专业	满意及以上 人数/人	百分比/%	标准化残差	一般及以下 人数/人	百分比/%	标准化残差	总计/人
小学教育	2 090	76.7	−0.5	636	23.3	0.9	2 726
教育管理	1 046	74.9	−1.1	350	25.1	2.0	1 396
心理健康教育	1 280	77.6	0.0	370	22.4	0.0	1 650
现代教育技术	917	74.5	−1.2	314	25.5	2.2	1 231
特殊教育	151	78.2	0.1	42	21.8	−0.2	193
职业技术教育	831	65.3	−4.9	441	34.7	9.2	1 272
科学技术教育	135	79.9	0.3	34	20.1	−0.6	169
学前教育	1 176	77.6	0.0	340	22.4	0.0	1 516
学科教学·语文	2 956	78.5	0.7	809	21.5	−1.3	3 765
学科教学·数学	1 929	80.6	1.7	464	19.4	−3.2	2 393
学科教学·英语	3 749	77.6	0.1	1 083	22.4	−0.1	4 832
学科教学·物理	797	79.3	0.6	208	20.7	−1.2	1 005
学科教学·化学	973	78.2	0.3	271	21.8	−0.5	1 244
学科教学·生物	1 207	77.1	−0.2	358	22.9	0.3	1 565
学科教学·思政	1 740	77.2	−0.2	514	22.8	0.3	2 254
学科教学·历史	1 278	81.7	1.9	286	18.3	−3.5	1 564
学科教学·地理	916	80.8	1.3	217	19.2	−2.4	1 133
学科教学·体育	273	76.3	−0.3	85	23.7	0.5	358
学科教学·音乐	348	79.6	0.5	89	20.4	−0.9	437
学科教学·美术	306	80.1	0.6	76	19.9	−1.1	382
总计	24 098	77.5	0	6 987	22.5	0	31 085

（二）在校生

1. 不同隶属层次高校在校生对师资队伍满意度的评价

不同隶属层次高校在校生进行的师资队伍满意度总体评价，获取的有效数据是24 405人。

经卡方检验，χ^2值为24.942**，sig<0.01，表明不同隶属层次高校在校生在对师资队伍满意度的两个选项上，至少有一个选项的频数百分比有极其显著差异。

对占比进行Z检验比较，在不同高校隶属层次与师资队伍满意度交叉表中可以看出，在"满意及以上"选项上，部属为79.5%，高于省属的75.8%和市属的73.7%（见表6-3-6）。

表6-3-6　高校隶属层次与师资队伍满意度交叉表

师资队伍满意度		高校隶属层次			合计
		部属	省属	市属	
满意及以上	人数/人	1 647$_a$	13 739$_b$	3 095$_c$	18 481
	占比/%	79.5	75.8	73.7	75.7
一般及以下	人数/人	425$_a$	4 397$_b$	1 102$_c$	5 924
	占比/%	20.5	24.2	26.3	24.3
总计	人数/人	2 072	18 136	4 197	24 405
	占比/%	100.0	100.0	100.0	100.0

注：下标字母含义是横向比较，若字母相同，在0.05级别，这些类别的列比例相互之间无显著差异。

2. 不同类型高校在校生对师资队伍满意度的评价

不同类型高校在校生进行的师资队伍满意度总体评价，获取的有效数据是24 405人。

经卡方检验，χ^2值为22.348**，sig<0.01，表明不同类型高校在校生在对师资队伍满意度的两个选项上，至少有一个选项的频数百分比有极其显著差异。

对占比进行Z检验比较，从高校类型与师资队伍满意度交叉表中可以看出，在"满意及以上"选项上，师范类为76.6%，高于非师范类的73.7%（见表6-3-7）。

表 6-3-7　高校类型与师资队伍满意度交叉表

师资队伍满意度		高校类型		合计
		师范类	非师范类	
满意及以上	人数 / 人	13 119$_a$	5 362$_b$	18 481
	占比 / %	76.6	73.7	75.7
一般及以下	人数 / 人	4 014$_a$	1 910$_b$	5 924
	占比 / %	23.4	26.3	24.3
总计	人数 / 人	17 133	7 272	24 405
	占比 / %	100.0	100.0	100.0

注：下标字母含义是横向比较，若字母相同，在 0.05 级别，这些类别的列比例相互之间无显著差异。

（三）毕业生

1. 不同毕业年限毕业生对师资队伍满意度的评价

不同毕业年限毕业生进行的师资队伍满意度总体评价，获取的有效数据是 9451 人。

经卡方检验，χ^2 值为 56.412**，sig<0.01，表明不同毕业年限毕业生在对师资队伍满意度的两个选项上，至少有一个选项的频数百分比有极其显著差异。

对占比进行 Z 检验比较，从毕业年限与师资队伍满意度交叉表中可以看出，在"满意及以上"选项上，7 年以上为 89.3%，5~6 年为 88.9%，高于其他选项（见表 6-3-8）。

表 6-3-8　毕业年限与师资队伍满意度交叉表

师资队伍满意度		毕业年限					合计
		1 年以下	1~2 年	3~4 年	5~6 年	7 年以上	
满意及以上	人数 / 人	3660$_a$	2482$_b$	1095$_b$	295$_c$	200$_c$	7732
	占比 / %	79.0	83.9	84.0	88.9	89.3	81.8
一般及以下	人数 / 人	972$_a$	477$_b$	209$_b$	37$_c$	24$_c$	1719
	占比 / %	21.0	16.1	16.0	11.1	10.7	18.2

续表

师资队伍满意度		毕业年限					合计
		1年以下	1~2年	3~4年	5~6年	7年以上	
总计	人数/人	4632	2959	1304	332	224	9451
	占比/%	100.0	100.0	100.0	100.0	100.0	100.0

注：下标字母含义是横向比较，若字母相同，在0.05级别，这些类别的列比例相互之间无显著差异。

2. 是否工作毕业生对师资队伍满意度的评价

是否工作毕业生进行的师资队伍满意度总体评价，获取的有效数据是9451人。

经卡方检验，χ^2值为176.732**，sig<0.01，表明是否工作毕业生在对师资队伍满意度的两个选项上，至少有一个选项的频数百分比有极其显著差异。

对占比进行Z检验比较，从是否工作与师资队伍满意度交叉表中可以看出，在"满意及以上"选项上，已工作的为84.8%，高于未工作的72.4%（见表6-3-9）。

表6-3-9 是否工作与师资队伍满意度交叉表

师资队伍满意度		是否工作		合计
		是	否	
满意及以上	人数/人	6091$_a$	1641$_b$	7732
	占比/%	84.8	72.4	81.8
一般及以下	人数/人	1094$_a$	625$_b$	1719
	占比/%	15.2	27.6	18.2
总计	人数/人	7185	2266	9451
	占比/%	100.0	100.0	100.0

注：下标字母含义是横向比较，若字母相同，在0.05级别，这些类别的列比例相互之间无显著差异。

3. 毕业生是否为师范专业对师资队伍满意度的评价

毕业生是否为师范专业进行的师资队伍满意度总体评价，获取的有效数据是7185人。

经卡方检验，χ^2值为10.954**，sig<0.01，表明毕业生是否为师范专业在对师资队伍满意度的两个选项上，至少有一个选项的频数百分比有极其显著差异。

对占比进行 Z 检验比较，从毕业生是否为师范专业与师资队伍满意度交叉表中可以看出，在"满意及以上"选项上，师范专业为85.9%，高于非师范专业的83.0%（见表6-3-10）。

表6-3-10　毕业生是否为师范专业与师资队伍满意度交叉表

师资队伍满意度		毕业生是否为师范专业		合计
		是	否	
满意及以上	人数/人	3780$_a$	2311$_b$	6091
	占比/%	85.9	83.0	84.8
一般及以下	人数/人	621$_a$	473$_b$	1094
	占比/%	14.1	17.0	15.2
总计	人数/人	4401	2784	7185
	占比/%	100.0	100.0	100.0

注：下标字母含义是横向比较，若字母相同，在0.05级别，这些类别的列比例相互之间无显著差异。

（四）毕业生和在校生与师资队伍满意度的差异性分析

毕业生和在校生进行的师资队伍满意度总体评价，获取的有效数据是31 085人。

经卡方检验，χ^2值为143.330**，sig<0.01，表明毕业生和在校生在对师资队伍满意度的两个选项上，至少有一个选项的频数百分比有极其显著差异。

对占比进行 Z 检验比较，从毕业生和在校生与师资队伍满意度交叉表中可以看出，在"满意及以上"选项上，毕业生为81.8%，高于在校生的75.6%（见表6-3-11）。

表 6-3-11　毕业生和在校生与师资队伍满意度交叉表

师资队伍满意度		身份		合计
		毕业生	在校生	
满意及以上	人数/人	7 732$_a$	16 366$_b$	24 098
	占比/%	81.8	75.6	77.5
一般及以下	人数/人	1 719$_a$	5 268$_b$	6 987
	占比/%	18.2	24.4	22.5
总计	人数/人	9 451	21 634	31 085
	占比/%	100.0	100.0	100.0

注：下标字母含义是横向比较，若字母相同，在 0.05 级别，这些类别的列比例相互之间无显著差异。

二、教师的师资队伍满意度差异性分析

（一）全体教师

1. 不同工作单位教师对师资队伍满意度的评价

不同工作单位教师进行的师资队伍满意度总体评价，获取的有效数据是 11 443 人。

经卡方检验，χ^2 值为 312.123**，sig<0.01，表明不同工作单位教师在对师资队伍满意度的两个选项上，至少有一个选项的频数百分比有极其显著差异。

对占比进行 Z 检验比较，从工作单位与师资队伍满意度交叉表中可以看出，在"满意及以上"选项上，基础教育为 93.1%，高于高校的 79.5%（见表 6-3-12）。

表 6-3-12　工作单位与师资队伍满意度交叉表

师资队伍满意度		工作单位		合计
		高校	基础教育	
满意及以上	人数/人	6 509$_a$	3 029$_b$	9 538
	占比/%	79.5	93.1	83.4

续表

师资队伍满意度		工作单位		合计
		高校	基础教育	
一般及以下	人数/人	1 681$_a$	224$_b$	1 905
	占比/%	20.5	6.9	16.6
总计	人数/人	8 190	3 253	11 443
	占比/%	100.0	100.0	100.0

注：下标字母含义是横向比较，若字母相同，在0.05级别，这些类别的列比例相互之间无显著差异。

2. 不同城市教师对师资队伍满意度的评价

不同城市教师进行的师资队伍满意度总体评价，获取的有效数据是11 443人。

经卡方检验，χ^2值为9.047*，sig=0.011<0.05，表明不同城市教师在对师资队伍满意度的两个选项上，至少有一个选项的频数百分比有显著差异。

对占比进行Z检验比较，从不同城市与师资队伍满意度交叉表中可以看出，在"满意及以上"选项上，省会城市（自治区首府）和直辖市相同，均为84.5%，高于其他城市的82.4%（见表6-3-12）。

表6-3-13 不同城市与师资队伍满意度交叉表

师资队伍满意度		不同城市			合计
		省会城市（自治区首府）	直辖市	其他城市	
满意及以上	人数/人	3 698$_a$	701$_{a,b}$	5 139$_b$	9 538
	占比/%	84.5	84.5	82.4	83.4
一般及以下	人数/人	678$_a$	129$_{a,b}$	1 098$_b$	1 905
	占比/%	15.5	15.5	17.6	16.6
总计	人数/人	4 376	830	6 237	11 443
	占比/%	100.0	100.0	100.0	100.0

注：下标字母含义是横向比较，若字母相同，在0.05级别，这些类别的列比例相互之间无显著差异。

3. 不同地区教师对师资队伍满意度的评价

不同地区教师进行的师资队伍满意度总体评价,获取的有效数据是11 443人。

经卡方检验,χ^2值为50.051**,sig<0.01,表明不同地区教师在对师资队伍满意度的两个选项上,至少有一个选项的频数百分比有极其显著差异。

对占比进行Z检验比较,从不同地区与师资队伍满意度交叉表中可以看出,在"满意及以上"选项上,所有地区的平均值为83.4%,高于平均值的有华北和东北。其中东北地区为87.5%,高于其他选项(见表6-3-14)。

表6-3-14 不同地区与师资队伍满意度交叉表

师资队伍满意度		不同地区							合计
		华东	华南	华中	华北	西南	西北	东北	
满意及以上	人数/人	2 073$_a$	938$_{a,b}$	1 531$_{a,c}$	1 222$_{c,d}$	951$_b$	1 054$_b$	1 769$_d$	9 538
	占比/%	82.9	81.4	83.4	85.3	80.2	80.3	87.5	83.4
一般及以下	人数/人	429$_a$	214$_{a,b}$	305$_{a,c}$	210$_{c,d}$	235$_b$	259$_b$	253$_d$	1 905
	占比/%	17.1	18.6	16.6	14.7	19.8	19.7	12.5	16.6
总计	人数/人	2 502	1 152	1 836	1 432	1 186	1 313	2 022	11 443
	占比/%	100.0	100.0	100.0	100.0	100.0	100.0	100.0	100.0

注:下标字母含义是横向比较,若字母相同,在0.05级别,这些类别的列比例相互之间无显著差异。

4. 不同年龄教师对师资队伍满意度的评价

不同年龄教师进行的师资队伍满意度总体评价,获取的有效数据是11 443人。

经卡方检验,χ^2值为8.742*,sig=0.033<0.05,表明不同年龄教师对师资队伍满意度的两个选项上,至少有一个选项的频数百分比有显著差异。

对占比进行Z检验比较,从年龄与师资队伍满意度交叉表中可以看出,在"满意及以上"选项上,34~45岁为84.0%,高于其他选项(见表6-3-15)。

第六章　师资队伍的满意度

表6-3-15　年龄与师资队伍满意度交叉表

师资队伍满意度		年龄				合计
		35岁及以下	36~45岁	46~55岁	56岁及以上	
满意及以上	人数/人	1 249$_a$	3 809$_a$	3 589$_a$	891$_b$	9 538
	占比/%	83.4	84.0	83.4	80.3	83.4
一般及以下	人数/人	249$_a$	724$_a$	714$_a$	218$_b$	1 905
	占比/%	16.6	16.0	16.6	19.7	16.6
总计	人数/人	1 498	4 533	4 303	1 109	11 443
	占比/%	100.0	100.0	100.0	100.0	100.0

注：下标字母含义是横向比较，若字母相同，在0.05级别，这些类别的列比例相互之间无显著差异。

5.不同学历教师对师资队伍满意度的评价

不同学历教师进行的师资队伍满意度总体评价，获取的有效数据是11 443人。

经卡方检验，χ^2值为215.832**，sig<0.01，表明不同学历教师对师资队伍满意度的两个选项上，至少有一个选项的频数百分比有极其显著差异。

对占比进行Z检验比较，从学历与师资队伍满意度交叉表中可以看出，在"满意及以上"选项上，本科生及以下为91.8%，高于其他选项（见表6-3-16）。

表6-3-16　学历与师资队伍满意度交叉表

师资队伍满意度		学历			合计
		博士研究生	硕士研究生	本科生及以下	
满意及以上	人数/人	3 839$_a$	3 401$_b$	2 298$_c$	9 538
	占比/%	78.4	84.1	91.8	83.4
一般及以下	人数/人	1 057$_a$	642$_b$	206$_c$	1 905
	占比/%	21.6	15.9	8.2	16.6
总计	人数/人	4 896	4 043	2 504	11 443
	占比/%	100.0	100.0	100.0	100.0

注：下标字母含义是横向比较，若字母相同，在0.05级别，这些类别的列比例相互之间无显著差异。

6. 不同职称教师对师资队伍满意度的评价

不同职称教师进行的师资队伍满意度总体评价，获取的有效数据是11 443人。

经卡方检验，χ^2值为48.309**，sig<0.01，表明不同职称教师对师资队伍满意度的两个选项上，至少有一个选项的频数百分比有极其显著差异。

对占比进行Z检验比较，从职称与师资队伍满意度交叉表中可以看出，在"满意及以上"选项上，副高级为85.2%，高于其他选项（见表6-3-17）。

表6-3-17 职称与师资队伍满意度交叉表

师资队伍满意度		职称			合计
		正高级	副高级	中级及以下	
满意及以上	人数/人	2 424$_a$	5 073$_b$	2 041$_b$	9 538
	占比/%	79.5	85.2	83.6	83.4
一般及以下	人数/人	626$_a$	879$_b$	400$_b$	1 905
	占比/%	20.5	14.8	16.4	16.6
总计	人数/人	3 050	5 952	2 441	11 443
	占比/%	100.0	100.0	100.0	100.0

注：下标字母含义是横向比较，若字母相同，在0.05级别，这些类别的列比例相互之间无显著差异。

7. 不同工作年限教师对师资队伍满意度的评价

不同工作年限教师进行的师资队伍满意度总体评价，获取的有效数据是11 443人。

经卡方检验，χ^2值为6.695，sig=0.082>0.05，表明不同工作年限教师在对师资队伍满意度的两个选项上无显著差异。

8. 不同专业教师对师资队伍满意度的评价

不同专业教师进行的师资队伍满意度总体评价，获取的有效数据是10 988人。其中评价"满意及以上"的人数为9176人，各专业对其评价的平均百分比为83.5%，评价"一般及以下"的人数为1812人，各专业对其评价的平均百分比为16.5%。

对评价的人数残差进行标准化后发现,在评价"一般及以下"的专业中,学科教育·体育专业的教师对师资队伍满意度的评价最低,标准化残差为2.6;小学教育、教育管理、学科教学·数学、学科教学·历史专业的评价也低于平均水平(见表6-3-18)。

表6-3-18 教师所在专业与师资队伍满意度交叉表

专业	满意及以上 人数/人	百分比/%	标准化残差	一般及以下 人数/人	百分比/%	标准化残差	总计/人
小学教育	687	82.6	−0.2	145	17.4	0.6	832
教育管理	423	81.7	−0.4	95	18.3	0.9	518
心理健康教育	348	85.1	0.4	61	14.9	−0.9	409
现代教育技术	322	83.4	0.0	64	16.6	0.0	386
特殊教育	33	84.6	0.1	6	15.4	−0.2	39
职业技术教育	424	83.5	0.0	84	16.5	−0.1	508
科学技术教育	56	87.5	0.4	8	12.5	−0.8	64
学前教育	364	84.8	0.3	65	15.2	−0.8	429
学科教学·语文	1 236	83.3	0.0	248	16.7	0.1	1 484
学科教学·数学	664	82.0	−0.4	146	18.0	1.0	810
学科教学·英语	1 164	85.3	0.8	200	14.7	−1.8	1 364
学科教学·物理	358	83.3	0.0	72	16.7	0.0	430
学科教学·化学	449	83.5	0.0	89	16.5	−0.1	538
学科教学·生物	522	83.8	0.1	101	16.2	−0.3	623
学科教学·思政	633	83.6	0.1	124	16.4	−0.2	757
学科教学·历史	455	81.7	−0.4	102	18.3	1.0	557
学科教学·地理	456	84.6	0.3	83	15.4	−0.7	539
学科教学·体育	127	75.1	−1.2	42	24.9	2.6	169
学科教学·音乐	256	85.3	0.4	44	14.7	−0.8	300
学科教学·美术	199	85.8	0.4	33	14.2	−0.9	232
总计	9 176	83.5	0	1 812	16.5	0	10 988

（二）导师

1. 有无教育学相关背景教师对师资队伍满意度的评价

有无教育学相关背景教师进行的师资队伍满意度总体评价，获取的有效数据是 6777 人。

经卡方检验，χ^2 值为 19.893**，sig<0.01，表明有无教育学相关背景教师在对师资队伍满意度的两个选项上，至少有一个选项的频数百分比有极其显著差异。

对占比进行 Z 检验比较，有无教育学相关背景与师资队伍满意度交叉表中可以看出，在"满意及以上"选项上，具有教育学相关背景的为 80.0%，高于无教育学相关背景的 74.5%（见表 6-3-19）。

表 6-3-19 有无教育学相关背景与师资队伍满意度交叉表

师资队伍满意度		有无教育学相关背景		合计
		有	无	
满意及以上	人数 / 人	4327$_a$	1018$_b$	5345
	占比 / %	80.0	74.5	78.9
一般及以下	人数 / 人	1083$_a$	349$_b$	1432
	占比 / %	20.0	25.5	21.1
总计	人数 / 人	5410	1367	6777
	占比 / %	100.0	100.0	100.0

注：下标字母含义是横向比较，若字母相同，在 0.05 级别，这些类别的列比例相互之间无显著差异。

2. 有无基础教育工作和研究经历教师对师资队伍满意度的评价

有无基础教育工作和研究经历教师进行的师资队伍满意度总体评价，获取的有效数据是 6777 人。

经卡方检验，χ^2 值为 7.654**，sig<0.01，表明有无基础教育工作和研究经历教师对师资队伍满意度的两个选项上，至少有一个选项的频数百分比有极其显著差异。

对占比进行 Z 检验比较，从有无基础教育工作和研究经历与师资队伍满意度交叉表中可以看出，在"满意及以上"选项上，有基础教育工作和研究经历的为 79.8%，高于无基础教育工作和研究经历的 76.9%（见表 6-3-20）。

表 6-3-20　有无基础教育工作和研究经历与师资队伍满意度交叉表

师资队伍满意度		有无基础教育工作和研究经历		合计
		有	无	
满意及以上	人数 / 人	3615$_a$	1730$_b$	5345
	占比 / %	79.8	76.9	78.9
一般及以下	人数 / 人	913$_a$	519$_b$	1432
	占比 / %	20.2	23.1	21.1
总计	人数 / 人	4528	2249	6777
	占比 / %	100.0	100.0	100.0

注：下标字母含义是横向比较，若字母相同，在 0.05 级别，这些类别的列比例相互之间无显著差异。

3. 教师担任导师年限对师资队伍满意度的评价

教师担任导师年限进行的师资队伍满意度总体评价，获取的有效数据是 9368 人。

经卡方检验，χ^2 值为 26.001**，sig<0.01，表明教师担任导师年限对师资队伍满意度的两个选项上，至少有一个选项的频数百分比有极其显著差异。

对占比进行 Z 检验比较，从担任教师年限与师资队伍满意度交叉表中可以看出，在"满意及以上"选项上，0～5 年的为 84.8%，高于其他选项（见表 6-3-20）。

表 6-3-21　担任导师年限与师资队伍满意度交叉表

师资队伍满意度		担任导师的年限					合计
		0～5 年	6～10 年	11～15 年	16～20 年	20 年以上	
满意及以上	人数 / 人	4743$_a$	1863$_b$	731$_b$	285$_{a,b}$	182$_b$	7804
	占比 / %	84.8	81.7	80.3	82.1	76.8	83.3

续表

师资队伍满意度		担任导师的年限					合计
		0~5年	6~10年	11~15年	16~20年	20年以上	
一般及以下	人数/人	852$_a$	416$_b$	179$_b$	62$_{a,b}$	55$_b$	1564
	占列的百分比/%	15.2	18.3	19.7	17.9	23.2	16.7
总计	人数/人	5595	2279	910	347	237	9368
	占列的百分比/%	100.0	100.0	100.0	100.0	100.0	100.0

注：下标字母含义是横向比较，若字母相同，在0.05级别，这些类别的列比例相互之间无显著差异。

4. 双导师间是否经常进行沟通合作对师资队伍满意度的评价

双导师间是否经常沟通合作进行的师资队伍满意度总体评价，获取的有效数据是9368人。

经卡方检验，χ^2值为247.344**，表明双导师间是否经常沟通合作对师资队伍满意度的两个选项上，至少有一个选项的频数百分比有极其显著差异。

对占比进行Z检验比较，从双导师间是否经常沟通合作与师资队伍满意度交叉表中可以看出，在"满意及以上"选项上，经常沟通合作的为85.9%，高于不经常沟通合作的69.2%（见表6-3-22）。

表6-3-22 双导师间是否经常沟通合作与师资队伍满意度交叉表

师资队伍满意度		双导师间是否经常沟通合作		合计
		是	否	
满意及以上	人数/人	6789$_a$	1015$_b$	7804
	占比/%	85.9	69.2	83.3
一般及以下	人数/人	1113$_a$	451$_b$	1564
	占比/%	14.1	30.8	16.7
总计	人数/人	7902	1466	9368
	占比/%	100.0	100.0	100.0

注：下标字母含义是横向比较，若字母相同，在0.05级别，这些类别的列比例相互之间无显著差异。

（三）不同身份教师

不同身份教师进行的师资队伍满意度总体评价，获取的有效数据是18 164人。

经卡方检验，χ^2值为346.110**，sig<0.01，表明不同身份教师对师资队伍满意度的两个选项上，至少有一个选项的频数百分比有极其显著差异。

对占比进行Z检验比较，从不同身份教师与师资队伍满意度交叉表中可以看出，在"满意及以上"选项上，实践导师为94.9%，高于其他选项（见表6-3-23）。

表 6-3-23 不同身份教师与师资队伍满意度交叉表

师资队伍满意度		身份				合计
		理论导师	实践导师	任课教师	管理者	
比较高及以上	人数/人	5 345$_a$	2 459$_b$	5 510$_c$	1 704$_d$	15 018
	占比/%	78.9	94.9	81.6	83.5	82.7
一般及以下	人数/人	1 432$_a$	132$_b$	1 246$_c$	336$_d$	3 146
	占比/%	21.1	5.1	18.4	16.5	17.3
总计	人数/人	6 777	2 591	6 756	2 040	18 164
	占比/%	100.0	100.0	100.0	100.0	100.0

注：下标字母含义是横向比较，若字母相同，在0.05级别，这些类别的列比例相互之间无显著差异。

三、教育硕士与教师师资队伍满意度的差异性比较

（一）对师资队伍满意度的差异性分析

教育硕士和教师进行的师资队伍满意度总体评价，获取的有效数据是42 528人。

经卡方检验，χ^2值为171.871**，sig<0.01，表明教育硕士和教师在对师资队伍满意度的两个选项上，至少有一个选项的频数百分比有极其显著差异。

对占比进行 Z 检验比较，从教育硕士和教师与师资队伍满意度交叉表中可以看出，在"满意及以上"选项上，教师为 83.4%，高于教育硕士的 77.5%（见表 6-3-24）。

表 6-3-24　教育硕士和教师与师资队伍满意度交叉表

师资队伍满意度		身份		合计
		教育硕士	教师	
满意及以上	人数 / 人	24 098$_a$	9 538$_b$	33 636
	占比 / %	77.5	83.4	79.1
一般及以下	人数 / 人	6 987$_a$	1 905$_b$	8 892
	占比 / %	22.5	16.6	20.9
总计	人数 / 人	31 085	11 443	42 528
	占比 / %	100.0	100.0	100.0

注：下标字母含义是横向比较，若字母相同，在 0.05 级别，这些类别的列比例相互之间无显著差异。

（二）对师资队伍各维度满意度的差异性分析

1. 对校内理论导师满意度的差异性分析

教育硕士和教师进行的校内理论导师满意度总体评价，获取的有效数据是 42 528 人。

经卡方检验，χ^2 值为 124.269**，sig<0.01，表明教育硕士和教师在对校内理论导师满意度的两个选项上，至少有一个选项的频数百分比有极其显著差异。

对占比进行 Z 检验比较，从教育硕士和教师与校内理论导师满意度交叉表中可以看出，在"满意及以上"选项上，教师为 86.7%，高于教育硕士的 82.1%（见表 6-3-25）。

表 6-3-25　教育硕士和教师与校内理论导师满意度交叉表

校内理论导师满意度		身份		合计
		教育硕士	教师	
满意及以上	人数 / 人	25 534$_a$	9 919$_b$	35 453
	占比 / %	82.1	86.7	83.4
一般及以下	人数 / 人	5 551$_a$	1 524$_b$	7 075
	占比 / %	17.9	13.3	16.6
总计	人数 / 人	31 085	11 443	42 528
	占比 / %	100.0	100.0	100.0

注：下标字母含义是横向比较，若字母相同，在 0.05 级别，这些类别的列比例相互之间无显著差异。

2. 对校外实践导师满意度的差异性分析

教育硕士和教师进行的校外实践导师满意度总体评价，获取的有效数据是 42 528 人。

经卡方检验，χ^2 值为 106.731**，sig<0.01，表明教育硕士和教师在对校外实践导师满意度的两个选项上，至少有一个选项的频数百分比有极其显著差异。

对占比进行 Z 检验比较，从教育硕士和教师与校外实践导师满意度交叉表中可以看出，在"满意及以上"选项上，教师为 81.9%，高于教育硕士的 77.2%（见表 6-3-26）。

表 6-3-26　教育硕士和教师与校外实践导师满意度交叉表

校外实践导师满意度		身份		合计
		教育硕士	教师	
满意及以上	人数 / 人	24 005$_a$	9 368$_b$	33 373
	占比 / %	77.2	81.9	78.5
一般及以下	人数 / 人	7 080$_a$	2 075$_b$	9 155
	占比 / %	22.8	18.1	21.5
总计	人数 / 人	31 085	11 443	42 528
	占比 / %	100.0	100.0	100.0

注：下标字母含义是横向比较，若字母相同，在 0.05 级别，这些类别的列比例相互之间无显著差异。

3. 对任课教师满意度的差异性分析

教育硕士和教师进行的任课教师满意度总体评价,获取的有效数据是42 528人。

经卡方检验,χ^2值为312.707**,sig<0.01,表明教育硕士和教师在对任课教师满意度的两个选项上,至少有一个选项的频数百分比有极其显著差异。

对占比进行Z检验比较,从教育硕士和教师与任课教师满意度交叉表中可以看出,在"满意及以上"选项上,教师为85.9%,高于教育硕士的78.2%(见表6-3-27)。

表6-3-27 教育硕士和教师与任课教师满意度交叉表

任课教师满意度		身份		合计
		教育硕士	教师	
满意及以上	人数/人	24 296$_a$	9 825$_b$	34 121
	占比/%	78.2	85.9	80.2
一般及以下	人数/人	6 789$_a$	1 618$_b$	8 407
	占比/%	21.8	14.1	19.8
总计	人数/人	31 085	11 443	42 528
	占比/%	100.0	100.0	100.0

注:下标字母含义是横向比较,若字母相同,在0.05级别,这些类别的列比例相互之间无显著差异。

第七章 实践教学的满意度

第一节 实践教学及各维度满意度总体现状

一、实践教学满意度总体现状

（一）教育硕士的实践教学满意度

1. 全体教育硕士

对全体教育硕士实践教学满意度的调查发现，实践教学满意度为很满意的占 36.6%，满意的占 37.8%，一般的占 22.6%，不满意的占 2.3%，很不满意的占 0.7%，共有 74.4% 的教育硕士对实践教学满意度在满意及以上程度。

2. 在校生

对在校生实践教学满意度的调查发现，实践教学满意度为很满意的占 33.1%，满意的占 39.3%，一般的占 24.3%，不满意的占 2.5%，很不满意的占 0.8%，共有 72.4% 的在校生对实践教学满意度在满意及以上程度。

3. 毕业生

对毕业生实践教学满意度的调查发现，实践教学满意度为很满意的占 44.5%，满意的占 34.3%，一般的占 18.6%，不满意的占 1.9%，很不满意的占 0.7%，共有 78.8% 的毕业生对实践教学满意度在满意及以上程度。

（二）教师的实践教学满意度

1. 全体教师

对全体教师实践教学满意度的调查发现，实践教学满意度为很满意的占36.6%，满意的占45.1%，一般的占16.0%，不满意的占1.8%，很不满意的占0.4%，共有81.7%的教师对实践教学满意度在满意及以上程度。

2. 理论导师

对理论导师实践教学满意度的调查发现，实践教学满意度为很满意的占28.8%，满意的占48.3%，一般的占19.9%，不满意的占2.4%，很不满意的占0.6%，共有77.1%的理论导师对实践教学满意度在满意及以上程度。

3. 实践导师

对实践导师实践教学满意度的调查发现，实践教学满意度为很满意的占51.9%，满意的占40.9%，一般的占6.8%，不满意的占0.2%，很不满意的占0.1%，共有92.8%的实践导师对实践教学满意度在满意及以上程度。

4. 任课教师

对任课教师实践教学满意度的调查发现，实践教学满意度为很满意的占34.5%，满意的占45.5%，一般的占17.6%，不满意的占2.0%，很不满意的占0.4%，共有80.0%的任课教师对实践教学满意度在满意及以上程度。

5. 管理者

对管理者实践教学满意度的调查发现，实践教学满意度为很满意的占41.1%，满意的占44.4%，一般的占13.1%，不满意的占1.3%，很不满意的占0.1%，共有88.5%的管理者对实践教学满意度在满意及以上程度。

二、实践教学各维度满意度现状

（一）对校内实训的满意度

1. 学生对校内实训的满意度

（1）全体教育硕士。

对全体教育硕士校内实训满意度的调查发现，校内实训满意度为很满意的占 36.0%，满意的占 36.3%，一般的占 23.9%，不满意的占 3.0%，很不满意的占 0.8%，共有 72.3% 的教育硕士对校内实训满意度在满意及以上程度。

（2）在校生。

对在校生校内实训满意度的调查发现，校内实训满意度为很满意的占 32.6%，满意的占 37.7%，一般的占 25.6%，不满意的占 3.2%，很不满意的占 0.9%，共有 70.3% 的在校生对校内实训满意度在满意及以上程度。

（3）毕业生。

对毕业生校内实训满意度的调查发现，校内实训满意度为很满意的占 43.9%，满意的占 32.9%，一般的占 20.0%，不满意的占 2.5%，很不满意的占 0.7%，共有 76.8% 的毕业生对校内实训满意度在满意及以上程度。

2. 教师对校内实训的满意度

（1）全体教师。

对全体教师校内实训满意度的调查发现，校内实训满意度为很满意的占 36.4%，满意的占 44.8%，一般的占 16.3%，不满意的占 2.0%，很不满意的占 0.5%，共有 81.2% 的教师对校内实训满意度在满意及以上程度。

（2）理论导师。

对理论导师校内实训满意度的调查发现，校内实训满意度为很满意的占 28.9%，满意的占 47.6%，一般的占 20.2%，不满意的占 2.7%，很不满意的占 0.6%，共有 76.5% 的理论导师对校内实训满意度在满意及以上程度。

（3）实践导师。

对实践导师校内实训满意度的调查发现，校内实训满意度为很满意的占

51.2%，满意的占 41.8%，一般的占 6.7%，不满意的占 0.3%，很不满意的无，共有 93.0% 的实践导师对校内实训满意度在满意及以上程度。

（4）任课教师。

对任课教师校内实训满意度的调查发现，校内实训满意度为很满意的占 34.6%，满意的占 44.9%，一般的占 17.8%，不满意的占 2.3%，很不满意的占 0.4%，共有 79.5% 的任课教师对校内实训满意度在满意及以上程度。

（5）管理者。

对管理者校内实训满意度的调查发现，校内实训满意度为很满意的占 41.1%，满意的占 43.9%，一般的占 12.8%，不满意的占 1.8%，很不满意的占 0.3%，共有 85.0% 的管理者对校内实训满意度在满意及以上程度。

（二）对校内实验设施的满意度

1. 学生对校内实验设施的满意度

（1）全体教育硕士。

对全体教育硕士校内实验设施满意度的调查发现，校内实验设施满意度为很满意的占 35.6%，满意的占 35.7%，一般的占 24.4%，不满意的占 3.3%，很不满意的占 1.0%，共有 71.3% 的教育硕士对校内实验设施满意度在满意及以上程度。

（2）在校生。

对在校生校内实验设施满意度的调查发现，校内实验设施满意度为很满意的占 32.3%，满意的占 37.1%，一般的占 26.1%，不满意的占 3.5%，很不满意的占 1.1%，共有 69.4% 的在校生对校内实验设施满意度在满意及以上程度。

（3）毕业生。

对毕业生校内实验设施满意度的调查发现，校内实验设施满意度为很满意的占 43.2%，满意的占 32.7%，一般的占 20.5%，不满意的占 2.9%，很不满意的占 0.7%，共有 75.9% 的毕业生对校内实验设施满意度在满意及以上程度。

2. 教师对校内实验设施的满意度

（1）全体教师。

对全体教师校内实验设施满意度的调查发现，校内实验设施满意度为很满意的占 34.3%，满意的占 43.6%，一般的占 18.7%，不满意的占 2.8%，很不满意的占 0.7%，共有 77.9% 的教师对校内实验设施满意度在满意及以上程度。

（2）理论导师。

对理论导师校内实验设施满意度的调查发现，校内实验设施满意度为很满意的占 26.4%，满意的占 45.3%，一般的占 23.5%，不满意的占 3.9%，很不满意的占 0.9%，共有 71.7% 的理论导师对校内实验设施满意度在满意及以上程度。

（3）实践导师。

对实践导师校内实验设施满意度的调查发现，校内实验设施满意度为很满意的占 49.9%，满意的占 42.1%，一般的占 7.7%，不满意的占 0.3%，很不满意的占 0.1%，共有 92.0% 的实践导师对校内实验设施满意度在满意及以上程度。

（4）任课教师。

对任课教师校内实验设施满意度的调查发现，校内实验设施满意度为很满意的占 31.9%，满意的占 43.1%，一般的占 20.9%，不满意的占 3.4%，很不满意的占 0.7%，共有 75.0% 的任课教师对校内实验设施满意度在满意及以上程度。

（5）管理者。

对管理者校内实验设施满意度的调查发现，校内实验设施满意度为很满意的占 37.5%，满意的占 43.4%，一般的占 16.1%，不满意的占 2.3%，很不满意的占 0.6%，共有 80.9% 的管理者对校内实验设施满意度在满意及以上程度。

（三）对校外"三习"的满意度

1. 学生对校外"三习"的满意度

（1）全体教育硕士。

对全体教育硕士校外"三习"（指教育见习、教育研习和教育实习）满意度的调查发现，校外"三习"满意度为很满意的占35.1%，满意的占36.7%，一般的占24.8%，不满意的占2.5%，很不满意的占0.9%，共有71.8%的教育硕士对校外"三习"满意度在满意及以上程度。

（2）在校生。

对在校生校外"三习"满意度的调查发现，校外"三习"满意度为很满意的占31.7%，满意的占38.0%，一般的占26.7%，不满意的占2.6%，很不满意的占0.9%，共有69.7%的在校生对校外"三习"满意度在满意及以上程度。

（3）毕业生。

对毕业生校外"三习"满意度的调查发现，校外"三习"满意度为很满意的占42.8%，满意的占33.5%，一般的占20.6%，不满意的占2.3%，很不满意的占0.8%，共有76.3%的毕业生对校外"三习"满意度在满意及以上程度。

2. 教师对校外"三习"的满意度

（1）全体教师。

对全体教师校外"三习"满意度的调查发现，校外"三习"满意度为很满意的占35.3%，满意的占44.1%，一般的占17.9%，不满意的占2.2%，很不满意的占0.5%，共有79.4%的教师对校外"三习"满意度在满意及以上程度。

（2）理论导师。

对理论导师校外"三习"满意度的调查发现，校外"三习"满意度为很满意的占27.2%，满意的占46.9%，一般的占22.1%，不满意的占3.1%，很不满意的占0.7%，共有74.1%的理论导师对校外"三习"满意度在满意及以上程度。

（3）实践导师。

对实践导师校外"三习"满意度的调查发现，校外"三习"满意度为很满意的占50.9%，满意的占41.2%，一般的占7.6%，不满意的占0.3%，很不满意的占0.1%，共有92.1%的实践导师对校外"三习"满意度在满意及以上程度。

（4）任课教师。

对任课教师校外"三习"满意度的调查发现，校外"三习"满意度为很满意的占33.1%，满意的占44.1%，一般的占19.7%，不满意的占2.6%，很不满意的占0.6%，共有77.2%的任课教师对校外"三习"满意度在满意及以上程度。

（5）管理者。

对管理者校外"三习"满意度的调查发现，校外"三习"满意度为很满意的占38.6%，满意的占44.4%，一般的占15.0%，不满意的占1.8%，很不满意的占0.2%，共有83.0%的管理者对校外"三习"满意度在满意及以上程度。

第二节　实践教学及各维度满意度相关性分析

一、教育硕士的实践教学及各维度满意度相关性分析

（一）实践教学满意度与校内实训满意度的相关性

1. 全体教育硕士

对全体教育硕士满意度的调查发现，全体教育硕士对全日制教育硕士实践教学满意度均值为4.07，对校内实训满意度均值为4.04，表明全体教育硕士对实践教学的满意度较高；同时，对二者的相关性进行分析，皮尔逊相关性值为0.896，表明全体教育硕士对实践教学满意度与对校内实训满意度二者之间相

关性显著。

2. 在校生

对在校生满意度的调查发现，在校生对全日制教育硕士实践教学满意度均值为 4.02，对校内实训满意度均值为 3.98，表明在校生对实践教学的满意度较高；同时，对二者的相关性进行分析，皮尔逊相关性值为 0.892，表明在校生对实践教学满意度与对校内实训满意度二者之间相关性显著。

3. 毕业生

对在校生满意度的调查发现，毕业生对全日制教育硕士实践教学满意度均值为 4.20，对校内实训满意度均值为 4.17，表明毕业生对实践教学的满意度较高；同时，对二者的相关性进行分析，皮尔逊相关性值为 0.902，表明毕业生对实践教学满意度与对校内实训满意度二者之间相关性显著。

（二）实践教学满意度与校内实验设施满意度的相关性

1. 全体教育硕士

对全体教育硕士满意度的调查发现，全体教育硕士对全日制教育硕士实践教学满意度均值为 4.07，对校内实验设施满意度均值为 4.02，表明全体教育硕士对实践教学的满意度较高；同时，对二者的相关性进行分析，皮尔逊相关性值为 0.868，表明全体教育硕士对实践教学满意度与对校内实验设施满意度二者之间相关性显著。

2. 在校生

对在校生满意度的调查发现，在校生对全日制教育硕士实践教学满意度均值为 4.02，对校内实验设施满意度均值为 3.96，表明在校生对实践教学的满意度较高；同时，对二者的相关性进行分析，皮尔逊相关性值为 0.863，表明在校生对实践教学满意度与对校内实验设施满意度二者之间相关性显著。

3. 毕业生

对毕业生满意度的调查发现，毕业生对全日制教育硕士实践教学满意度均值为 4.20，对校内实验设施满意度均值为 4.15，表明毕业生对实践教学的满意度较高；同时，对二者的相关性进行分析，皮尔逊相关性值为 0.876，表明毕业生对实践教学满意度与对校内实验设施满意度二者之间相关性显著。

（三）实践教学满意度与校外"三习"满意度的相关性

1. 全体教育硕士

对全体教育硕士满意度的调查发现，全体教育硕士对全日制教育硕士实践教学满意度均值为 4.07，对校外"三习"满意度均值为 4.03，表明全体教育硕士对实践教学的满意度较高；同时，对二者的相关性进行分析，皮尔逊相关性值为 0.870，表明全体教育硕士对实践教学满意度与对校外"三习"满意度二者之间相关性显著。

2. 在校生

对在校生满意度的调查发现，在校生对全日制教育硕士实践教学满意度均值为 4.02，对校外"三习"满意度均值为 3.97，表明在校生对实践教学的满意度较高；同时，对二者的相关性进行分析，皮尔逊相关性值为 0.866，表明在校生对实践教学满意度与对校外"三习"满意度二者之间相关性显著。

3. 毕业生

对毕业生满意度的调查发现，毕业生对全日制教育硕士实践教学满意度均值为 4.20，对校外"三习"满意度均值为 4.15，表明毕业生对实践教学的满意度较高；同时，对二者的相关性进行分析，皮尔逊相关性值为 0.873，表明毕业生对实践教学满意度与对校外"三习"满意度二者之间相关性显著。

二、教师的实践教学及各维度满意度相关性分析

（一）实践教学满意度与校内实训满意度的相关性

1. 全体教师

对全体教师满意度的调查发现，全体教师对全日制教育硕士实践教学满意度均值为 4.20，对校内实训满意度均值为 4.15，表明全体教师对实践教学的满

意度较高；同时，对二者的相关性进行分析，皮尔逊相关性值为0.873，表明全体教师对实践教学满意度与对校内实训满意度二者之间相关性显著。

2. 理论导师

对理论导师满意度的调查发现，理论导师对全日制教育硕士实践教学和对校内实训满意度均值相同，均为4.02；同时，对二者的相关性进行分析，皮尔逊相关性值为0.858，表明理论导师对实践教学满意度与对校内实训满意度二者之间相关性显著。

3. 实践导师

对实践导师满意度的调查发现，实践导师对全日制教育硕士实践教学和对校内实训满意度均值相同，均为4.44；同时，对二者的相关性进行分析，皮尔逊相关性值为0.910，表明实践导师对实践教学满意度与对校内实训满意度二者之间相关性显著。

4. 任课教师

对任课教师满意度的调查发现，任课教师对全日制教育硕士实践教学满意度均值为4.12，对校内实训满意度均值为4.11，表明任课教师对实践教学的满意度较高；同时，对二者的相关性进行分析，皮尔逊相关性值为0.874，表明任课教师对实践教学满意度与对校内实训满意度二者之间相关性显著。

5. 管理者

对管理者满意度的调查发现，管理者对全日制教育硕士实践教学满意度均值为4.25，对校内实训满意度均值为4.24，表明管理者对实践教学的满意度较高；同时，对二者的相关性进行分析，皮尔逊相关性值为0.864，表明管理者对实践教学满意度与对校内实训满意度二者之间相关性显著。

（二）实践教学满意度与校内实验设施满意度的相关性

1. 全体教师

对全体教师满意度的调查发现，全体教师对全日制教育硕士实践教学满意度均值为4.16，对校内实验设施满意度均值为4.08，表明全体教师对实践教学的满意度较高；同时，对二者的相关性进行分析，皮尔逊相关性值为0.830，表明全体教师对实践教学满意度与对校内实验设施满意度二者之间相关性显著。

2. 理论导师

对理论导师满意度的调查发现，理论导师对全日制教育硕士实践教学满意度均值为4.02，对校内实验设施满意度均值为3.92，表明理论导师对实践教学的满意度较高；同时，对二者的相关性进行分析，皮尔逊相关性值为0.800，表明理论导师对实践教学满意度与对校内实验设施满意度二者之间相关性显著。

3. 实践导师

对实践导师满意度的调查发现，实践导师对全日制教育硕士实践教学满意度均值为4.44，对校内实验设施满意度均值为4.41，表明实践导师对实践教学的满意度较高；同时，对二者的相关性进行分析，皮尔逊相关性值为0.864，表明实践导师对实践教学满意度与对校内实验设施满意度二者之间相关性显著。

4. 任课教师

对任课教师满意度的调查发现，任课教师对全日制教育硕士实践教学满意度均值为4.12，对校内实验设施满意度均值为4.02，表明任课教师对实践教学的满意度较高；同时，对二者的相关性进行分析，皮尔逊相关性值为0.820，表明任课教师对实践教学满意度与对校内实验设施满意度二者之间相关性显著。

5. 管理者

对管理者满意度的调查发现，管理者对全日制教育硕士实践教学满意度均值为4.25，对校内实验设施满意度均值为4.15，表明管理者对实践教学的满意度较高；同时，对二者的相关性进行分析，皮尔逊相关性值为0.805，表明管理者对实践教学满意度与对校内实验设施满意度二者之间相关性显著。

（三）实践教学满意度与校外"三习"满意度的相关性

1. 全体教师

对全体教师满意度的调查发现，全体教师对全日制教育硕士实践教学满意度均值为 4.16，对校外"三习"满意度均值为 4.11，表明全体教师对实践教学的满意度较高；同时，对二者的相关性进行分析，皮尔逊相关性值为 0.868，表明全体教师对实践教学满意度与对校外"三习"满意度二者之间相关性显著。

2. 理论导师

对理论导师满意度的调查发现，理论导师对全日制教育硕士实践教学满意度均值为 4.02，对校外"三习"满意度均值为 3.97，表明理论导师对实践教学的满意度较高；同时，对二者的相关性进行分析，皮尔逊相关性值为 0.844，表明理论导师对实践教学满意度与对校外"三习"满意度二者之间相关性显著。

3. 实践导师

对实践导师满意度的调查发现，实践导师对全日制教育硕士实践教学满意度均值为 4.44，对校外"三习"满意度均值为 4.42，表明实践导师对实践教学的满意度较高；同时，对二者的相关性进行分析，皮尔逊相关性值为 0.899，表明实践导师对实践教学满意度与对校外"三习"满意度二者之间相关性显著。

4. 任课教师

对任课教师满意度的调查发现，任课教师对全日制教育硕士实践教学满意度均值为 4.12，对校外"三习"满意度均值为 4.07，表明任课教师对实践教学的满意度较高；同时，对二者的相关性进行分析，皮尔逊相关性值为 0.859，表明任课教师对实践教学满意度与对校外"三习"满意度二者之间相关性显著。

5. 管理者

对管理者满意度的调查发现，管理者对全日制教育硕士实践教学满意度均值为 4.25，对校外"三习"满意度均值为 4.19，表明管理者对实践教学的满意度较高；同时，对二者的相关性进行分析，皮尔逊相关性值为 0.857，表明管理者对实践教学满意度与对校外"三习"满意度二者之间相关性显著。

第三节 实践教学满意度差异性分析

一、教育硕士的实践教学满意度差异性分析

（一）全体教育硕士

1. 不同就读高校或工作单位的教育硕士对实践教学满意度的评价

不同就读高校或工作单位的教育硕士进行的实践教学满意度总体评价，获取的有效数据是 31 085 人。

经卡方检验，χ^2 值为 223.173**，sig<0.01，表明不同就读高校或工作单位教育硕士在对实践教学满意度的两个选项上，至少有一个选项的频数百分比有极其显著差异。

对占比进行 Z 检验比较，从不同就读高校或工作单位与实践教学满意度交叉表中可以看出，在"满意及以上"选项上，基础教育为 81.5%，高于高校的 72.5%（见表 7-3-1）。

表 7-3-1 就读高校或工作单位与实践教学满意度交叉表

实践教学满意度		就读高校或工作单位		合计
		高校	基础教育	
满意及以上	人数/人	17 689$_a$	5 443$_b$	23 132
	占比/%	72.5	81.5	74.4

续表

实践教学满意度		就读高校或工作单位		合计
		高校	基础教育	
一般及以下	人数 / 人	6 716$_a$	1 237$_b$	7 953
	占比 / %	27.5	18.5	25.6
总计	人数 / 人	24 405	6 680	31 085
	占比 / %	100.0	100.0	100.0

注：下标字母含义是横向比较，若字母相同，在 0.05 级别，这些类别的列比例相互之间无显著差异。

2. 不同城市教育硕士对实践教学满意度的评价

不同城市教育硕士进行的实践教学满意度总体评价，获取的有效数据是 31 085 人。

经卡方检验，χ^2 值为 47.434**，sig<0.01，表明不同城市教育硕士的实践教学满意度的两个选项上，至少有一个选项的频数百分比有极其显著差异。

对占比进行 Z 检验比较，从不同城市与实践教学满意度交叉表中可以看出，在"满意及以上"选项上，其他城市为 76.1%，高于省会城市（自治区首府）的 73.3% 和直辖市的 71.5%（见表 7-3-2）。

表 7-3-2　不同城市与实践教学满意度交叉表

实践教学满意度		不同城市			合计
		省会城市（自治区首府）	直辖市	其他城市	
满意及以上	人数 / 人	9 202$_a$	2 831$_b$	11 099$_c$	23 132
	占比 / %	73.3	71.5	76.1	74.4
一般及以下	人数 / 人	3 347$_a$	1 126$_b$	3 480$_c$	7 953
	占比 / %	26.7	28.5	23.9	25.6
总计	人数 / 人	12 549	3 957	14 579	31 085
	占比 / %	100.0	100.0	100.0	100.0

注：下标字母含义是横向比较，若字母相同，在 0.05 级别，这些类别的列比例相互之间无显著差异。

3. 不同地区教育硕士对实践教学满意度的评价

不同地区教育硕士进行的实践教学满意度总体评价，获取的有效数据是 31 085 人。

经卡方检验，χ^2 值为 415.217**，sig<0.01，表明不同地区教育硕士在对实践教学满意度的两个选项上，至少有一个选项的频数百分比有极其显著差异。

对占比进行 Z 检验比较，从不同地区与实践教学满意度交叉表中可以看出，在"满意及以上"选项上，所有地区的平均值为 74.4%，高于平均值的有华东、华北、东北。其中东北地区为 82.1%，高于其他选项（见表 7-3-3）。

表 7-3-3　不同地区与实践教学满意度交叉表

实践教学满意度		不同地区							合计
		华东	华南	华中	华北	西南	西北	东北	
满意及以上	人数/人	3 902$_a$	3 039$_b$	3 914$_b$	3 224$_c$	2 393$_d$	2 916$_b$	3 744$_e$	23 132
	占比/%	77.0	71.2	71.6	79.6	65.8	72.2	82.1	74.4
一般及以下	人数/人	1 168$_a$	1 229$_b$	1 549$_b$	825$_c$	1 245$_d$	1 122$_b$	815$_e$	7 953
	占比/%	23.0	28.8	28.4	20.4	34.2	27.8	17.9	25.6
总计	人数/人	5 070	4 268	5 463	4 049	3 638	4 038	4 559	31 085
	占比/%	100.0	100.0	100.0	100.0	100.0	100.0	100.0	100.0

注：下标字母含义是横向比较，若字母相同，在 0.05 级别，这些类别的列比例相互之间无显著差异。

4. 读研前有无从教经历教育硕士对实践教学满意度的评价

读研前有无从教经历教育硕士进行的实践教学满意度总体评价，获取的有效数据是 31 085 人。

经卡方检验，χ^2 值为 16.715**，sig<0.01，表明读研前有无从教经历教育硕士在对实践教学满意度的两个选项上，至少有一个选项的频数百分比有极其显著差异。

对占比进行 Z 检验比较，从读研前有无从教经历与实践教学满意度交叉表中可以看出，在"满意及以上"选项上，有从教经历为 75.6%，高于无从教经历的 73.5%（见表 7-3-4）。

表 7-3-4　读研前有无从教经历与实践教学满意度交叉表

实践教学满意度		读研前有无从教经历		合计
		有	无	
满意及以上	人数 / 人	10 278$_a$	12 854$_b$	23 132
	占比 / %	75.6	73.5	74.4
一般及以下	人数 / 人	3 324$_a$	4 629$_b$	7 953
	占比 / %	24.4	26.5	25.6
总计	人数 / 人	13 602	17 483	31 085
	占比 / %	100.0	100.0	100.0

注：下标字母含义是横向比较，若字母相同，在 0.05 级别，这些类别的列比例相互之间无显著差异。

5. 能否胜任教育教学工作的教育硕士对实践教学满意度的评价

能否胜任教育教学工作的教育硕士进行的实践教学满意度总体评价，获取的有效数据是 31 085 人。

经卡方检验，χ^2 值为 415.278**，sig<0.01，表明能否胜任教育教学工作的教育硕士在对实践教学满意度的两个选项上，至少有一个选项的频数百分比有极其显著差异。

对占比进行 Z 检验比较，从能否胜任教育教学工作与实践教学满意度交叉表中可以看出，在"满意及以上"选项上，能胜任教育教学工作为 75.9%，高于不能胜任教育教学工作的 56.8%（见表 7-3-5）。

表 7-3-5　能否胜任教育教学工作与实践教学满意度交叉表

实践教学满意度		能否胜任教育教学工作		合计
		能	否	
满意及以上	人数 / 人	21 799$_a$	1 333$_b$	23 132
	占比 / %	75.9	56.8	74.4
一般及以下	人数 / 人	6 938$_a$	1 015$_b$	7 953
	占比 / %	24.1	43.2	25.6
总计	人数 / 人	28 737	2 348	31 085
	占比 / %	100.0	100.0	100.0

注：下标字母含义是横向比较，若字母相同，在 0.05 级别，这些类别的列比例相互之间无显著差异。

6. 不同专业教育硕士对实践教学满意度的评价

不同专业教育硕士进行的实践教学满意度总体评价，获取的有效数据是 31 085 人。其中评价"满意及以上"的人数为 23 132 人，各专业对其评价的平均百分比为 74.4%，评价"一般及以下"的人数为 7953 人，各专业对其评价的平均百分比为 25.6%。

在评价"一般及以下"的专业中，职业技术教育专业的教育硕士对专业满意度的评价最低，标准化残差为 8.5；其次是教育管理专业，标准化残差为 4.5；小学教育、心理健康教育、现代教育技术、特殊教育、学前教育、学科教学·英语、学科教学·思政专业的评价也低于平均水平（见表 7-3-6）。

表 7-3-6 不同专业教育硕士与实践教学满意度交叉表

专业	满意及以上 人数/人	百分比/%	标准化残差	一般及以下 人数/人	百分比/%	标准化残差	总计/人
小学教育	1 970	72.3	−1.3	756	27.7	2.2	2 726
教育管理	954	68.3	−2.6	442	31.7	4.5	1 396
心理健康教育	1 183	71.7	−1.3	467	28.3	2.2	1 650
现代教育技术	874	71.0	−1.4	357	29.0	2.4	1 231
特殊教育	137	71.0	−0.6	56	29.0	0.9	193
职业技术教育	793	62.3	−5.0	479	37.7	8.5	1 272
科学技术教育	126	74.6	0.0	43	25.4	0.0	169
学前教育	1 079	71.2	−1.5	437	28.8	2.5	1 516
学科教学·语文	2 887	76.7	1.6	878	23.3	−2.7	3 765
学科教学·数学	1 906	79.6	3.0	487	20.4	−5.1	2 393
学科教学·英语	3 490	72.2	−1.8	1 342	27.8	3.0	4 832
学科教学·物理	797	79.3	1.8	208	20.7	−3.1	1 005
学科教学·化学	991	79.7	2.1	253	20.3	−3.7	1 244
学科教学·生物	1 215	77.6	1.5	350	22.4	−2.5	1 565
学科教学·思政	1 668	74.0	−0.2	586	26.0	0.4	2 254
学科教学·历史	1 251	80.0	2.6	313	20.0	−4.4	1 564

续表

专业	满意及以上 人数/人	满意及以上 百分比/%	满意及以上 标准化残差	一般及以下 人数/人	一般及以下 百分比/%	一般及以下 标准化残差	总计/人
学科教学·地理	905	79.9	2.1	228	20.1	-3.6	1 133
学科教学·体育	273	76.3	0.4	85	23.7	-0.7	358
学科教学·音乐	335	76.7	0.5	102	23.3	-0.9	437
学科教学·美术	298	78.0	0.8	84	22.0	-1.4	382
总计	23 132	74.4	0	7 953	25.6	0	31 085

（二）在校生

1. 不同隶属层次高校在校生对实践教学满意度的评价

不同隶属层次高校在校生进行的实践教学满意度总体评价，获取的有效数据是 24 405 人。

经卡方检验，χ^2 值为 11.735**，sig<0.01，表明不同隶属层次高校在校生在对实践教学满意度的两个选项上，至少有一个选项的频数百分比有极其显著差异。

对占比进行 Z 检验比较，从不同高校隶属层次与实践教学满意度交叉表中可以看出，在"满意及以上"选项上，市属为 70.3%，低于部属和省属，但部属与省属之间无显著差异（见表 7-3-7）。

表 7-3-7　高校隶属层次与实践教学满意度交叉表

实践教学满意度		高校隶属层次 部属	高校隶属层次 省属	高校隶属层次 市属	合计
满意及以上	人数/人	1 515$_a$	13 222$_a$	2 952$_b$	17 689
满意及以上	占比/%	73.1	72.9	70.3	72.5
一般及以下	人数/人	557$_a$	4 914$_a$	1 245$_b$	6 716
一般及以下	占比/%	26.9	27.1	29.7	27.5
总计	人数/人	2 072	18 136	4 197	24 405
总计	占比/%	100.0	100.0	100.0	100.0

注：下标字母含义是横向比较，若字母相同，在 0.05 级别，这些类别的列比例相互之间无显著差异。

2. 不同类型高校在校生对实践教学满意度的评价

不同类型高校在校生进行的实践教学满意度总体评价，获取的有效数据是24 405人。

经卡方检验，χ^2值为30.359**，sig<0.01，表明不同类型高校在校生在对实践教学满意度的两个选项上，至少有一个选项的频数百分比有极其显著差异。

对占比进行Z检验比较，从高校类型与实践教学满意度交叉表中可以看出，在"满意及以上"选项上，师范类为73.5%，高于非师范类的70.1%（见表7-3-8）。

表7-3-8 高校类型与实践教学满意度交叉表

实践教学满意度		高校类型		合计
		师范类	非师范类	
满意及以上	人数/人	12 594$_a$	5 095$_b$	17 689
	占比/%	73.5	70.1	72.5
一般及以下	人数/人	4 539$_a$	2 177$_b$	6 716
	占比/%	26.5	29.9	27.5
总计	人数/人	17 133	7 272	24 405
	占比/%	100.0	100.0	100.0

注：下标字母含义是横向比较，若字母相同，在0.05级别，这些类别的列比例相互之间无显著差异。

（三）毕业生

1. 不同毕业年限毕业生对实践教学满意度的评价

不同毕业年限毕业生进行的实践教学满意度总体评价，获取的有效数据是9451人。

经卡方检验，χ^2值为44.472**，sig<0.01，表明不同毕业年限毕业生在对实践教学满意度的两个选项上，至少有一个选项的频数百分比有极其显著差异。

对占比进行Z检验比较，从毕业年限与实践教学满意度交叉表中可以看出，在"满意及以上"选项上，7年以上为87.1%，高于其他选项（见表

7-3-9）。

表 7-3-9 毕业年限与实践教学满意度交叉表

实践教学满意度		毕业年限					合计
		1年以下	1~2年	3~4年	5~6年	7年以上	
满意及以上	人数/人	3542$_a$	2377$_b$	1055$_b$	288$_c$	195$_c$	7457
	占比/%	76.5	80.3	80.9	86.7	87.1	78.9
一般及以下	人数/人	1090$_a$	582$_b$	249$_b$	44$_c$	29$_c$	1994
	占比/%	23.5	19.7	19.1	13.3	12.9	21.1
总计	人数/人	4632	2959	1304	332	224	9451
	占比/%	100.0	100.0	100.0	100.0	100.0	100.0

注：下标字母含义是横向比较，若字母相同，在0.05级别，这些类别的列比例相互之间无显著差异。

2.是否工作毕业生对实践教学满意度的评价

是否工作毕业生进行的实践教学满意度总体评价，获取的有效数据是9451人。

经卡方检验，χ^2值为164.069**，sig<0.01，表明是否工作毕业生在对实践教学满意度的两个选项上，至少有一个选项的频数百分比有极其显著差异。

对占比进行Z检验比较，从是否工作与实践教学满意度交叉表中可以看出，在"满意及以上"选项上，已工作为81.9%，高于未工作的69.3%（见表7-3-10）。

表 7-3-10 是否工作与实践教学满意度交叉表

实践教学满意度		是否工作		合计
		是	否	
满意及以上	人数/人	5886$_a$	1571$_b$	7457
	占比/%	81.9	69.3	78.9
一般及以下	人数/人	1299$_a$	695$_b$	1994
	占比/%	18.1	30.7	21.1

续表

实践教学满意度		是否工作		合计
		是	否	
总计	人数/人	7185	2266	9451
	占比/%	100.0	100.0	100.0

注：下标字母含义是横向比较，若字母相同，在0.05级别，这些类别的列比例相互之间无显著差异。

3. 毕业生是否为师范专业对实践教学满意度的评价

毕业生是否为师范专业进行的实践教学满意度总体评价，获取的有效数据是7185人。

经卡方检验，χ^2值为46.759**，sig<0.01，表明毕业生是否为师范专业在对实践教学满意度的两个选项上，至少有一个选项的频数百分比有极其显著差异。

对占比进行Z检验比较，从毕业生是否为师范专业与实践教学满意度交叉表中可以看出，在"满意及以上"选项上，师范专业为84.4%，高于非师范专业的78.0%（见表7-3-11）。

表7-3-11 毕业生是否为师范专业与实践教学满意度交叉表

实践教学满意度		毕业生是否为师范专业		合计
		是	否	
满意及以上	人数/人	3714$_a$	2172$_b$	5886
	占比/%	84.4	78.0	81.9
一般及以下	人数/人	687$_a$	612$_b$	1299
	占比/%	15.6	22.0	18.1
总计	人数/人	4401	2784	7185
	占比/%	100.0	100.0	100.0

注：下标字母含义是横向比较，若字母相同，在0.05级别，这些类别的列比例相互之间无显著差异。

（四）毕业生和在校生对实践教学满意度的差异性分析

毕业生和在校生进行的实践教学满意度总体评价，获取的有效数据是

31 085 人。

经卡方检验，χ^2 值为 143.563**，sig<0.01，表明毕业生和在校生在对实践教学满意度的两个选项上，至少有一个选项的频数百分比有极其显著差异。

对占比进行 Z 检验比较，从毕业生和在校生与实践教学满意度交叉表中可以看出，在"满意及以上"选项上，毕业生为 78.9%，高于在校生的 72.5%（见表 7-3-12）。

表 7-3-12　毕业生和在校生与实践教学满意度的交叉表

实践教学满意度		身份		合计
		毕业生	在校生	
满意及以上	人数 / 人	7 457$_a$	15 675$_b$	23 132
	占比 / %	78.9	72.5	74.4
一般及以下	人数 / 人	1 994$_a$	5 959$_b$	7 953
	占比 / %	21.1	27.5	25.6
总计	人数 / 人	9 451	21 634	31 085
	占比 / %	100.0	100.0	100.0

注：下标字母含义是横向比较，若字母相同，在 0.05 级别，这些类别的列比例相互之间无显著差异。

二、教师的实践教学满意度差异性分析

（一）全体教师

1. 不同工作单位教师对实践教学满意度的评价

不同工作单位教师进行的实践教学满意度总体评价，获取的有效数据是 11 443 人。

经卡方检验，χ^2 值为 269.650**，sig<0.01，表明不同工作单位教师在对实践教学满意度的两个选项上，至少有一个选项的频数百分比有极其显著差异。

对占比进行 Z 检验比较，从工作单位与实践教学满意度交叉表中可以看出，在"满意及以上"选项上，基础教育为 91.1%，高于高校的 87.6%（见表

7-3-13）。

表 7-3-13　工作单位与实践教学满意度交叉表

实践教学满意度		工作单位		合计
		高校	基础教育	
满意及以上	人数 / 人	6 388$_a$	2 965$_b$	9 353
	占比 / %	78.0	91.1	81.7
一般及以下	人数 / 人	1 802$_a$	288$_b$	2 090
	占比 / %	22.0	8.9	18.3
总计	人数 / 人	8 190	3 253	11 443
	占比 / %	100.0	100.0	100.0

注：下标字母含义是横向比较，若字母相同，在 0.05 级别，这些类别的列比例相互之间无显著差异。

2. 不同城市教师对实践教学满意度的评价

不同城市教师进行的实践教学满意度总体评价，获取的有效数据是 11 443 人。

经卡方检验，χ^2 值为 3.017，sig=0.221>0.05，表明不同城市教师在对实践教学满意度的两个选项上无显著差异。

3. 不同地区教师对实践教学满意度的评价

不同地区教师进行的实践教学满意度总体评价，获取的有效数据是 11 443 人。

经卡方检验，χ^2 值为 27.066**，sig<0.01，表明不同地区教师在对实践教学满意度的两个选项上，至少有一个选项的频数百分比有极其显著差异。

对占比进行 Z 检验比较，从不同地区与实践教学满意度交叉表中可以看出，在"满意及以上"选项上，所有地区的平均值为 81.7%，高于平均值的有华南、华中、华北和东北。其中东北地区为 85.1%，高于其他选项（见表 7-3-14）。

表 7-3-14　不同地区与实践教学满意度交叉表

实践教学满意度		不同地区							合计
		华东	华南	华中	华北	西南	西北	东北	
满意及以上	人数/人	2 034$_{a,b}$	942$_{a,b}$	1 506$_b$	1 173$_b$	945$_{a,b}$	1 033$_a$	1 720$_c$	9 353
	占比/%	81.3	81.8	82.0	81.9	79.7	78.7	85.1	81.7
一般及以下	人数/人	468$_{a,b}$	210$_{a,b}$	330$_b$	259$_b$	241$_{a,b}$	280$_a$	302$_c$	2 090
	占比/%	18.7	18.2	18.0	18.1	20.3	21.3	14.9	18.3
总计	人数/人	2 502	1 152	1 836	1 432	1 186	1 313	2 022	11 443
	占比/%	100.0	100.0	100.0	100.0	100.0	100.0	100.0	100.0

注：下标字母含义是横向比较，若字母相同，在 0.05 级别，这些类别的列比例相互之间无显著差异。

4. 不同年龄教师对实践教学满意度的评价

不同年龄教师进行的实践教学满意度总体评价，获取的有效数据是 11 443 人。

经卡方检验，χ^2 值为 26.672**，sig<0.01，表明不同年龄教师对实践教学满意度的两个选项上，至少有一个选项的频数百分比有极其显著差异。

对占比进行 Z 检验比较，从年龄与实践教学满意度交叉表中可以看出，在"满意及以上"选项上，36~45 岁为 83.4%，高于其他选项（见表 7-3-15）。

表 7-3-15　年龄与实践教学满意度交叉表

实践教学满意度		年龄				合计
		35 岁及以下	36~45 岁	46~55 岁	56 岁及以上	
满意及以上	人数/人	1 243$_a$	3 782$_a$	3 467$_b$	861$_c$	9 353
	占比/%	83.0	83.4	80.6	77.6	81.7
一般及以下	人数/人	255$_a$	751$_a$	836$_b$	248$_c$	2 090
	占比/%	17.0	16.6	19.4	22.4	18.3
总计	人数/人	1 498	4 533	4 303	1 109	11 443
	占比/%	100.0	100.0	100.0	100.0	100.0

注：下标字母含义是横向比较，若字母相同，在 0.05 级别，这些类别的列比例相互之间无显著差异。

5. 不同学历教师对实践教学满意度的评价

不同学历教师进行的实践教学满意度总体评价，获取的有效数据是 11 443 人。

经卡方检验，χ^2 值为 166.992**，sig<0.01，表明不同学历教师对实践教学满意度的两个选项上，至少有一个选项的频数百分比有极其显著差异。

对占比进行 Z 检验比较，从学历与实践教学满意度交叉表中可以看出，在"满意及以上"选项上，本科生及以下为 89.8%，高于其他选项（见表 7-3-16）。

表 7-3-16 学历与实践教学满意度交叉表

实践教学满意度		学历			合计
		博士研究生	硕士研究生	本科生及以下	
满意及以上	人数 / 人	3 795$_a$	3 310$_b$	2 248$_c$	9 353
	占比 / %	77.5	81.9	89.8	81.7
一般及以下	人数 / 人	1 101$_a$	733$_b$	256$_c$	2 090
	占比 / %	22.5	18.1	10.2	18.3
总计	人数 / 人	4 896	4 043	2 504	11 443
	占比 / %	100.0	100.0	100.0	100.0

注：下标字母含义是横向比较，若字母相同，在 0.05 级别，这些类别的列比例相互之间无显著差异。

6. 不同职称教师对实践教学满意度的评价

不同职称教师进行的实践教学满意度总体评价，获取的有效数据是 11 443 人。

经卡方检验，χ^2 值为 25.725**，sig<0.01，表明不同职称教师对实践教学满意度的两个选项上，至少有一个选项的频数百分比有极其显著差异。

对占比进行 Z 检验比较，从职称与实践教学满意度交叉表中可以看出，在"满意及以上"选项上，中级及以下为 83.7%，高于其他选项（见表 7-3-17）。

表 7-3-17　职称与实践教学满意度交叉表

实践教学满意度		职称			合计
		正高级	副高级	中级及以下	
满意及以上	人数 / 人	2 404$_a$	4 905$_b$	2 044$_b$	9 353
	占比 / %	78.8	82.4	83.7	81.7
一般及以下	人数 / 人	646$_a$	1 047$_b$	397$_b$	2 090
	占比 / %	21.2	17.6	16.3	18.3
总计	人数 / 人	3 050	5 952	2 441	11 443
	占比 / %	100.0	100.0	100.0	100.0

注：下标字母含义是横向比较，若字母相同，在 0.05 级别，这些类别的列比例相互之间无显著差异。

7. 不同工作年限教师对实践教学满意度的评价

不同工作年限教师进行的实践教学满意度总体评价，获取的有效数据是 11 443 人。

经卡方检验，χ^2 值为 3.997，sig=0.262>0.05，表明不同工作年限教师在对实践教学满意度的两个选项上无显著差异。

8. 不同专业教师对实践教学满意度的评价

不同专业教师进行的实践教学满意度总体评价，获取的有效数据是 10 988 人。其中评价"满意及以上"的人数为 8987 人，各专业对其评价的平均百分比为 81.8%，评价"一般及以下"的人数为 2001 人，各专业对其评价的平均百分比为 18.2%。

对评价的人数残差进行标准化后发现，在评价"一般及以下"的专业中，小学教育和教育管理专业的教师对实践教学满意度的评价最低，标准化残差为 2.4；其次是职业技术教育和学科教学·体育专业，标准化残差为 2.3；心理健康教育、现代教育技术、特殊教育、学前教育、学科教学·历史专业的评价也低于平均水平（见表 7-3-18）。

表 7-3-18 不同专业与实践教学满意度交叉表

专业	满意及以上 人数/人	百分比/%	标准化残差	一般及以下 人数/人	百分比/%	标准化残差	总计/人
小学教育	655	78.7	−2.4	177	21.3	2.4	832
教育管理	403	77.8	−2.4	115	22.2	2.4	518
心理健康教育	329	80.4	−0.7	80	19.6	0.7	409
现代教育技术	305	79.0	−1.4	81	21.0	1.4	386
特殊教育	29	74.4	−1.2	10	25.6	1.2	39
职业技术教育	396	78.0	−2.3	112	22.0	2.3	508
科学技术教育	55	85.9	0.9	9	14.1	−0.9	64
学前教育	348	81.1	−0.4	81	18.9	0.4	429
学科教学·语文	1 232	83.0	1.3	252	17.0	−1.3	1 484
学科教学·数学	677	83.6	1.4	133	16.4	−1.4	810
学科教学·英语	1 120	82.1	0.3	244	17.9	−0.3	1 364
学科教学·物理	359	83.5	0.9	71	16.5	−0.9	430
学科教学·化学	451	83.8	1.3	87	16.2	−1.3	538
学科教学·生物	528	84.8	2.0	95	15.2	−2.0	623
学科教学·思政	621	82.0	0.2	136	18.0	−0.2	757
学科教学·历史	448	80.4	−0.9	109	19.6	0.9	557
学科教学·地理	458	85.0	2.0	81	15.0	−2.0	539
学科教学·体育	127	75.1	−2.3	42	24.9	2.3	169
学科教学·音乐	252	84.0	1.0	48	16.0	−1.0	300
学科教学·美术	194	83.6	0.7	38	16.4	−0.7	232
总计	8 987	81.8	0	2 001	18.2	0	10 988

(二)导师

1.有无教育学相关背景教师对实践教学满意度的评价

有无教育学相关背景教师进行的实践教学满意度总体评价,获取的有效数据是 6777 人。

经卡方检验，χ^2值为2.594，sig=0.107>0.05，表明有无教育学相关背景教师在对实践教学满意度的两个选项上无显著差异。

2.有无基础教育工作和研究经历教师对实践教学满意度的评价

有无基础教育工作和研究经历教师进行的实践教学满意度总体评价，获取的有效数据是6777人。

经卡方检验，χ^2值为7.511**，sig<0.01，表明有无基础教育工作和研究经历教师对实践教学满意度的两个选项上，至少有一个选项的频数百分比有极其显著差异。

对占比进行Z检验比较，从有无基础教育工作和研究经历与实践教学满意度交叉表中可以看出，在"满意及以上"选项上，有基础教育工作和研究经历为78.1%，高于无基础教育工作和研究经历的75.1%（见表7-3-19）。

表7-3-19　有无基础教育工作和研究经历与实践教学满意度交叉表

实践教学满意度		有无基础教育工作和研究经历		合计
		有	无	
满意及以上	人数/人	3537a	1690b	5227
	占比/%	78.1	75.1	77.1
一般及以下	人数/人	991a	559b	1550
	占比/%	21.9	24.9	22.9
总计	人数/人	4528	2249	6777
	占比/%	100.0	100.0	100.0

注：下标字母含义是横向比较，若字母相同，在0.05级别，这些类别的列比例相互之间无显著差异。

3.教师担任导师年限对实践教学满意度的评价

教师担任导师年限进行的实践教学满意度总体评价，获取的有效数据是9368人。

经卡方检验，χ^2值为53.181**，sig<0.01，表明教师担任导师年限对实践教学满意度的两个选项上，至少有一个选项的频数百分比有极其显著差异。

对占比进行Z检验比较，从担任导师年限与实践教学满意度交叉表中可以看出，在"满意及以上"选项上，0～5年为83.7%，高于其他选项（见表7-3-20）。

表7-3-20 担任导师年限与实践教学满意度交叉表

实践教学满意度		担任导师的年限					合计
		0～5年	6～10年	11～15年	16～20年	20年以上	
满意及以上	人数/人	4684$_a$	1804$_b$	705$_{b,c}$	270$_{b,c}$	171$_c$	7634
	占比/%	83.7	79.2	77.5	77.8	72.2	81.5
一般及以下	人数/人	911$_a$	475$_b$	205$_{b,c}$	77$_{b,c}$	66$_c$	1734
	占比/%	16.3	20.8	22.5	22.2	27.8	18.5
总计	人数/人	5595	2279	910	347	237	9368
	占列的百分比/%	100.0	100.0	100.0	100.0	100.0	100.0

注：下标字母含义是横向比较，若字母相同，在0.05级别，这些类别的列比例相互之间无显著差异。

4. 双导师间是否经常进行沟通合作对实践教学满意度的评价

双导师间是否经常沟通合作进行的实践教学满意度总体评价，获取的有效数据是9368人。

经卡方检验，χ^2值为247.010**，sig<0.01，表明双导师间是否经常沟通合作对实践教学满意度的两个选项上，至少有一个选项的频数百分比有极其显著差异。

对占比进行Z检验比较，从双导师间是否经常沟通合作与实践教学满意度交叉表中可以看出，在"满意及以上"选项上，经常沟通合作为84.2%，高于不经常沟通合作的66.8%（见表7-3-21）。

表7-3-21 双导师间是否经常沟通合作与实践教学满意度交叉表

实践教学满意度		双导师间是否经常沟通合作		合计
		是	否	
满意及以上	人数/人	6654$_a$	980$_b$	7634
	占比/%	84.2	66.8	81.5

续表

实践教学满意度		双导师间是否经常沟通合作		合计
		是	否	
一般及以下	人数 / 人	1248$_a$	486$_b$	1734
	占比 / %	15.8	33.2	18.5
总计	人数 / 人	7902	1466	9368
	占比 / %	100.0	100.0	100.0

注：下标字母含义是横向比较，若字母相同，在0.05级别，这些类别的列比例相互之间无显著差异。

（三）不同身份教师

不同身份教师进行的实践教学满意度总体评价，获取的有效数据是18 164人。

经卡方检验，χ^2值为338.370**，sig<0.01，表明不同身份教师对实践教学满意度的两个选项上，至少有一个选项的频数百分比有极其显著差异。

对占比进行Z检验比较，从不同身份教师与实践教学满意度交叉表中可以看出，在"满意及以上"选项上，实践导师为92.9%，高于其他选项（见表7-3-22）。

表7-3-22 不同身份教师与实践教学满意度交叉表

实践教学满意度		身份				合计
		理论导师	实践导师	任课教师	管理者	
比较高及以上	人数 / 人	5 227$_a$	2 407$_b$	5 405$_c$	1 743$_d$	14 782
	占比 / %	77.1	92.9	80.0	85.4	81.4
一般及以下	人数 / 人	1 550$_a$	184$_b$	1 351$_c$	297$_d$	3 382
	占比 / %	22.9	7.1	20.0	14.6	18.6
总计	人数 / 人	6 777	2 591	6 756	2 040	18 164
	占比 / %	100.0	100.0	100.0	100.0	100.0

注：下标字母含义是横向比较，若字母相同，在0.05级别，这些类别的列比例相互之间无显著差异。

三、教育硕士与教师实践教学满意度的差异性比较

（一）对实践教学满意度的差异性分析

教育硕士和教师进行的实践教学满意度总体评价，获取的有效数据是42 528人。

经卡方检验，χ^2值为248.468**，sig<0.01，表明教育硕士和教师在对实践教学满意度的两个选项上，至少有一个选项的频数百分比有极其显著差异。

对占比进行Z检验比较，从教育硕士和教师与实践教学满意度交叉表中可以看出，在"满意及以上"选项上，教师为81.7%，高于教育硕士的74.4%（见表7-3-23）。

表7-3-23 教育硕士和教师与实践教学满意度交叉表

实践教学满意度		身份		合计
		教育硕士	教师	
满意及以上	人数/人	23 132$_a$	9 353$_b$	32 485
	占比/%	74.4	81.7	76.4
一般及以下	人数/人	7 953$_a$	2 090$_b$	10 043
	占比/%	25.6	18.3	23.6
总计	人数/人	31 085	11 443	42 528
	占比/%	100.0	100.0	100.0

注：下标字母含义是横向比较，若字母相同，在0.05级别，这些类别的列比例相互之间无显著差异。

（二）对实践教学各维度满意度的差异性分析

1. 对校内实训满意度的差异性分析

教育硕士和教师进行的校内实训满意度总体评价，获取的有效数据是42 528人。

经卡方检验，χ^2值为354.795**，sig<0.01，表明教育硕士和教师在对校内实训满意度的两个选项上，至少有一个选项的频数百分比有极其显著差异。

对占比进行 Z 检验比较，从教育硕士和教师与校内实训满意度交叉表中可以看出，在"满意及以上"选项上，教师为 81.2%，高于教育硕士的 72.3%（见表 7-3-24）。

表 7-3-24　教育硕士和教师与校内实训满意度交叉表

校内实训满意度		身份		合计
		教育硕士	教师	
满意及以上	人数 / 人	22 463$_a$	9 294$_b$	31 757
	占比 / %	72.3	81.2	74.7
一般及以下	人数 / 人	8 622$_a$	2 149$_b$	10 771
	占比 / %	27.7	18.8	25.3
总计	人数 / 人	31 085	11 443	42 528
	占比 / %	100.0	100.0	100.0

注：下标字母含义是横向比较，若字母相同，在 0.05 级别，这些类别的列比例相互之间无显著差异。

2. 对校内实验设施满意度的差异性分析

教育硕士和教师进行的校内实验设施满意度总体评价，获取的有效数据是 42 528 人。

经卡方检验，χ^2 值为 181.713**，sig<0.01，表明教育硕士和教师在对校内实验设施满意度的两个选项上，至少有一个选项的频数百分比有极其显著差异。

对占比进行 Z 检验比较，从教育硕士和教师与校内实验设施满意度交叉表中可以看出，在"满意及以上"选项上，教师为 77.9%，高于教育硕士的 71.3%（见表 7-3-25）。

表 7-3-25　教育硕士和教师与校内实验设施满意度交叉表

校内实验设施满意度		身份		合计
		教育硕士	教师	
满意及以上	人数 / 人	22 172$_a$	8 910$_b$	31 082
	占比 / %	71.3	77.9	73.1

续表

校内实验设施满意度		身份		合计
		教育硕士	教师	
一般及以下	人数/人	8 913$_a$	2 533$_b$	11 446
	占比/%	28.7	22.1	26.9
总计	人数/人	31 085	11 443	42 528
	占比/%	100.0	100.0	100.0

注：下标字母含义是横向比较，若字母相同，在0.05级别，这些类别的列比例相互之间无显著差异。

3. 对校外"三习"满意度的差异性分析

教育硕士和教师进行的校外"三习"满意度总体评价，获取的有效数据是42 528人。

经卡方检验，χ^2值为250.890**，sig<0.01，表明教育硕士和教师在对校外"三习"满意度的两个选项上，至少有一个选项的频数百分比有极其显著差异。

对占比进行Z检验比较，从教育硕士和教师与校外"三习"满意度交叉表中可以看出，在"满意及以上"选项上，教师为79.4%，高于教育硕士的71.7%（见表7-3-26）。

表7-3-26　教育硕士和教师与校外"三习"满意度交叉表

校外"三习"满意度		身份		合计
		教育硕士	教师	
满意及以上	人数/人	22 301$_a$	9 081$_b$	31 382
	占比/%	71.7	79.4	73.8
一般及以下	人数/人	8 784$_a$	2 362$_b$	11 146
	占比/%	28.3	20.6	26.2
总计	人数/人	31 085	11 443	42 528
	占比/%	100.0	100.0	100.0

注：下标字母含义是横向比较，若字母相同，在0.05级别，这些类别的列比例相互之间无显著差异。

第八章 教学范式的满意度

第一节 教学范式及各维度满意度总体现状

一、教学范式满意度总体现状

(一)教育硕士的教学范式满意度

1. 全体教育硕士

对全体教育硕士教学范式满意度的调查发现,教学范式满意度为很满意的占35.9%,满意的占38.1%,一般的占23.9%,不满意的占1.6%,很不满意的占0.5%,共有74.0%的教育硕士对教学范式满意度在满意及以上程度。

2. 在校生

对在校生教学范式满意度的调查发现,教学范式满意度为很满意的占32.5%,满意的占39.5%,一般的占25.8%,不满意的占1.7%,很不满意的占0.6%,共有72.0%的在校生对教学范式满意度在满意及以上程度。

3. 毕业生

对毕业生教学范式满意度的调查发现,教学范式满意度为很满意的占43.7%,满意的占34.8%,一般的占19.6%,不满意的占1.3%,很不满意的占0.5%,共有78.5%的毕业生对教学范式满意度在满意及以上程度。

（二）教师的教学范式满意度

1. 全体教师

对全体教师教学范式满意度的调查发现，教学范式满意度为很满意的占 35.6%，满意的占 48.1%，一般的占 15.0%，不满意的占 1.0%，很不满意的占 0.3%，共有 83.7% 的教师对教学范式满意度在满意及以上程度。

2. 理论导师

对理论导师教学范式满意度的调查发现，教学范式满意度为很满意的占 28.5%，满意的占 51.4%，一般的占 18.3%，不满意的占 1.5%，很不满意的占 0.3%，共有 79.9% 的理论导师对教学范式满意度在满意及以上程度。

3. 实践导师

对实践导师教学范式满意度的调查发现，教学范式满意度为很满意的占 49.6%，满意的占 43.5%，一般的占 6.7%，不满意的占 0.2%，很不满意的占 0.0%，共有 93.1% 的实践导师对教学范式满意度在满意及以上程度。

4. 任课教师

对任课教师教学范式满意度的调查发现，教学范式满意度为很满意的占 33.5%，满意的占 48.9%，一般的占 16.2%，不满意的占 1.1%，很不满意的占 0.3%，共有 82.4% 的任课教师对教学范式满意度在满意及以上程度。

5. 管理者

对管理者教学范式满意度的调查发现，教学范式满意度为很满意的占 38.4%，满意的占 48.6%，一般的占 12.2%，不满意的占 0.7%，很不满意的占 0.1%，共有 87.0% 的管理者对教学范式满意度在满意及以上程度。

二、教学范式各维度满意度现状

（一）对案例教学的满意度

1. 学生对案例教学的满意度

（1）全体教育硕士。

对全体教育硕士案例教学满意度的调查发现，案例教学满意度为很满意的占 36.7%，满意的占 38.6%，一般的占 22.4%，不满意的占 1.7%，很不满意的占 0.5%，共有 75.3% 的教育硕士对案例教学满意度在满意及以上程度。

（2）在校生。

对在校生案例教学满意度的调查发现，案例教学满意度为很满意的占 33.3%，满意的占 40.1%，一般的占 24.1%，不满意的占 1.8%，很不满意的占 0.6%，共有 73.4% 的在校生对案例教学满意度在满意及以上程度。

（3）毕业生。

对毕业生案例教学满意度的调查发现，案例教学满意度为很满意的占 44.6%，满意的占 35.1%，一般的占 18.5%，不满意的占 1.4%，很不满意的占 0.5%，共有 79.7% 的毕业生对案例教学满意度在满意及以上程度。

2. 教师对案例教学的满意度

（1）全体教师。

对全体教师案例教学满意度的调查发现，案例教学满意度为很满意的占 36.4%，满意的占 46.3%，一般的占 15.6%，不满意的占 1.5%，很不满意的占 0.2%，共有 82.7% 的教师对案例教学满意度在满意及以上程度。

（2）理论导师。

对理论导师案例教学满意度的调查发现，案例教学满意度为很满意的占 29.0%，满意的占 49.4%，一般的占 19.2%，不满意的占 2.1%，很不满意的占 0.3%，共有 78.4% 的理论导师对案例教学满意度在满意及以上程度。

（3）实践导师。

对实践导师案例教学满意度的调查发现，案例教学满意度为很满意的占

50.9%，满意的占 41.9%，一般的占 6.9%，不满意的占 0.2%，很不满意的无，共有 92.8% 的实践导师对案例教学满意度在满意及以上程度。

（4）任课教师。

对任课教师案例教学满意度的调查发现，案例教学满意度为很满意的占 34.4%，满意的占 46.7%，一般的占 17.0%，不满意的占 1.6%，很不满意的占 0.2%，共有 81.1% 的任课教师对案例教学满意度在满意及以上程度。

（5）管理者。

对管理者案例教学满意度的调查发现，案例教学满意度为很满意的占 37.9%，满意的占 45.9%，一般的占 14.6%，不满意的占 1.5%，很不满意的占 0.1%，共有 83.8% 的管理者对案例教学满意度在满意及以上程度。

（二）对讲授教学的满意度

1. 学生对讲授教学的满意度

（1）全体教育硕士。

对全体教育硕士讲授教学满意度的调查发现，讲授教学满意度为很满意的占 36.8%，满意的占 39.5%，一般的占 21.6%，不满意的占 1.5%，很不满意的占 0.5%，共有 76.3% 的教育硕士对讲授教学满意度在满意及以上程度。

（2）在校生。

对在校生讲授教学满意度的调查发现，讲授教学满意度为很满意的占 33.4%，满意的占 41.0%，一般的占 23.4%，不满意的占 1.7%，很不满意的占 0.6%，共有 74.4% 的在校生对讲授教学满意度在满意及以上程度。

（3）毕业生。

对毕业生讲授教学满意度的调查发现，讲授教学满意度为很满意的占 44.7%，满意的占 36.0%，一般的占 17.6%，不满意的占 1.2%，很不满意的占 0.5%，共有 80.7% 的毕业生对讲授教学满意度在满意及以上程度。

2. 教师对讲授教学的满意度

（1）全体教师。

对全体教师讲授教学满意度的调查发现，讲授教学满意度为很满意的占 38.2%，满意的占 48.9%，一般的占 11.9%，不满意的占 0.8%，很不满意的占 0.2%，共有 87.1% 的教师对讲授教学满意度在满意及以上程度。

（2）理论导师。

对理论导师讲授教学满意度的调查发现，讲授教学满意度为很满意的占 32.2%，满意的占 52.4%，一般的占 14.0%，不满意的占 1.1%，很不满意的占 0.3%，共有 84.6% 的理论导师对讲授教学满意度在满意及以上程度。

（3）实践导师。

对实践导师讲授教学满意度的调查发现，讲授教学满意度为很满意的占 49.8%，满意的占 43.8%，一般的占 6.1%，不满意的占 0.2%，很不满意的无，共有 93.6% 的实践导师对讲授教学满意度在满意及以上程度。

（4）任课教师。

对任课教师讲授教学满意度的调查发现，讲授教学满意度为很满意的占 36.9%，满意的占 49.9%，一般的占 12.2%，不满意的占 0.8%，很不满意的占 0.2%，共有 86.8% 的任课教师对讲授教学满意度在满意及以上程度。

（5）管理者。

对管理者讲授教学满意度的调查发现，讲授教学满意度为很满意的占 41.7%，满意的占 47.4%，一般的占 10.3%，不满意的占 0.5%，很不满意的占 0.1%，共有 89.1% 的管理者对讲授教学满意度在满意及以上程度。

（三）对讨论教学的满意度

1. 学生对讨论教学的满意度

（1）全体教育硕士。

对全体教育硕士讨论教学满意度的调查发现，讨论教学满意度为很满意的占 36.5%，满意的占 38.6%，一般的占 22.7%，不满意的占 1.7%，很不满意的

占 0.5%，共有 75.1% 的教育硕士对讨论教学满意度在满意及以上程度。

（2）在校生。

对在校生讨论教学满意度的调查发现，讨论教学满意度为很满意的占 33.0%，满意的占 40.2%，一般的占 24.4%，不满意的占 1.8%，很不满意的占 0.6%，共有 73.2% 的在校生对讨论教学满意度在满意及以上程度。

（3）毕业生。

对毕业生讨论教学满意度的调查发现，讨论教学满意度为很满意的占 44.5%，满意的占 34.8%，一般的占 18.7%，不满意的占 1.5%，很不满意的占 0.5%，共有 79.3% 的毕业生对讨论教学满意度在满意及以上程度。

2. 教师对讨论教学的满意度

（1）全体教师。

对全体教师讨论教学满意度的调查发现，讨论教学满意度为很满意的占 36.8%，满意的占 46.5%，一般的占 15.2%，不满意的占 1.3%，很不满意的占 0.3%，共有 83.3% 的教师对讨论教学满意度在满意及以上程度。

（2）理论导师。

对理论导师讨论教学满意度的调查发现，讨论教学满意度为很满意的占 30.0%，满意的占 49.6%，一般的占 18.3%，不满意的占 1.8%，很不满意的占 0.3%，共有 79.6% 的理论导师对讨论教学满意度在满意及以上程度。

（3）实践导师。

对实践导师讨论教学满意度的调查发现，讨论教学满意度为很满意的占 50.0%，满意的占 42.0%，一般的占 7.6%，不满意的占 0.2%，很不满意的占 0.1%，共有 92.0% 的实践导师对讨论教学满意度在满意及以上程度。

（4）任课教师。

对任课教师讨论教学满意度的调查发现，讨论教学满意度为很满意的占 35.1%，满意的占 47.7%，一般的占 15.5%，不满意的占 1.4%，很不满意的占 0.2%，共有 82.8% 的任课教师对讨论教学满意度在满意及以上程度。

（5）管理者。

对管理者讨论教学满意度的调查发现，讨论教学满意度为很满意的占40.1%，满意的占46.4%，一般的占12.5%，不满意的占0.9%，很不满意的占0.1%，共有86.5%的管理者对讨论教学满意度在满意及以上程度。

（四）对实验教学的满意度

1. 学生对实验教学的满意度

（1）全体教育硕士。

对全体教育硕士实验教学满意度的调查发现，实验教学满意度为很满意的占35.0%，满意的占36.1%，一般的占25.6%，不满意的占2.6%，很不满意的占0.7%，共有71.1%的教育硕士对实验教学满意度在满意及以上程度。

（2）在校生。

对在校生实验教学满意度的调查发现，实验教学满意度为很满意的占31.6%，满意的占37.3%，一般的占27.6%，不满意的占2.7%，很不满意的占0.8%，共有68.9%的在校生对实验教学满意度在满意及以上程度。

（3）毕业生。

对毕业生实验教学满意度的调查发现，实验教学满意度为很满意的占42.9%，满意的占33.3%，一般的占21.1%，不满意的占2.2%，很不满意的占0.6%，共有76.2%的毕业生对实验教学满意度在满意及以上程度。

2. 教师对实验教学的满意度

（1）全体教师。

对全体教师实验教学满意度的调查发现，实验教学满意度为很满意的占33.1%，满意的占44.2%，一般的占20.2%，不满意的占2.1%，很不满意的占0.5%，共有77.3%的教师对实验教学满意度在满意及以上程度。

（2）理论导师。

对理论导师实验教学满意度的调查发现，实验教学满意度为很满意的占25.3%，满意的占45.9%，一般的占25.2%，不满意的占2.9%，很不满意的占

0.7%，共有 71.2% 的理论导师对实验教学满意度在满意及以上程度。

（3）实践导师。

对实践导师实验教学满意度的调查发现，实验教学满意度为很满意的占 48.2%，满意的占 42.5%，一般的占 8.8%，不满意的占 0.4%，很不满意的占 0.1%，共有 90.7% 的实践导师对实验教学满意度在满意及以上程度。

（4）任课教师。

对任课教师实验教学满意度的调查发现，实验教学满意度为很满意的占 30.6%，满意的占 44.1%，一般的占 22.3%，不满意的占 2.5%，很不满意的占 0.5%，共有 74.7% 的任课教师对实验教学满意度在满意及以上程度。

（5）管理者。

对管理者实验教学满意度的调查发现，实验教学满意度为很满意的占 35.6%，满意的占 44.6%，一般的占 17.7%，不满意的占 1.6%，很不满意的占 0.5%，共有 80.2% 的管理者对实验教学满意度在满意及以上程度。

第二节 教学范式及各维度满意度相关性分析

一、教育硕士的教学范式及各维度满意度相关性分析

（一）教学范式满意度与案例教学满意度的相关性

1. 全体教育硕士

对全体教育硕士满意度的调查发现，全体教育硕士对全日制教育硕士教学范式满意度均值为 4.07，对案例教学满意度均值为 4.09，表明全体教育硕士对案例教学的满意度较高；同时，对二者的相关性进行分析，皮尔逊相关性值为 0.919，表明全体教育硕士对教学范式满意度与对案例教学满意度二者之间相关性显著。

2. 在校生

对在校生满意度的调查发现，在校生对全日制教育硕士教学范式满意度均值为4.02，对案例教学满意度均值为4.04，表明在校生对案例教学的满意度较高；同时，对二者的相关性进行分析，皮尔逊相关性值为0.913，表明在校生教学范式满意度与案例教学满意度二者之间相关性显著。

3. 毕业生

对毕业生满意度的调查发现，毕业生对全日制教育硕士教学范式满意度均值为4.20，对案例教学满意度均值为4.22，表明毕业生对案例教学的满意度较高；同时，对二者的相关性进行分析，皮尔逊相关性值为0.931，表明比赛对教学范式满意度与对案例教学满意度二者之间相关性显著。

（二）教学范式满意度与讲授教学满意度的相关性

1. 全体教育硕士

对全体教育硕士满意度的调查发现，全体教育硕士对全日制教育硕士教学范式满意度均值为4.07，对讲授教学满意度均值为4.10，表明全体教育硕士对讲授教学的满意度较高；同时，对二者的相关性进行分析，皮尔逊相关性值为0.910，表明全体教育硕士对教学范式满意度与对讲授教学满意度二者之间相关性显著。

2. 在校生

对在校生满意度的调查发现，在校生对全日制教育硕士教学范式满意度均值为4.02，对讲授教学满意度均值为4.05，表明在校生对讲授教学的满意度较高；同时，对二者的相关性进行分析，皮尔逊相关性值为0.905，表明在校生对教学范式满意度与对讲授教学满意度二者之间相关性显著。

3. 毕业生

对毕业生满意度的调查发现，毕业生对全日制教育硕士教学范式满意度均值为4.20，对讲授教学满意度均值为4.23，毕业生对表明讲授教学的满意度较高；同时，对二者的相关性进行分析，皮尔逊相关性值为0.919，表明毕业生

对教学范式满意度与对讲授教学满意度二者之间相关性显著。

（三）教学范式满意度与讨论教学满意度的相关性

1. 全体教育硕士

对全体教育硕士满意度的调查发现，全体教育硕士对全日制教育硕士教学范式满意度均值为4.07，对讨论教学满意度均值为4.09，表明全体教育硕士对讨论教学的满意度较高；同时，对二者的相关性进行分析，皮尔逊相关性值为0.902，表明全体教育硕士对教学范式满意度与对讨论教学满意度二者之间相关性显著。

2. 在校生

对在校生满意度的调查发现，在校生对全日制教育硕士教学范式满意度均值为4.02，对讨论教学满意度均值为4.03，表明在校生对讨论教学的满意度较高；同时，对二者的相关性进行分析，皮尔逊相关性值为0.896，表明在校生对教学范式满意度与对讨论教学满意度二者之间相关性显著。

3. 毕业生

对毕业生满意度的调查发现，毕业生对全日制教育硕士教学范式满意度均值为4.20，对讨论教学满意度均值为4.22，表明毕业生对讨论教学的满意度较高；同时，对二者的相关性进行分析，皮尔逊相关性值为0.914，表明毕业生对教学范式满意度与对讨论教学满意度二者之间相关性显著。

（四）教学范式满意度与实验教学满意度的相关性

1. 全体教育硕士

对全体教育硕士满意度的调查发现，全体教育硕士对全日制教育硕士教学范式满意度均值为4.07，对实验教学满意度均值为4.02，表明全体教育硕士对教学范式的满意度较高；同时，对二者的相关性进行分析，皮尔逊相关性值为0.890，表明全体教育硕士对教学范式满意度与对实验教学满意度二者之间相关性显著。

2. 在校生

对在校生满意度的调查发现，在校生对全日制教育硕士教学范式满意度均值为4.02，对实验教学满意度均值为3.96，表明在校生对教学范式的满意度较高；同时，对二者的相关性进行分析，皮尔逊相关性值为0.884，表明在校生对教学范式满意度与对实验教学满意度二者之间相关性显著。

3. 毕业生

对毕业生满意度的调查发现，毕业生对全日制教育硕士教学范式满意度均值为4.20，对实验教学满意度均值为4.16，表明毕业生对教学范式的满意度较高；同时，对二者的相关性进行分析，皮尔逊相关性值为0.899，表明毕业生对教学范式满意度与对实验教学满意度二者之间相关性显著。

二、教师的教学范式及各维度满意度相关性分析

（一）教学范式满意度与案例教学满意度的相关性

1. 全体教师

对全体教师满意度的调查发现，全体教师对全日制教育硕士教学范式满意度均值为4.18，对案例教学满意度均值为4.17，表明全体教师对教学范式的满意度较高；同时，对二者的相关性进行分析，皮尔逊相关性值为0.880，表明全体教师对教学范式满意度与对案例教学满意度二者之间相关性显著。

2. 理论导师

对理论导师满意度的调查发现，理论导师对全日制教育硕士教学范式满意度均值为4.06，对案例教学满意度均值为4.05，表明理论导师对教学范式的满意度较高；同时，对二者的相关性进行分析，皮尔逊相关性值为0.861，表明理论导师对教学范式满意度与对案例教学满意度二者之间相关性显著。

3. 实践导师

对实践导师满意度的调查发现，实践导师对全日制教育硕士教学范式与对案例教学满意度均值相同，均为4.43；同时，对二者的相关性进行分析，皮尔

逊相关性值为 0.901，表明实践导师对教学范式满意度与对案例教学满意度二者之间相关性显著。

4. 任课教师

对任课教师满意度的调查发现，任课教师对全日制教育硕士教学范式满意度均值为 4.14，对案例教学满意度均值为 4.13，表明任课教师对教学范式的满意度较高；同时，对二者的相关性进行分析，皮尔逊相关性值为 0.866，表明任课教师对教学范式满意度与对案例教学满意度二者之间相关性显著。

5. 管理者

对管理者满意度的调查发现，管理者对全日制教育硕士教学范式满意度均值为 4.25，对案例教学满意度均值为 4.20，表明管理者对教学范式的满意度较高；同时，对二者的相关性进行分析，皮尔逊相关性值为 0.860，表明管理者对教学范式满意度与对案例教学满意度二者之间相关性显著。

（二）教学范式满意度与讲授教学满意度的相关性

1. 全体教师

对全体教师满意度的调查发现，全体教师对全日制教育硕士教学范式满意度均值为 4.18，对讲授教学满意度均值为 4.24，表明全体教师对讲授教学的满意度较高；同时，对二者的相关性进行分析，皮尔逊相关性值为 0.869，表明全体教师对教学范式满意度与对讲授教学满意度二者之间相关性显著。

2. 理论导师

对理论导师满意度的调查发现，理论导师对全日制教育硕士教学范式满意度均值为 4.06，对讲授教学满意度均值为 4.15，表明理论导师对讲授教学的满意度较高；同时，对二者的相关性进行分析，皮尔逊相关性值为 0.844，表明理论导师对教学范式满意度与对讲授教学满意度二者之间相关性显著。

3. 实践导师

对实践导师满意度的调查发现，实践导师对全日制教育硕士教学范式与对讲授教学满意度均值相同，均为 4.43；同时，对二者的相关性进行分析，皮尔逊相关性值为 0.911，表明实践导师对教学范式满意度与对讲授教学满意度二者之间相关性显著。

4. 任课教师

对任课教师满意度的调查发现，任课教师对全日制教育硕士教学范式满意度均值为 4.14，对讲授教学满意度均值为 4.22，表明任课教师对讲授教学的满意度较高；同时，对二者的相关性进行分析，皮尔逊相关性值为 0.845，表明任课教师对教学范式满意度与对讲授教学满意度二者之间相关性显著。

5. 管理者

对管理者满意度的调查发现，管理者对全日制教育硕士教学范式满意度均值为 4.25，对讲授教学满意度均值为 4.30，表明管理者对讲授教学的满意度较高；同时，对二者的相关性进行分析，皮尔逊相关性值为 0.869，表明管理者对教学范式满意度与对讲授教学满意度二者之间相关性显著。

（三）教学范式满意度与讨论教学满意度的相关性

1. 全体教师

对全体教师满意度的调查发现，全体教师对全日制教育硕士教学范式与对讨论教学满意度均值相同，均为 4.18；同时，对二者的相关性进行分析，皮尔逊相关性值为 0.861，表明全体教师对教学范式满意度与对讨论教学满意度二者之间相关性显著。

2. 理论导师

对理论导师满意度的调查发现，理论导师对全日制教育硕士教学范式满意度均值为 4.06，对讨论教学满意度均值为 4.07，表明理论导师对讨论教学的满意度较高；同时，对二者的相关性进行分析，皮尔逊相关性值为 0.839，表明理论导师对教学范式满意度与对讨论教学满意度二者之间相关性显著。

3. 实践导师

对实践导师满意度的调查发现，实践导师对全日制教育硕士教学范式满意度均值为 4.43，对讨论教学满意度均值为 4.42，表明实践导师对教学范式的满

意度较高；同时，对二者的相关性进行分析，皮尔逊相关性值为0.894，表明实践导师对教学范式满意度与对讨论教学满意度二者之间相关性显著。

4. 任课教师

对任课教师满意度的调查发现，任课教师对全日制教育硕士教学范式满意度均值为4.14，对讨论教学满意度均值为4.16，表明任课教师对讨论教学的满意度较高；同时，对二者的相关性进行分析，皮尔逊相关性值为0.841，表明任课教师对讨论教学教学范式满意度与对讨论教学满意度二者之间相关性显著。

5. 管理者

对管理者满意度的调查发现，管理者对全日制教育硕士教学范式与对讨论教学满意度均值相同，均为4.25；同时，对二者的相关性进行分析，皮尔逊相关性值为0.860，表明管理者对教学范式满意度与对讨论教学满意度二者之间相关性显著。

（四）教学范式满意度与实验教学满意度的相关性

1. 全体教师

对全体教师满意度的调查发现，全体教师对全日制教育硕士教学范式满意度均值为4.18，对实验教学满意度均值为4.07，表明全体教师对教学范式的满意度较高；同时，对二者的相关性进行分析，皮尔逊相关性值为0.843，表明全体教师对教学范式满意度与对实验教学满意度二者之间相关性显著。

2. 理论导师

对理论导师满意度的调查发现，理论导师对全日制教育硕士教学范式满意度均值为4.06，对实验教学满意度均值为3.92，表明理论导师对教学范式的满意度较高；同时，对二者的相关性进行分析，皮尔逊相关性值为0.812，表明理论导师对教学范式满意度与对实验教学满意度二者之间相关性显著。

3. 实践导师

对实践导师满意度的调查发现，实践导师对全日制教育硕士教学范式满意度均值为 4.43，对实验教学满意度均值为 4.38，表明实践导师对教学范式的满意度较高；同时，对二者的相关性进行分析，皮尔逊相关性值为 0.878，表明实践导师对教学范式满意度与对实验教学满意度二者之间相关性显著。

4. 任课教师

对任课教师满意度的调查发现，教任课教师对全日制教育硕士学范式满意度均值为 4.14，对实验教学满意度均值为 4.02，表明任课教师对教学范式的满意度较高；同时，对二者的相关性进行分析，皮尔逊相关性值为 0.825，表明任课教师对实验教学教学范式满意度与对实验教学满意度二者之间相关性显著。

5. 管理者

对管理者满意度的调查发现，管理者对全日制教育硕士教学范式满意度均值为 4.25，对实验教学满意度均值为 4.13，表明管理者对教学范式的满意度较高；同时，对二者的相关性进行分析，皮尔逊相关性值为 0.829，表明管理者对教学范式满意度与对实验教学满意度二者之间相关性显著。

第三节　教学范式满意度差异性分析

一、教育硕士的教学范式满意度差异性分析

（一）全体教育硕士

1. 不同就读高校或工作单位的教育硕士对教学范式满意度的评价

不同就读高校或工作单位的教育硕士进行的教学范式满意度总体评价，获取的有效数据是 31 085 人。

经卡方检验，χ^2 值为 220.930**，sig<0.01，表明不同就读高校或工作单位教育硕士在对教学范式满意度评价的两个选项上，至少有一个选项的频数百分

比有极其显著差异。

对占比进行 Z 检验比较，从不同就读高校或工作单位与教学范式满意度交叉表中可以看出，在"满意及以上"选项上，基础教育为 81.0%，高于高校的 72.0%（见表 8-3-1）。

表 8-3-1 就读高校或工作单位与教学范式满意度交叉表

教学范式满意度		就读高校或工作单位		合计
		高校	基础教育	
满意及以上	人数 / 人	17 582$_a$	5 414$_b$	22 996
	占比 / %	72.0	81.0	74.0
一般及以下	人数 / 人	6 823$_a$	1 266$_b$	8 089
	占比 / %	28.0	19.0	26.0
总计	人数 / 人	24 405	6 680	31 085
	占比 / %	100.0	100.0	100.0

注：下标字母含义是横向比较，若字母相同，在 0.05 级别，这些类别的列比例相互之间无显著差异。

2. 不同城市教育硕士对教学范式满意度的评价

不同城市教育硕士进行的教学范式满意度总体评价，获取的有效数据是 31 085 人。

经卡方检验，χ^2 值为 33.436，sig<0.01，表明不同城市教育硕士的教学范式满意度的两个选项上，至少有一个选项的频数百分比有极其显著差异。

对占比进行 Z 检验比较，从不同城市与教学范式满意度交叉表中可以看出，在"满意及以上"选项上，其他城市为 75.4%，高于省会城市（自治区首府）的 73.0% 和直辖市的 71.7%（见表 8-3-2）。

表 8-3-2　不同城市与教学范式满意度交叉表

教学范式满意度		不同城市			合计
		省会城市（自治区首府）	直辖市	其他城市	
满意及以上	人数 / 人	9 161$_a$	2 836$_a$	10 999$_b$	22 996
	占比 / %	73.0	71.7	75.4	74.0
一般及以下	人数 / 人	3 388$_a$	1 121$_a$	3 580$_b$	8 089
	占比 / %	27.0	28.3	24.6	26.0
总计	人数 / 人	12 549	3 957	14 579	31 085
	占比 / %	100.0	100.0	100.0	100.0

注：下标字母含义是横向比较，若字母相同，在 0.05 级别，这些类别的列比例相互之间无显著差异。

3. 不同地区教育硕士对教学范式满意度的评价

不同地区教育硕士进行的教学范式满意度总体评价，获取的有效数据是 31 085 人。

经卡方检验，χ^2 值为 590.895**，sig<0.01，表明不同地区教育硕士在对教学范式满意度的两个选项上，至少有一个选项的频数百分比有极其显著差异。

对占比进行 Z 检验比较，从不同地区与教学范式满意度交叉表中可以看出，在"满意及以上"选项上，所有地区的平均值为 74.0%，高于平均值的有华东、华北、东北。其中东北地区为 83.2%，高于其他选项（见表 8-3-3）。

表 8-3-3　不同地区与教学范式满意度交叉表

教学范式满意度		不同地区							合计
		华东	华南	华中	华北	西南	西北	东北	
满意及以上	人数 / 人	3 884$_a$	2 991$_b$	3 892$_b$	3 251$_c$	2 298$_d$	2 888$_b$	3 792$_e$	22 996
	占比 / %	76.6	70.1	71.2	80.3	63.2	71.5	83.2	74.0
一般及以下	人数 / 人	1 186$_a$	1 277$_b$	1 571$_b$	798$_c$	1 340$_d$	1 150$_b$	767$_e$	8 089
	占比 / %	23.4	29.9	28.8	19.7	36.8	28.5	16.8	26.0
总计	人数 / 人	5 070	4 268	5 463	4 049	3 638	4 038	4 559	31 085
	占比 / %	100.0	100.0	100.0	100.0	100.0	100.0	100.0	100.0

注：下标字母含义是横向比较，若字母相同，在 0.05 级别，这些类别的列比例相互之间无显著差异。

4. 读研前有无从教经历教育硕士对教学范式满意度的评价

读研前有无从教经历教育硕士进行的教学范式满意度总体评价，获取的有效数据是 31 085 人。

经卡方检验，χ^2 值为 10.196**，sig<0.01，表明读研前有无从教经历教育硕士在对教学范式满意度的两个选项上，至少有一个选项的频数百分比有极其显著差异。

对占比进行 Z 检验比较，从读研前有无从教经历与教学范式满意度交叉表中可以看出，在"满意及以上"选项上，有从教经历为 74.9%，高于无从教经历的 73.3%（见表 8-3-4）。

表 8-3-4 读研前有无从教经历与教学范式满意度交叉表

教学范式满意度		读研前有无从教经历 有	读研前有无从教经历 无	合计
满意及以上	人数 / 人	10 185$_a$	12 811$_b$	22 996
	占比 / %	74.9	73.3	74.0
一般及以下	人数 / 人	3 417$_a$	4 672$_b$	8 089
	占比 / %	25.1	26.7	26.0
总计	人数 / 人	13 602	17 483	31 085
	占比 / %	100.0	100.0	100.0

注：下标字母含义是横向比较，若字母相同，在 0.05 级别，这些类别的列比例相互之间无显著差异。

5. 能否胜任教育教学工作的教育硕士对教学范式满意度的评价

能否胜任教育教学工作的教育硕士进行的教学范式满意度总体评价，获取的有效数据是 31 085 人。

经卡方检验，χ^2 值为 343.749**，sig<0.01，表明能否胜任教育教学工作的教育硕士在对教学范式满意度的两个选项上，至少有一个选项的频数百分比有极其显著差异。

对占比进行 Z 检验比较，从能否胜任教育教学工作与教学范式满意度交叉表中可以看出，在"满意及以上"选项上，能胜任教育教学工作为 75.3%，高于不能胜任教育教学工作的 57.8%（见表 8-3-5）。

表 8-3-5　能否胜任教育教学工作与教学范式满意度交叉表

教学范式满意度		能否胜任教育教学工作		合计
		能	否	
满意及以上	人数 / 人	21 638$_a$	1 358$_b$	22 996
	占比 / %	75.3	57.8	74.0
一般及以下	人数 / 人	7 099$_a$	990$_b$	8 089
	占比 / %	24.7	42.2	26.0
总计	人数 / 人	28 737	2 348	31 085
	占比 / %	100.0	100.0	100.0

注：下标字母含义是横向比较，若字母相同，在 0.05 级别，这些类别的列比例相互之间无显著差异。

6. 不同专业教育硕士对教学范式满意度的评价

不同专业教育硕士进行的教学范式满意度总体评价，获取的有效数据是 31 085 人。其中评价"满意及以上"的人数为 22 996 人，各专业对其评价的平均百分比为 74.0%，评价"一般及以下"的人数为 8089 人，各专业对其评价的平均百分比为 26.0%。

在评价"一般及以下"的专业中，职业技术教育专业的教育硕士对专业满意度的评价最低，标准化残差为 9.0；其次是教育管理专业，标准化残差为 4.0；小学教育、心理健康教育、现代教育技术、特殊教育、学前教育、学科教学·英语、学科教学·思政、学科教学·体育专业的评价也低于平均水平（见表 8-3-6）。

表 8-3-6　不同专业教育硕士与教学范式满意度交叉表

专业	满意及以上			一般及以下			总计 / 人
	人数 / 人	百分比 / %	标准化残差	人数 / 人	百分比 / %	标准化残差	
小学教育	1 971	72.3	−1.0	755	27.7	1.7	2 726
教育管理	956	68.5	−2.4	440	31.5	4.0	1 396

续表

专业	满意及以上 人数/人	满意及以上 百分比/%	满意及以上 标准化残差	一般及以下 人数/人	一般及以下 百分比/%	一般及以下 标准化残差	总计/人
心理健康教育	1 181	71.6	−1.1	469	28.4	1.9	1 650
现代教育技术	875	71.1	−1.2	356	28.9	2.0	1 231
特殊教育	135	69.9	−0.7	58	30.1	1.1	193
职业技术教育	778	61.2	−5.3	494	38.8	9.0	1 272
科学技术教育	134	79.3	0.8	35	20.7	−1.4	169
学前教育	1 108	73.1	−0.4	408	26.9	0.7	1 516
学科教学·语文	2 860	76.0	1.4	905	24.0	−2.4	3 765
学科教学·数学	1 891	79.0	2.9	502	21.0	−4.8	2 393
学科教学·英语	3 497	72.4	−1.3	1 335	27.6	2.2	4 832
学科教学·物理	788	78.4	1.6	217	21.6	−2.8	1 005
学科教学·化学	976	78.5	1.8	268	21.5	−3.1	1 244
学科教学·生物	1 179	75.3	0.6	386	24.7	−1.1	1 565
学科教学·思政	1 644	72.9	−0.6	610	27.1	1.0	2 254
学科教学·历史	1 241	79.3	2.5	323	20.7	−4.2	1 564
学科教学·地理	885	78.1	1.6	248	21.9	−2.7	1 133
学科教学·体育	262	73.2	−0.2	96	26.8	0.3	358
学科教学·音乐	337	77.1	0.8	100	22.9	−1.3	437
学科教学·美术	298	78.0	0.9	84	22.0	−1.5	382
总计	22 996	74.0	0	8 089	26.0	0	31 085

（二）在校生

1. 不同隶属层次高校在校生对教学范式满意度的评价

不同隶属层次高校在校生进行的教学范式满意度总体评价，获取的有效数据是24 405人。

经卡方检验，χ^2值为17.910**，sig<0.01，表明不同隶属层次高校在校生在对教学范式满意度的两个选项上，至少有一个选项的频数百分比有极其显著

差异。

对占比进行 Z 检验比较，从不同高校隶属层次与教学范式满意度交叉表中可以看出，在"满意及以上"选项上，部属为 74.9%，高于省属的 72.2% 和市属的 69.9%（见表 8-3-7）。

表 8-3-7　高校隶属层次与教学范式满意度交叉表

教学范式满意度		高校隶属层次			合计
		部属	省属	市属	
满意及以上	人数/人	1 551$_a$	13 097$_b$	2 934$_c$	17 582
	占比/%	74.9	72.2	69.9	72.0
一般及以下	人数/人	521$_a$	5 039$_b$	1 263$_c$	6 823
	占比/%	25.1	27.8	30.1	28.0
总计	人数/人	2 072	18 136	4 197	24 405
	占比/%	100.0	100.0	100.0	100.0

注：下标字母含义是横向比较，若字母相同，在 0.05 级别，这些类别的列比例相互之间无显著差异。

2. 不同类型高校在校生对教学范式满意度的评价

不同类型高校在校生进行的教学范式满意度总体评价，获取的有效数据是 24 405 人。

经卡方检验，χ^2 值为 23.953**，sig<0.01，表明不同类型高校在校生在对教学范式满意度的两个选项上，至少有一个选项的频数百分比有极其显著差异。

对占比进行 Z 检验比较，从高校类型与教学范式满意度交叉表中可以看出，在"满意及以上"选项上，师范类为 73.0%，高于非师范类的 69.9%（见表 8-3-8）。

表 8-3-8　高校类型与教学范式满意度交叉表

教学范式满意度		高校类型		合计
		师范类	非师范类	
满意及以上	人数/人	12 500$_a$	5 082$_b$	17 582
	占比/%	73.0	69.9	72.0

续表

教学范式满意度		高校类型		合计
		师范类	非师范类	
一般及以下	人数/人	4 633_a	2 190_b	6 823
	占比/%	27.0	30.1	28.0
总计	人数/人	17 133	7 272	24 405
	占比/%	100.0	100.0	100.0

注：下标字母含义是横向比较，若字母相同，在0.05级别，这些类别的列比例相互之间无显著差异。

（三）毕业生

1. 不同毕业年限毕业生对教学范式满意度的评价

不同毕业年限毕业生进行的教学范式满意度总体评价，获取的有效数据是9451人。

经卡方检验，χ^2值为55.267**，sig<0.01，表明不同毕业年限毕业生在对教学范式满意度的两个选项上，至少有一个选项的频数百分比有极其显著差异。

对占比进行Z检验比较，从毕业年限与教学范式满意度交叉表中可以看出，在"满意及以上"选项上，7年以上为87.5%，高于其他选项（见表8-3-9）。

表8-3-9 毕业年限与教学范式满意度交叉表

教学范式满意度		毕业年限					合计
		1年以下	1~2年	3~4年	5~6年	7年以上	
满意及以上	人数/人	3506_a	2381_b	1058_b	285_c	196_c	7426
	占比/%	75.7	80.5	81.1	85.8	87.5	78.6
一般及以下	人数/人	1126_a	578_b	246_b	47_c	28_c	2025
	占比/%	24.3	19.5	18.9	14.2	12.5	21.4
总计	人数/人	4632	2959	1304	332	224	9451
	占比/%	100.0	100.0	100.0	100.0	100.0	100.0

注：下标字母含义是横向比较，若字母相同，在0.05级别，这些类别的列比例相互之间无显著差异。

2. 是否工作毕业生对教学范式满意度的评价

是否工作毕业生进行的教学范式满意度总体评价，获取的有效数据是 9451 人。

经卡方检验，χ^2 值为 186.354**，sig<0.01，表明是否工作毕业生在对教学范式满意度的两个选项上，至少有一个选项的频数百分比有极其显著差异。

对占比进行 Z 检验比较，从是否工作与教学范式满意度交叉表中可以看出，在"满意及以上"选项上，已工作为 81.8%，高于未工作的 68.3%（见表 8-3-10）。

表 8-3-10　是否工作与教学范式满意度交叉表

教学范式满意度		是否工作		合计
		是	否	
满意及以上	人数 / 人	5878$_a$	1548$_b$	7426
	占比 / %	81.8	68.3	78.6
一般及以下	人数 / 人	1307$_a$	718$_b$	2025
	占比 / %	18.2	31.7	21.4
总计	人数 / 人	7185	2266	9451
	占比 / %	100.0	100.0	100.0

注：下标字母含义是横向比较，若字母相同，在 0.05 级别，这些类别的列比例相互之间无显著差异。

3. 毕业生是否为师范专业对教学范式满意度的评价

毕业生是否为师范专业进行的教学范式满意度总体评价，获取的有效数据是 7185 人。

经卡方检验，χ^2 值为 35.993**，sig<0.01，表明毕业生是否为师范专业在对教学范式满意度的两个选项上，至少有一个选项的频数百分比有极其显著差异。

对占比进行 Z 检验比较，从毕业生是否为师范专业与教学范式满意度交叉表中可以看出，在"满意及以上"选项上，师范专业为 84.0%，高于非师范专业的 78.4%（见表 8-3-11）。

表 8-3-11　毕业生是否为师范专业与教学范式满意度交叉表

教学范式满意度		毕业生是否为师范专业		合计
		是	否	
满意及以上	人数 / 人	3696$_a$	2182$_b$	5878
	占比 / %	84.0	78.4	81.8
一般及以下	人数 / 人	705$_a$	602$_b$	1307
	占比 / %	16.0	21.6	18.2
总计	人数 / 人	4401	2784	7185
	占比 / %	100.0	100.0	100.0

注：下标字母含义是横向比较，若字母相同，在 0.05 级别，这些类别的列比例相互之间无显著差异。

（四）毕业生和在校生对教学范式满意度的差异性分析

毕业生和在校生进行的教学范式满意度总体评价，获取的有效数据是 31 085 人。

经卡方检验，χ^2 值为 149.000**，sig<0.01，表明毕业生和在校生在对教学范式满意度的两个选项上，至少有一个选项的频数百分比有极其显著差异。

对占比进行 Z 检验比较，从毕业生和在校生与教学范式满意度交叉表中可以看出，在"满意及以上"选项上，毕业生为 78.6%，高于在校生的 72.0%（见表 8-3-12）。

表 8-3-12　毕业生和在校生与教学范式满意度的交叉表

教学范式满意度		身份		合计
		毕业生	在校生	
满意及以上	人数 / 人	7 426$_a$	15 570$_b$	22 996
	占比 / %	78.6	72.0	74.0
一般及以下	人数 / 人	2 025$_a$	6 064$_b$	8 089
	占比 / %	21.4	28.0	26.0
总计	人数 / 人	9 451	21 634	31 085
	占比 / %	100.0	100.0	100.0

注：下标字母含义是横向比较，若字母相同，在 0.05 级别，这些类别的列比例相互之间无显著差异。

二、教师的教学范式满意度差异性分析

（一）全体教师

1. 不同工作单位教师对教学范式满意度的评价

不同工作单位教师进行的教学范式满意度总体评价，获取的有效数据是 11 443 人。

经卡方检验，χ^2 值为 190.810**，sig<0.01，表明不同工作单位教师在对教学范式满意度的两个选项上，至少有一个选项的频数百分比有极其显著差异。

对占比进行 Z 检验比较，从工作单位与教学范式满意度交叉表中可以看出，在"满意及以上"选项上，基础教育为 91.3%，高于高校的 80.7%（见表 8-3-13）。

表 8-3-13　工作单位与教学范式满意度交叉表

教学范式满意度		工作单位		合计
		高校	基础教育	
满意及以上	人数/人	6 609$_a$	2 969$_b$	9 578
	占比/%	80.7	91.3	83.7
一般及以下	人数/人	1 581$_a$	284$_b$	1 865
	占比/%	19.3	8.7	16.3
总计	人数/人	8 190	3 253	11 443
	占比/%	100.0	100.0	100.0

注：下标字母含义是横向比较，若字母相同，在 0.05 级别，这些类别的列比例相互之间无显著差异。

2. 不同城市教师对教学范式满意度的评价

不同城市教师进行的教学范式满意度总体评价，获取的有效数据是 11 443 人。

经卡方检验，χ^2 值为 3.364，sig=0.186>0.05，表明不同城市教师在对教学范式满意度的两个选项上无显著差异。

3. 不同地区教师对教学范式满意度的评价

不同地区教师进行的教学范式满意度总体评价，获取的有效数据是11 443人。

经卡方检验，χ^2值为59.257**，sig<0.01，表明不同地区教师在对教学范式满意度的两个选项上，至少有一个选项的频数百分比有极其显著差异。

对占比进行Z检验比较，从不同地区与教学范式满意度交叉表中可以看出，在"满意及以上"选项上，所有地区的平均值为83.7%，高于平均值的有华中、华北和东北。其中东北地区为88.2%，高于其他选项（见表8-3-14）。

表8-3-14　不同地区与教学范式满意度交叉表

教学范式满意度		华东	华南	华中	华北	西南	西北	东北	合计
满意及以上	人数/人	2 081$_{a,b}$	946$_{b,c}$	1 550$_{a,b}$	1 217$_a$	955$_c$	1 046$_c$	1 783$_d$	9 578
	占比/%	83.2	82.1	84.4	85.0	80.5	79.7	88.2	83.7
一般及以下	人数/人	421$_{a,b}$	206$_{b,c}$	286$_{a,b}$	215$_a$	231$_c$	267$_c$	239$_d$	1 865
	占比/%	16.8	17.9	15.6	15.0	19.5	20.3	11.8	16.3
总计	人数/人	2 502	1 152	1 836	1 432	1 186	1 313	2 022	11 443
	占比/%	100.0	100.0	100.0	100.0	100.0	100.0	100.0	100.0

注：下标字母含义是横向比较，若字母相同，在0.05级别，这些类别的列比例相互之间无显著差异。

4. 不同年龄教师对教学范式满意度的评价

不同年龄教师进行的教学范式满意度总体评价，获取的有效数据是11 443人。

经卡方检验，χ^2值为21.014**，sig<0.01，表明不同年龄教师对教学范式满意度的两个选项上，至少有一个选项的频数百分比有极其显著差异。

对占比进行Z检验比较，从年龄与教学范式满意度交叉表中可以看出，在"满意及以上"选项上，36~45岁为85.6%，高于其他选项（见表8-3-15）。

表 8-3-15　年龄与教学范式满意度交叉表

教学范式满意度		年龄				合计
		35岁及以下	36~45岁	46~55岁	56岁及以上	
满意及以上	人数/人	1 236$_a$	3 879$_b$	3 563$_a$	900$_a$	9 578
	占比/%	82.5	85.6	82.8	81.2	83.7
一般及以下	人数/人	262$_a$	654$_b$	740$_a$	209$_a$	1 865
	占比/%	17.5	14.4	17.2	18.8	16.3
总计	人数/人	1 498	4 533	4 303	1 109	11 443
	占比/%	100.0	100.0	100.0	100.0	100.0

注：下标字母含义是横向比较，若字母相同，在0.05级别，这些类别的列比例相互之间无显著差异。

5. 不同学历教师对教学范式满意度的评价

不同学历教师进行的教学范式满意度总体评价，获取的有效数据是11 443人。

经卡方检验，χ^2值为145.970**，sig<0.01，表明不同学历教师对教学范式满意度的两个选项上，至少有一个选项的频数百分比有极其显著差异。

对占比进行Z检验比较，从学历与教学范式满意度交叉表中可以看出，在"满意及以上"选项上，本科生及以下为90.6%，高于其他选项（见表8-3-16）。

表 8-3-16　学历与教学范式满意度交叉表

教学范式满意度		学历			合计
		博士研究生	硕士研究生	本科生及以下	
满意及以上	人数/人	3 901$_a$	3 409$_b$	2 268$_c$	9 578
	占比/%	79.7	84.3	90.6	83.7
一般及以下	人数/人	995$_a$	634$_b$	236$_c$	1 865
	占比/%	20.3	15.7	9.4	16.3
总计	人数/人	4 896	4 043	2 504	11 443
	占比/%	100.0	100.0	100.0	100.0

注：下标字母含义是横向比较，若字母相同，在0.05级别，这些类别的列比例相互之间无显著差异。

6. 不同职称教师对教学范式满意度的评价

不同职称教师进行的教学范式满意度总体评价，获取的有效数据是 11 443 人。

经卡方检验，χ^2 值为 48.340**，sig<0.01，表明不同职称教师对教学范式满意度的两个选项上，至少有一个选项的频数百分比有极其显著差异。

对占比进行 Z 检验比较，从职称与教学范式满意度交叉表中可以看出，在"满意及以上"选项上，副高级为 85.4%，高于其他两个选项（见表 8-3-17）。

表 8-3-17 职称与教学范式满意度交叉表

教学范式满意度		职称			合计
		正高级	副高级	中级及以下	
满意及以上	人数/人	2 433$_a$	5 084$_b$	2 061$_b$	9 578
	占比/%	79.8	85.4	84.4	83.7
一般及以下	人数/人	617$_a$	868$_b$	380$_b$	1 865
	占比/%	20.2	14.6	15.6	16.3
总计	人数/人	3 050	5 952	2 441	11 443
	占比/%	100.0	100.0	100.0	100.0

注：下标字母含义是横向比较，若字母相同，在 0.05 级别，这些类别的列比例相互之间无显著差异。

7. 不同工作年限教师对教学范式满意度的评价

不同工作年限教师进行的教学范式满意度总体评价，获取的有效数据是 11 443 人。

经卡方检验，χ^2 值为 5.427，sig=0.143>0.05，表明不同工作年限教师在对教学范式满意度的两个选项上无显著差异。

8. 不同专业教师对教学范式满意度的评价

不同专业教师进行的教学范式满意度总体评价，获取的有效数据是 10 988 人。其中评价"满意及以上"的人数为 9209 人，各专业对其评价的平均百分比为 83.7%，评价"一般及以下"的人数为 1779 人，各专业对其评价的平均百分比为 16.3%。

对评价的人数残差进行标准化后发现，在评价"一般及以下"的专业中，学科教育·体育和小学教育专业的教师对教学范式满意度的评价最低，标准化残差为2.4；其次是教育管理专业，标准化残差为2.3；心理健康教育、特殊教育、职业技术教育、学前教育、学科教学·语文、学科教学·思政、学科教学·历史学科教学·体育专业的评价也低于平均水平（见表8-3-18）。

表8-3-18 所在专业与教学范式满意度交叉表

专业	满意及以上 人数/人	满意及以上 百分比/%	满意及以上 标准化残差	一般及以下 人数/人	一般及以下 百分比/%	一般及以下 标准化残差	总计/人
小学教育	669	80.4	−1.0	163	19.6	2.4	832
教育管理	412	79.5	−1.0	106	20.5	2.3	518
心理健康教育	340	83.1	−0.1	69	16.9	0.3	409
现代教育技术	331	85.8	0.4	55	14.2	−1.0	386
特殊教育	32	82.1	−0.1	7	17.9	0.3	39
职业技术教育	423	83.3	−0.1	85	16.7	0.2	508
科学技术教育	56	87.5	0.3	8	12.5	−0.8	64
学前教育	358	83.4	−0.1	71	16.6	0.1	429
学科教学·语文	1 240	83.6	−0.1	244	16.4	0.1	1 484
学科教学·数学	683	84.3	0.2	127	15.7	−0.4	810
学科教学·英语	1 165	85.4	0.7	199	14.6	−1.6	1 364
学科教学·物理	371	86.3	0.6	59	13.7	−1.3	430
学科教学·化学	457	84.9	0.3	81	15.1	−0.7	538
学科教学·生物	530	85.1	0.4	93	14.9	−0.8	623
学科教学·思政	633	83.6	0.0	124	16.4	0.1	757
学科教学·历史	454	81.5	−0.6	103	18.5	1.3	557
学科教学·地理	466	86.5	0.7	73	13.5	−1.6	539
学科教学·体育	129	76.3	−1.0	40	23.7	2.4	169
学科教学·音乐	260	86.7	0.6	40	13.3	−1.3	300
学科教学·美术	200	86.2	0.4	32	13.8	−0.9	232
总计	9 209	83.7	0	1 779	16.3	0	10 988

（二）导师

1. 有无教育学相关背景教师对教学范式满意度的评价

有无教育学相关背景教师进行的教学范式满意度总体评价，获取的有效数据是 6777 人。

经卡方检验，χ^2 值为 3.466，sig=0.063>0.05，表明有无教育学相关背景教师在对教学范式满意度的两个选项上无显著差异。

2. 有无基础教育工作和研究经历教师对教学范式满意度的评价

有无基础教育工作和研究经历教师进行的教学范式满意度总体评价，获取的有效数据是 6777 人。

经卡方检验，χ^2 值为 8.383**，sig<0.01，表明有无基础教育工作和研究经历教师对教学范式满意度的两个选项上，至少有一个选项的频数百分比有极其显著差异。

对占比进行 Z 检验比较，从有无基础教育工作和研究经历与教学范式满意度交叉表中可以看出，在"满意及以上"选项上，有基础教育工作和研究经历为 80.9%，高于无基础教育工作和研究经历的 77.9%（见表 8-3-19）。

表 8-3-19 有无基础教育工作和研究经历与教学范式满意度交叉表

教学范式满意度		有无基础教育工作和研究经历		合计
		有	无	
满意及以上	人数 / 人	3661$_a$	1751$_b$	5412
	占比 / %	80.9	77.9	79.9
一般及以下	人数 / 人	867$_a$	498$_b$	1365
	占比 / %	19.1	22.1	20.1
总计	人数 / 人	4528	2249	6777
	占比 / %	100.0	100.0	100.0

注：下标字母含义是横向比较，若字母相同，在 0.05 级别，这些类别的列比例相互之间无显著差异。

3.教师担任导师年限对教学范式满意度的评价

教师担任导师年限进行的教学范式满意度总体评价,获取的有效数据是9368人。

经卡方检验,χ^2值为5.427,sig=0.143>0.05,表明教师担任导师年限在对教学范式满意度的两个选项上无显著差异。

4.双导师间是否经常进行沟通合作对教学范式满意度的评价

双导师间是否经常沟通合作进行的教学范式满意度总体评价,获取的有效数据是9368人。

经卡方检验,χ^2值为312.389**,表明双导师间是否经常沟通合作对教学范式满意度的两个选项上,至少有一个选项的频数百分比有极其显著差异。

对占比进行Z检验比较,从双导师间是否经常沟通合作与教学范式满意度交叉表中可以看出,在"满意及以上"选项上,经常沟通合作为86.4%,高于不经常沟通合作的67.8%(见表8-3-20)。

表8-3-20 双导师间是否经常沟通合作与教学范式满意度交叉表

教学范式满意度		双导师间是否经常沟通合作		合计
		是	否	
满意及以上	人数/人	6831$_a$	994$_b$	7825
	占比/%	86.4	67.8	83.5
一般及以下	人数/人	1071$_a$	472$_b$	1543
	占比/%	13.6	32.2	16.5
总计	人数/人	7902	1466	9368
	占比/%	100.0	100.0	100.0

注:下标字母含义是横向比较,若字母相同,在0.05级别,这些类别的列比例相互之间无显著差异。

(三)不同身份教师

不同身份教师进行的教学范式满意度总体评价,获取的有效数据是18 164人。

经卡方检验，χ^2值为263.460**，sig<0.01，表明不同身份教师对教学范式满意度的两个选项上，至少有一个选项的频数百分比有极其显著差异。

对占比进行Z检验比较，从不同身份教师与教学范式满意度交叉表中可以看出，在"满意及以上"选项上，实践导师为93.1%，高于其他选项，其次是管理者为87.0%（见表8-3-21）。

表8-3-21　不同身份教师与教学范式满意度交叉表

教学范式满意度		身份				合计
		理论导师	实践导师	任课教师	管理者	
满意及以上	人数/人	5 412$_a$	2 413$_b$	5 571$_c$	1 775$_d$	15 171
	占比/%	79.9	93.1	82.5	87.0	83.5
一般及以下	人数/人	1 365$_a$	178$_b$	1 185$_c$	265$_d$	2 993
	占比/%	20.1	6.9	17.5	13.0	16.5
总计	人数/人	6 777	2 591	6 756	2 040	18 164
	占比/%	100.0	100.0	100.0	100.0	100.0

注：下标字母含义是横向比较，若字母相同，在0.05级别，这些类别的列比例相互之间无显著差异。

三、教育硕士与教师教学范式满意度的差异性比较

（一）对教学范式满意度的差异性分析

教育硕士和教师进行的教学范式满意度总体评价，获取的有效数据是42 528人。

经卡方检验，χ^2值为441.153**，sig<0.01，表明教育硕士和教师在对教学范式满意度的两个选项上，至少有一个选项的频数百分比有极其显著差异。

对占比进行Z检验比较，从教育硕士和教师与教学范式满意度交叉表中可以看出，在"满意及以上"选项上，教师为83.7%，高于教育硕士的74.0%（见表8-3-22）。

表 8-3-22　教育硕士和教师与教学范式满意度交叉表

教学范式满意度		身份		合计
		教育硕士	教师	
满意及以上	人数/人	22 996$_a$	9 578$_b$	32 574
	占比/%	74.0	83.7	76.6
一般及以下	人数/人	8 089$_a$	1 865$_b$	9 954
	占比/%	26.0	16.3	23.4
总计	人数/人	31 085	11 443	42 528
	占比/%	100.0	100.0	100.0

注：下标字母含义是横向比较，若字母相同，在 0.05 级别，这些类别的列比例相互之间无显著差异。

（二）对教学范式各维度满意度的差异性分析

1. 对案例教学满意度的差异性分析

教育硕士和教师进行的案例教学满意度总体评价，获取的有效数据是 42 528 人。

经卡方检验，χ^2 值为 257.164**，sig<0.01，表明教育硕士和教师在对案例教学满意度的两个选项上，至少有一个选项的频数百分比有极其显著差异。

对占比进行 Z 检验比较，从教育硕士和教师与案例教学满意度交叉表中可以看出，在"满意及以上"选项上，教师为 82.7%，高于教育硕士的 75.3%（见表 8-3-23）。

表 8-3-23　教育硕士和教师与案例教学满意度交叉表

案例教学满意度		身份		合计
		教育硕士	教师	
满意及以上	人数/人	23 415$_a$	9 460$_b$	32 875
	占比/%	75.3	82.7	77.3
一般及以下	人数/人	7 670$_a$	1 983$_b$	9 653
	占比/%	24.7	17.3	22.7

续表

案例教学满意度		身份		合计
		教育硕士	教师	
总计	人数/人	31 085	11 443	42 528
	占比/%	100.0	100.0	100.0

注：下标字母含义是横向比较，若字母相同，在0.05级别，这些类别的列比例相互之间无显著差异。

2. 对讲授教学满意度的差异性分析

教育硕士和教师进行的讲授教学满意度总体评价，获取的有效数据是42 528人。

经卡方检验，χ^2值为584.705**，sig<0.01，表明教育硕士和教师在对讲授教学满意度的两个选项上，至少有一个选项的频数百分比有极其显著差异。

对占比进行Z检验比较，从教育硕士和教师与讲授教学满意度交叉表中可以看出，在"满意及以上"选项上，教师为87.0%，高于教育硕士的76.3%（见表8-3-24）。

表8-3-24 教育硕士和教师与讲授教学满意度交叉表

讲授教学满意度		身份		合计
		教育硕士	教师	
满意及以上	人数/人	23 717$_a$	9 959$_b$	33 676
	占比/%	76.3	87.0	79.2
一般及以下	人数/人	7 368$_a$	1 484$_b$	8 852
	占比/%	23.7	13.0	20.8
总计	人数/人	31 085	11 443	42 528
	占比/%	100.0	100.0	100.0

注：下标字母含义是横向比较，若字母相同，在0.05级别，这些类别的列比例相互之间无显著差异。

3. 对讨论教学满意度的差异性分析

教育硕士和教师进行的讨论教学满意度总体评价，获取的有效数据是42 528人。

经卡方检验，χ^2值为320.954**，sig<0.01，表明教育硕士和教师在对讨论教学满意度的两个选项上，至少有一个选项的频数百分比有极其显著差异。

对占比进行Z检验比较，从教育硕士和教师与讨论教学满意度交叉表中可以看出，在"满意及以上"选项上，教师为83.3%，高于教育硕士的75.1%（见表8-3-25）。

表8-3-25 教育硕士和教师与讨论教学满意度交叉表

讨论教学满意度		身份		合计
		教育硕士	教师	
满意及以上	人数/人	23 340$_a$	9 531$_b$	32 871
	占比/%	75.1	83.3	77.3
一般及以下	人数/人	7 745$_a$	1 912$_b$	9 657
	占比/%	24.9	16.7	22.7
总计	人数/人	31 085	11 443	42 528
	占比/%	100.0	100.0	100.0

注：下标字母含义是横向比较，若字母相同，在0.05级别，这些类别的列比例相互之间无显著差异。

4. 对实验教学满意度的差异性分析

教育硕士和教师进行的实验教学满意度总体评价，获取的有效数据是42 528人。

经卡方检验，χ^2值为161.342**，sig<0.01，表明教育硕士和教师在对实验教学满意度的两个选项上，至少有一个选项的频数百分比有极其显著差异。

对占比进行Z检验比较，从教育硕士和教师与实验教学满意度交叉表中可以看出，在"满意及以上"选项上，教师为77.3%，高于教育硕士的71.1%（见表8-3-26）。

表 8-3-26　教育硕士和教师与实验教学满意度交叉表

实验教学满意度		身份		合计
		教育硕士	教师	
满意及以上	人数 / 人	22 100$_a$	8 843$_b$	30 943
	占比 / %	71.1	77.3	72.8
一般及以下	人数 / 人	8 985$_a$	2 600$_b$	11 585
	占比 / %	28.9	22.7	27.2
总计	人数 / 人	31 085	11 443	42 528
	占比 / %	100.0	100.%	100.0

注：下标字母含义是横向比较，若字母相同，在 0.05 级别，这些类别的列比例相互之间无显著差异。

第九章　管理和经费的满意度

第一节　管理和经费及各维度满意度总体现状

一、管理和经费满意度总体现状

（一）教育硕士的管理和经费满意度

1. 全体教育硕士

对全体教育硕士管理和经费满意度的调查发现，管理和经费满意度为很满意的占 31.5%，满意的占 32.5%，一般的占 29.3%，不满意的占 5.0%，很不满意的占 1.7%，共有 64.0% 的教育硕士对管理和经费满意度在满意及以上程度。

2. 在校生

对在校生管理和经费满意度的调查发现，管理和经费满意度为很满意的占 28.0%，满意的占 33.2%，一般的占 31.3%，不满意的占 5.5%，很不满意的占 1.9%，共有 61.2% 的在校生对管理和经费满意度在满意及以上程度。

3. 毕业生

对毕业生管理和经费满意度的调查发现，管理和经费满意度为很满意的占 39.4%，满意的占 30.9%，一般的占 24.6%，不满意的占 3.8%，很不满意的占 1.3%，共有 70.3% 的毕业生对管理和经费满意度在满意及以上程度。

（二）教师的管理和经费满意度

1. 全体教师

对全体教师管理和经费满意度的调查发现，管理和经费满意度为很满意的占 28.0%，满意的占 39.7%，一般的占 26.4%，不满意的占 4.4%，很不满意的占 1.5%，共有 67.7% 的教师对管理和经费满意度在满意及以上程度。

2. 理论导师

对理论导师管理和经费满意度的调查发现，管理和经费满意度为很满意的占 20.1%，满意的占 39.0%，一般的占 32.3%，不满意的占 6.4%，很不满意的占 2.2%，共有 59.1% 的理论导师对管理和经费满意度在满意及以上程度。

3. 实践导师

对实践导师管理和经费满意度的调查发现，管理和经费满意度为很满意的占 42.5%，满意的占 41.8%，一般的占 14.3%，不满意的占 1.0%，很不满意的占 0.3%，共有 84.3% 的实践导师对管理和经费满意度在满意及以上程度。

4. 任课教师

对任课教师管理和经费满意度的调查发现，管理和经费满意度为很满意的占 25.5%，满意的占 37.7%，一般的占 29.8%，不满意的占 5.2%，很不满意的占 1.7%，共有 63.2% 的任课教师对管理和经费满意度在满意及以上程度。

5. 管理者

对管理者管理和经费满意度的调查发现，管理和经费满意度为很满意的占 31.4%，满意的占 41.7%，一般的占 23.1%，不满意的占 2.8%，很不满意的占 1.0%，共有 73.1% 的管理者对管理和经费满意度在满意及以上程度。

二、管理和经费各维度满意度现状

（一）对教学管理的满意度

1. 学生对教学管理的满意度

（1）全体教育硕士。

对全体教育硕士教学管理满意度的调查发现，教学管理满意度为很满意的占 33.7%，满意的占 35.6%，一般的占 26.6%，不满意的占 3.1%，很不满意的占 1.1%，共有 69.3% 的教育硕士对教学管理满意度在满意及以上程度。

（2）在校生。

对在校生教学管理满意度的调查发现，教学管理满意度为很满意的占 30.2%，满意的占 36.5%，一般的占 28.6%，不满意的占 3.4%，很不满意的占 1.3%，共有 66.7% 的在校生对教学管理满意度在满意及以上程度。

（3）毕业生。

对毕业生教学管理满意度的调查发现，教学管理满意度为很满意的占 41.5%，满意的占 33.4%，一般的占 21.8%，不满意的占 2.4%，很不满意的占 0.9%，共有 74.9% 的毕业生对教学管理满意度在满意及以上程度。

2. 教师对教学管理的满意度

（1）全体教师。

对全体教师教学管理满意度的调查发现，教学管理满意度为很满意的占 32.7%，满意的占 45.1%，一般的占 18.8%，不满意的占 2.6%，很不满意的占 0.8%，共有 77.8% 的教师对教学管理满意度在满意及以上程度。

（2）理论导师。

对理论导师教学管理满意度的调查发现，教学管理满意度为很满意的占 25.0%，满意的占 46.8%，一般的占 23.3%，不满意的占 3.7%，很不满意的占 1.2%，共有 71.8% 的理论导师对教学管理满意度在满意及以上程度。

（3）实践导师。

对实践导师教学管理满意度的调查发现，教学管理满意度为很满意的占

47.2%，满意的占 43.0%，一般的占 9.0%，不满意的占 0.7%，很不满意的占 0.1%，共有 90.2% 的实践导师对教学管理满意度在满意及以上程度。

（4）任课教师。

对任课教师教学管理满意度的调查发现，教学管理满意度为很满意的占 30.1%，满意的占 44.8%，一般的占 21.0%，不满意的占 3.2%，很不满意的占 0.9%，共有 74.9% 的任课教师对教学管理满意度在满意及以上程度。

（5）管理者。

对管理者教学管理满意度的调查发现，教学管理满意度为很满意的占 37.4%，满意的占 45.4%，一般的占 15.2%，不满意的占 1.7%，很不满意的占 0.4%，共有 82.7% 的管理者对教学管理满意度在满意及以上程度。

（二）对经费投入的满意度

1. 学生对经费投入的满意度

（1）全体教育硕士。

对全体教育硕士经费投入满意度的调查发现，经费投入满意度为很满意的占 31.0%，满意的占 31.8%，一般的占 29.9%，不满意的占 5.4%，很不满意的占 1.9%，共有 62.8% 的教育硕士对经费投入满意度在满意及以上程度。

（2）在校生。

对在校生经费投入满意度的调查发现，经费投入满意度为很满意的占 27.7%，满意的占 32.2%，一般的占 32.1%，不满意的占 5.9%，很不满意的占 2.1%，共有 59.9% 的在校生对经费投入满意度在满意及以上程度。

（3）毕业生。

对毕业生经费投入满意度的调查发现，经费投入满意度为很满意的占 38.6%，满意的占 30.6%，一般的占 25.0%，不满意的占 4.2%，很不满意的占 1.5%，共有 69.2% 的毕业生对经费投入满意度在满意及以上程度。

2. 教师对经费投入的满意度

（1）全体教师。

对全体教师经费投入满意度的调查发现，经费投入满意度为很满意的占 26.3%，满意的占 37.4%，一般的占 28.0%，不满意的占 6.2%，很不满意的占 2.1%，共有 63.7% 的教师对经费投入满意度在满意及以上程度。

（2）理论导师。

对理论导师经费投入满意度的调查发现，经费投入满意度为很满意的占 18.4%，满意的占 35.5%，一般的占 34.2%，不满意的占 8.7%，很不满意的占 3.2%，共有 53.9% 的理论导师对经费投入满意度在满意及以上程度。

（3）实践导师。

对实践导师经费投入满意度的调查发现，经费投入满意度为很满意的占 40.7%，满意的占 41.5%，一般的占 15.4%，不满意的占 1.9%，很不满意的占 0.5%，共有 82.2% 的实践导师对经费投入满意度在满意及以上程度。

（4）任课教师。

对任课教师经费投入满意度的调查发现，经费投入满意度为很满意的占 23.9%，满意的占 34.7%，一般的占 31.2%，不满意的占 7.6%，很不满意的占 2.6%，共有 58.6% 的任课教师对经费投入满意度在满意及以上程度。

（5）管理者。

对管理者经费投入满意度的调查发现，经费投入满意度为很满意的占 29.0%，满意的占 38.4%，一般的占 26.5%，不满意的占 4.8%，很不满意的占 1.4%，共有 67.4% 的管理者对经费投入满意度在满意及以上程度。

第二节　管理和经费及各维度满意度相关性分析

一、教育硕士的管理和经费及各维度满意度相关性分析

（一）管理和经费满意度与教学管理满意度的相关性

1. 全体教育硕士

对全体教育硕士满意度的调查发现，全体教育硕士对全日制教育硕士管理和经费满意度均值为3.87，对教学管理满意度均值为3.98，表明全体教育硕士对教学管理的满意度较高；同时，对二者的相关性进行分析，皮尔逊相关性值为0.881，表明全体教育硕士对管理和经费满意度与对教学管理满意度二者之间相关性显著。

2. 在校生

对在校生满意度的调查发现，在校生对全日制教育硕士管理和经费满意度均值为3.80，对教学管理满意度均值为3.91，表明学生对教学管理的满意度较高；同时，对二者的相关性进行分析，皮尔逊相关性值为0.872，表明在校生对管理和经费满意度与对教学管理满意度二者之间相关性显著。

3. 毕业生

对毕业生满意度的调查发现，毕业生对全日制教育硕士管理和经费满意度均值为4.03，对教学管理满意度均值为4.12，表明毕业生对教学管理的满意度较高；同时，对二者的相关性进行分析，皮尔逊相关性值为0.897，表明毕业生对管理和经费满意度与对教学管理满意度二者之间相关性显著。

（二）管理和经费满意度与经费投入满意度的相关性

1. 全体教育硕士

对全体教育硕士满意度的调查发现，全体教育硕士对全日制教育硕士管理和经费满意度均值为 3.87，对经费投入满意度均值为 3.85，表明全体教育硕士对经费投入的满意度略高；同时，对二者的相关性进行分析，皮尔逊相关性值为 0.926，表明全体教育硕士对管理和经费满意度与对经费投入满意度二者之间相关性显著。

2. 在校生

对在校生满意度的调查发现，在校生对全日制教育硕士管理和经费满意度均值为 3.80，对经费投入满意度均值为 3.77，表明在校生对管理和经费的满意度较高；同时，对二者的相关性进行分析，皮尔逊相关性值为 0.921，表明在校生对管理和经费满意度与对经费投入满意度二者之间相关性显著。

3. 毕业生

对毕业生满意度的调查发现，毕业生对全日制教育硕士管理和经费满意度均值为 4.03，对经费投入满意度均值为 4.01，表明毕业生对管理和经费的满意度较高；同时，对二者的相关性进行分析，皮尔逊相关性值为 0.934，表明毕业生对管理和经费满意度与对经费投入满意度二者之间相关性显著。

二、教师的管理和经费及各维度满意度相关性分析

（一）管理和经费满意度与教学管理满意度的相关性

1. 全体教师

对全体教师满意度的调查发现，全体教师对全日制教育硕士管理和经费满意度均值为 3.88，对教学管理满意度均值为 4.06，表明全体教师对教学管理的满意度较高；同时，对二者的相关性进行分析，皮尔逊相关性值为 0.841，表明全体教师对管理和经费满意度与对教学管理满意度二者之间相关性显著。

2. 理论导师

对理论导师满意度的调查发现，理论导师对全日制教育硕士管理和经费满意度均值为 3.68，对教学管理满意度均值为 3.91，表明理论导师对教学管理的满意度较高；同时，对二者的相关性进行分析，皮尔逊相关性值为 0.815，表明理论导师对管理和经费满意度与对教学管理满意度二者之间相关性显著。

3. 实践导师

对实践导师满意度的调查发现，实践导师对全日制教育硕士管理和经费满意度均值为 4.25，对教学管理满意度均值为 4.36，表明实践导师对教学管理的满意度较高；同时，对二者的相关性进行分析，皮尔逊相关性值为 0.854，表明实践导师对实践导师管理和经费满意度与对教学管理满意度二者之间相关性显著。

4. 任课教师

对任课教师满意度的调查发现，任课教师对全日制教育硕士管理和经费满意度均值为 3.80，对教学管理满意度均值为 4.00，表明任课教师对教学管理的满意度较高；同时，对二者的相关性进行分析，皮尔逊相关性值为 0.835，表明任课教师对管理和经费满意度与对教学管理满意度二者之间相关性显著。

5. 管理者

对管理者满意度的调查发现，管理者对全日制教育硕士管理和经费满意度均值为 4.00，对教学管理满意度均值为 4.18，表明管理者对教学管理的满意度较高；同时，对二者的相关性进行分析，皮尔逊相关性值为 0.820，表明管理者对管理和经费满意度与对教学管理满意度二者之间相关性显著。

（二）管理和经费满意度与经费投入满意度的相关性

1. 全体教师

对全体教师满意度的调查发现，全体教师对全日制教育硕士管理和经费满意度均值为 3.88，对经费投入满意度均值为 3.80，表明全体教师对管理和经费的满意度较高；同时，对二者的相关性进行分析，皮尔逊相关性值为 0.902，表明全体教师对管理和经费满意度与对经费投入满意度二者之间相关性显著。

2. 理论导师

对理论导师满意度的调查发现，理论导师对全日制教育硕士管理和经费满意度均值为 3.68，对经费投入满意度均值为 3.57，表明理论导师对管理和经费的满意度较高；同时，对二者的相关性进行分析，皮尔逊相关性值为 0.889，表明理论导师对管理和经费满意度与对经费投入满意度二者之间相关性显著。

3. 实践导师

对实践导师满意度的调查发现，实践导师对全日制教育硕士管理和经费满意度均值为 4.25，对经费投入满意度均值为 4.20，表明实践导师对管理和经费的满意度较高；同时，对二者的相关性进行分析，皮尔逊相关性值为 0.907，表明实践导师对管理和经费满意度与对经费投入满意度二者之间相关性显著。

4. 任课教师

对任课教师满意度的调查发现，任课教师对全日制教育硕士管理和经费满意度均值为 3.80，对经费投入满意度均值为 3.70，表明任课教师对管理和经费的满意度较高；同时，对二者的相关性进行分析，皮尔逊相关性值为 0.894，表明任课教师对管理和经费满意度与对经费投入满意度二者之间相关性显著。

5. 管理者

对管理者满意度的调查发现，管理者对全日制教育硕士管理和经费满意度均值为 4.00，对经费投入满意度均值为 3.89，表明管理者对管理和经费的满意度较高；同时，对二者的相关性进行分析，皮尔逊相关性值为 0.882，表明管理者对管理和经费满意度与对经费投入满意度二者之间相关性显著。

第三节　管理和经费满意度差异性分析

一、教育硕士的管理和经费满意度差异性分析

（一）全体教育硕士

1. 不同就读高校或工作单位的教育硕士对管理和经费满意度的评价

不同就读高校或工作单位的教育硕士进行的管理和经费满意度总体评价，获取的有效数据是 31 085 人。

经卡方检验，χ^2 值为 290.720**，sig<0.01，表明不同就读高校或工作单位教育硕士在对管理和经费满意度评价的两个选项上，至少有一个选项的频数百分比有极其显著差异。

对占比进行 Z 检验比较，从不同就读高校或工作单位与管理和经费满意度交叉表中可以看出，在"满意及以上"选项上，基础教育为 72.9%，高于高校 61.6%（见表 9-3-1）。

表 9-3-1　就读高校或工作单位与管理和经费满意度交叉表

管理和经费满意度		就读高校或工作单位		合计
		高校	基础教育	
满意及以上	人数 / 人	15 023$_a$	4 867$_b$	19 890
	占比 / %	61.6	72.9	64.0
一般及以下	人数 / 人	9 382$_a$	1 813$_b$	11 195
	占比 / %	38.4	27.1	36.0
总计	人数 / 人	24 405	6 680	31 085
	占比 / %	100.0	100.0	100.0

注：下标字母含义是横向比较，若字母相同，在 0.05 级别，这些类别的列比例相互之间无显著差异。

2. 不同城市教育硕士对管理和经费满意度的评价

不同城市教育硕士进行的管理和经费满意度总体评价，获取的有效数据是 31 085 人。

经卡方检验，χ^2 值为 51.375，sig<0.01，表明不同城市教育硕士的管理和经费满意度的两个选项上，至少有一个选项的频数百分比有极其显著差异。

对占比进行 Z 检验比较，从不同城市与管理和经费满意度交叉表中可以看出，在"满意及以上"选项上，其他城市为 66.1%，高于省会城市（自治区首府）的 62.2% 和直辖市的 62.0%（见表 9-3-2）。

表 9-3-2　不同城市与管理和经费满意度交叉表

管理和经费满意度		不同城市			合计
		省会城市（自治区首府）	直辖市	其他城市	
满意及以上	人数 / 人	7 807$_a$	2 452$_a$	9 631$_b$	19 890
	占比 / %	62.2	62.0	66.1	64.0
一般及以下	人数 / 人	4 742$_a$	1 505$_a$	4 948$_b$	11 195
	占比 / %	37.8	38.0	33.9	36.0
总计	人数 / 人	12 549	3 957	14 579	31 085
	占比 / %	100.0	100.0	100.0	100.0

注：下标字母含义是横向比较，若字母相同，在 0.05 级别，这些类别的列比例相互之间无显著差异。

3. 不同地区教育硕士对管理和经费满意度的评价

不同地区教育硕士进行的管理和经费满意度总体评价，获取的有效数据是 31 085 人。

经卡方检验，χ^2 值为 606.828**，sig<0.01，表明不同地区教育硕士在对管理和经费满意度的两个选项上，至少有一个选项的频数百分比有极其显著差异。

对占比进行 Z 检验比较，从不同地区与管理和经费满意度交叉表中可以看出，在"满意及以上"选项上，所有地区的平均值为 64.0%，高于平均值的有

华东、华北、东北。其中东北地区为 73.8%，高于其他选项（见表 9-3-3）。

表 9-3-3　不同地区与管理和经费满意度交叉表

管理和经费满意度		不同地区							合计
		华东	华南	华中	华北	西南	西北	东北	
满意及以上	人数/人	3 423$_a$	2 502$_b$	3 345$_c$	2 883$_d$	1 905$_e$	2 469$_e$	3 363$_f$	19 890
	占比/%	67.5	58.6	61.2	71.2	52.4	61.1	73.8	64.0
一般及以下	人数/人	1 647$_a$	1 766$_b$	2 118$_c$	1 166$_d$	1 733$_e$	1 569$_e$	1 196$_f$	11 195
	占比/%	32.5	41.4	38.8	28.8	47.6	38.9	26.2	36.0
总计	人数/人	5 070	4 268	5 463	4 049	3 638	4 038	4 559	31 085
	占比/%	100.0	100.0	100.0	100.0	100.0	100.0	100.0	100.0

注：下标字母含义是横向比较，若字母相同，在 0.05 级别，这些类别的列比例相互之间无显著差异。

4. 读研前有无从教经历教育硕士对管理和经费满意度的评价

读研前有无从教经历教育硕士进行的管理和经费满意度总体评价，获取的有效数据是 31 085 人。

经卡方检验，χ^2 值为 11.221**，sig<0.01，表明读研前有无从教经历教育硕士在对管理和经费满意度的两个选项上，至少有一个选项的频数百分比有极其显著差异。

对占比进行 Z 检验比较，从读研前有无从教经历与管理和经费满意度交叉表中可以看出，在"满意及以上"选项上，有从教经历的为 65.0%，高于无从教经历的 63.2%（见表 9-3-4）。

表 9-3-4　读研前有无从教经历与管理和经费满意度交叉表

管理和经费满意度		读研前有无从教经历		合计
		有	无	
满意及以上	人数/人	8 844$_a$	11 046$_b$	19 890
	占比/%	65.0	63.2	64.0
一般及以下	人数/人	4 758$_a$	6 437$_b$	11 195
	占比/%	35.0	36.8	36.0

续表

管理和经费满意度		读研前有无从教经历		合计
		有	无	
总计	人数/人	13 602	17 483	31 085
	占比/%	100.0	100.0	100.0

注：下标字母含义是横向比较，若字母相同，在0.05级别，这些类别的列比例相互之间无显著差异。

5. 能否胜任教育教学工作的教育硕士对管理和经费满意度的评价

能否胜任教育教学工作的教育硕士进行的管理和经费满意度总体评价，获取的有效数据是31 085人。

经卡方检验，χ^2值为261.096**，sig<0.01，表明能否胜任教育教学工作的教育硕士在对管理和经费满意度的两个选项上，至少有一个选项的频数百分比有极其显著差异。

对占比进行Z检验比较，从能否胜任教育教学工作与管理和经费满意度交叉表中可以看出，在"满意及以上"选项上，能胜任教育教学工作的为65.2%，高于不能胜任教育教学工作的48.6%（见表9-3-5）。

表9-3-5 能否胜任教育教学工作与管理和经费满意度交叉表

管理和经费满意度		能否胜任教育教学工作		合计
		能	否	
满意及以上	人数/人	18 749$_a$	1 141$_b$	19 890
	占比/%	65.2	48.6	64.0
一般及以下	人数/人	9 988$_a$	1 207$_b$	11 195
	占比/%	34.8	51.4	36.0
总计	人数/人	28 737	2 348	31 085
	占比/%	100.0	100.0	100.0

注：下标字母含义是横向比较，若字母相同，在0.05级别，这些类别的列比例相互之间无显著差异。

6. 不同专业教育硕士对管理和经费满意度的评价

不同专业教育硕士进行的管理和经费满意度总体评价，获取的有效数据是

31 085 人。其中评价"满意及以上"的人数为 19 890 人,各专业对其评价的平均百分比为 64.0%,评价"一般及以下"的人数为 11 195 人,各专业对其评价的平均百分比为 36.0%。

在评价"一般及以下"的专业中,职业技术教育专业的教育硕士对专业满意度的评价最低,标准化残差为 7.7;其次是心理健康教育专业,标准化残差为 3.4;小学教育、教育管理、现代教育技术、特殊教育、学前教育、学科教学·英语的评价也低于平均水平(见表 9-3-6)。

表 9-3-6 不同专业教育硕士与管理和经费满意度交叉表

专业	满意及以上 人数/人	百分比/%	标准化残差	一般及以下 人数/人	百分比/%	标准化残差	总计/人
小学教育	1 734	63.6	−0.2	992	36.4	0.3	2 726
教育管理	843	60.4	−1.7	553	39.6	2.2	1 396
心理健康教育	972	58.9	−2.6	678	41.1	3.4	1 650
现代教育技术	738	60.0	−1.8	493	40.0	2.4	1 231
特殊教育	116	60.1	−0.7	77	39.9	0.9	193
职业技术教育	650	51.1	−5.7	622	48.9	7.7	1 272
科学技术教育	117	69.2	0.9	52	30.8	−1.1	169
学前教育	942	62.1	−0.9	574	37.9	1.2	1 516
学科教学·语文	2 497	66.3	1.8	1 268	33.7	−2.4	3 765
学科教学·数学	1 660	69.4	3.3	733	30.6	−4.4	2 393
学科教学·英语	3 020	62.5	−1.3	1 812	37.5	1.7	4 832
学科教学·物理	651	64.8	0.3	354	35.2	−0.4	1 005
学科教学·化学	862	69.3	2.3	382	30.7	−3.1	1 244
学科教学·生物	1 004	64.2	0.1	561	35.8	−0.1	1 565
学科教学·思政	1 434	63.6	−0.2	820	36.4	0.3	2 254
学科教学·历史	1 100	70.3	3.1	464	29.7	−4.2	1 564
学科教学·地理	766	67.6	1.5	367	32.4	−2.0	1 133
学科教学·体育	239	66.8	0.7	119	33.2	−0.9	358

续表

专业	满意及以上 人数/人	百分比/%	标准化残差	一般及以下 人数/人	百分比/%	标准化残差	总计/人
学科教学·音乐	289	66.1	0.6	148	33.9	−0.7	437
学科教学·美术	256	67.0	0.7	126	33.0	−1	382
总计	19 890	64.0	0	11 195	36.0	0	31 085

（二）在校生

1. 不同隶属层次高校在校生对管理和经费满意度的评价

不同隶属层次高校在校生进行的管理和经费满意度总体评价，获取的有效数据是24 405人。

经卡方检验，χ^2值为10.439**，sig<0.01，表明不同隶属层次高校在校生在对管理和经费满意度的两个选项上，至少有一个选项的频数百分比有极其显著差异。

对占比进行Z检验比较，从不同高校隶属层次与管理和经费满意度交叉表中可以看出，在"满意及以上"选项上，部属为64.8%，高于省属61.3%和市属为60.9%（见表9-3-7）。

表9-3-7　高校隶属层次与管理和经费满意度交叉表

管理和经费满意度		高校隶属层次 部属	省属	市属	合计
满意及以上	人数/人	1 343$_a$	11 124$_b$	2 556$_b$	15 023
	占比/%	64.8	61.3	60.9	61.6
一般及以下	人数/人	729$_a$	7 012$_b$	1 641$_b$	9 382
	占比/%	35.2	38.7	39.1	38.4
总计	人数/人	2 072	18 136	4 197	24 405
	占比/%	100.0	100.0	100.0	100.0

注：下标字母含义是横向比较，若字母相同，在0.05级别，这些类别的列比例相互之间无显著差异。

2.不同类型高校在校生对管理和经费满意度的评价

不同类型高校在校生进行的管理和经费满意度总体评价,获取的有效数据是 24 405 人。

经卡方检验,χ^2 值为 10.094**,sig<0.01,表明不同类型高校在校生在对管理和经费满意度的两个选项上,至少有一个选项的频数百分比有极其显著差异。

对占比进行 Z 检验比较,从高校类型与管理和经费满意度交叉表中可以看出,在"满意及以上"选项上,师范类为 62.2%,高于非师范类的 60.0%(见表 9-3-8)。

表 9-3-8　高校类型与管理和经费满意度交叉表

管理和经费满意度		高校类型		合计
		师范类	非师范类	
满意及以上	人数/人	10 657$_a$	4 366$_b$	15 023
	占比/%	62.2	60.0	61.6
一般及以下	人数/人	6 476$_a$	2 906$_b$	9 382
	占比/%	37.8	40.0	38.4
总计	人数/人	17 133	7 272	24 405
	占比/%	100.0	100.0	100.0

注:下标字母含义是横向比较,若字母相同,在 0.05 级别,这些类别的列比例相互之间无显著差异。

(三)毕业生

1.不同毕业年限毕业生对管理和经费满意度的评价

不同毕业年限毕业生进行的管理和经费满意度总体评价,获取的有效数据是 9451 人。

经卡方检验,χ^2 值为 53.060**,sig<0.01,表明不同毕业年限毕业生在对管理和经费满意度的两个选项上,至少有一个选项的频数百分比有极其显著差异。

对占比进行 Z 检验比较，从毕业年限与管理和经费满意度交叉表中可以看出，在"满意及以上"选项上，7 年以上为 79.0%，5~6 年为 78.9%，高于其他选项（见表 9-3-9）。

表 9-3-9　毕业年限与管理和经费满意度交叉表

管理和经费满意度		毕业年限					合计
		1 年以下	1~2 年	3~4 年	5~6 年	7 年以上	
满意及以上	人数/人	3109$_a$	2139$_b$	954$_{b,c}$	262$_d$	177$_{c,d}$	6641
	占比/%	67.1	72.3	73.2	78.9	79.0	70.3
一般及以下	人数/人	1523$_a$	820$_b$	350$_{b,c}$	70$_d$	47$_{c,d}$	2810
	占比/%	32.9	27.7	26.8	21.1	21.0	29.7
总计	人数/人	4632	2959	1304	332	224	9451
	占比/%	100.0	100.0	100.0	100.0	100.0	100.0

注：下标字母含义是横向比较，若字母相同，在 0.05 级别，这些类别的列比例相互之间无显著差异。

2. 是否工作毕业生对管理和经费满意度的评价

是否工作毕业生进行的管理和经费满意度总体评价，获取的有效数据是 9451 人。

经卡方检验，χ^2 值为 129.952**，sig<0.01，表明是否工作毕业生在对管理和经费满意度的两个选项上，至少有一个选项的频数百分比有极其显著差异。

对占比进行 Z 检验比较，从是否工作与管理和经费满意度交叉表中可以看出，在"满意及以上"选项上，已工作的为 73.3%，高于未工作的 60.7%（见表 9-3-10）。

表 9-3-10　是否工作与管理和经费满意度交叉表

管理和经费满意度		是否工作		合计
		是	否	
满意及以上	人数/人	5265$_a$	1376$_b$	6641
	占比/%	73.3	60.7	70.3

续表

管理和经费满意度		是否工作		合计
		是	否	
一般及以下	人数/人	1920$_a$	890$_b$	2810
	占比/%	26.7	39.3	29.7
总计	人数/人	7185	2266	9451
	占比/%	100.0	100.0	100.0

注：下标字母含义是横向比较，若字母相同，在0.05级别，这些类别的列比例相互之间无显著差异。

3.毕业生是否为师范专业对管理和经费满意度的评价

毕业生是否为师范专业进行的管理和经费满意度总体评价，获取的有效数据是7185人。

经卡方检验，χ^2值为25.357**，sig<0.01，表明毕业生是否为师范专业在对管理和经费满意度的两个选项上，至少有一个选项的频数百分比有极其显著差异。

对占比进行Z检验比较，从毕业生是否为师范专业与管理和经费满意度交叉表中可以看出，在"满意及以上"选项上，师范专业为75.4%，高于非师范专业的70.0%（见表9-3-11）。

表9-3-11 毕业生是否为师范专业与管理和经费满意度交叉表

管理和经费满意度		毕业生是否为师范专业		合计
		是	否	
满意及以上	人数/人	3317$_a$	1948$_b$	5265
	占比/%	75.4	70.0	73.3
一般及以下	人数/人	1084$_a$	836$_b$	1920
	占比/%	24.6	30.0	26.7
总计	人数/人	4401	2784	7185
	占比/%	100.0	100.0	100.0

注：下标字母含义是横向比较，若字母相同，在0.05级别，这些类别的列比例相互之间无显著差异。

（四）毕业生和在校生与管理和经费满意度的差异性分析

毕业生和在校生进行的管理和经费满意度总体评价，获取的有效数据是 31 085 人。

经卡方检验，χ^2 值为 232.547**，sig<0.01，表明毕业生和在校生在对管理和经费满意度的两个选项上，至少有一个选项的频数百分比有极其显著差异。

对占比进行 Z 检验比较，从毕业生和在校生与管理和经费满意度交叉表中可以看出，在"满意及以上"选项上，毕业生为 70.3%，高于在校生的 61.2%（见表 9-3-12）。

表 9-3-12　毕业生和在校生与管理和经费满意度交叉表

管理和经费满意度		身份		合计
		毕业生	在校生	
满意及以上	人数/人	6 641$_a$	13 249$_b$	19 890
	占比/%	70.3	61.2	64.0
一般及以下	人数/人	2 810$_a$	8 385$_b$	11 195
	占比/%	29.7	38.8	36.0
总计	人数/人	9 451	21 634	31 085
	占比/%	100.0	100.0	100.0

注：下标字母含义是横向比较，若字母相同，在 0.05 级别，这些类别的列比例相互之间无显著差异。

二、教师的管理和经费满意度差异性分析

（一）全体教师

1. 不同工作单位教师对管理和经费满意度的评价

不同工作单位教师进行的管理和经费满意度总体评价，获取的有效数据是 11 443 人。

经卡方检验，χ^2 值为 489.961**，sig<0.01，表明不同工作单位教师在对

管理和经费满意度的两个选项上，至少有一个选项的频数百分比有极其显著差异。

对占比进行 Z 检验比较，从不同工作单位与管理和经费满意度交叉表中可以看出，在"满意及以上"选项上，基础教育为 83.1%，高于高校的 61.6%（见表 9-3-13）。

表 9-3-13　工作单位与管理和经费满意度交叉表

管理和经费满意度		工作单位		合计
		高校	基础教育	
满意及以上	人数／人	5 046$_a$	2 702$_b$	7 748
	占比／%	61.6	83.1	67.7
一般及以下	人数／人	3 144$_a$	551$_b$	3 695
	占比／%	38.4	16.9	32.3
总计	人数／人	8 190	3 253	11 443
	占比／%	100.0	100.0	100.0

注：下标字母含义是横向比较，若字母相同，在 0.05 级别，这些类别的列比例相互之间无显著差异。

2. 不同城市教师对管理和经费满意度的评价

不同城市教师进行的管理和经费满意度总体评价，获取的有效数据是 11 443 人。

经卡方检验，χ^2 值为 1.926，sig=0.382>0.05，表明不同城市教师在对管理和经费满意度的两个选项上无显著差异。

3. 不同地区教师对管理和经费满意度的评价

不同地区教师进行的管理和经费满意度总体评价，获取的有效数据是 11 443 人。

经卡方检验，χ^2 值为 57.881**，sig<0.01，表明不同地区教师在对管理和经费满意度的两个选项上，至少有一个选项的频数百分比有极其显著差异。

对占比进行 Z 检验比较，从不同地区与管理和经费满意度交叉表中可以看出，在"满意及以上"选项上，所有地区的平均值为 67.7%，高于平均值的有华东、华南和东北。其中东北地区为73.7%，高于其他选项（见表9-3-14）。

表9-3-14 不同地区与管理和经费满意度交叉表

管理和经费满意度		不同地区							合计
		华东	华南	华中	华北	西南	西北	东北	
满意及以上	人数/人	1 704$_a$	782$_a$	1 236$_a$	942$_a$	778$_{a,b}$	815$_b$	1 491$_c$	7 748
	占比/%	68.1	67.9	67.3	65.8	65.6	62.1	73.7	67.7
一般及以下	人数/人	798$_a$	370$_a$	600$_a$	490$_a$	408$_{a,b}$	498$_b$	531$_c$	3 695
	占比/%	31.9	32.1	32.7	34.2	34.4	37.9	26.3	32.3
总计	人数/人	2 502	1 152	1 836	1 432	1 186	1 313	2 022	11 443
	占比/%	100.0	100.0	100.0	100.0	100.0	100.0	100.0	100.0

注：下标字母含义是横向比较，若字母相同，在0.05级别，这些类别的列比例相互之间无显著差异。

4.不同年龄教师对管理和经费满意度的评价

不同年龄教师进行的管理和经费满意度总体评价，获取的有效数据是11 443人。

经卡方检验，χ^2值为57.134**，sig<0.01，表明不同年龄教师对管理和经费满意度的两个选项上，至少有一个选项的频数百分比有极其显著差异。

对占比进行Z检验比较，从年龄与管理和经费满意度交叉表中可以看出，在"满意及以上"选项上，35岁及以下为72.8%，高于其他选项（见表9-3-15）。

表9-3-15 年龄与管理和经费满意度交叉表

管理和经费满意度		年龄				合计
		35岁及以下	36~45岁	46~55岁	56岁及以上	
满意及以上	人数/人	1 090$_a$	3 150$_b$	2 838$_c$	670$_d$	7 748
	占比/%	72.8	69.5	66.0	60.4	67.7
一般及以下	人数/人	408$_a$	1 383$_b$	1 465$_c$	439$_d$	3 695
	占比/%	27.2	30.5	34.0	39.6	32.3

续表

管理和经费满意度		年龄				合计
		35岁及以下	36~45岁	46~55岁	56岁及以上	
总计	人数/人	1 498	4 533	4 303	1 109	11 443
	占比/%	100.0	100.0	100.0	100.0	100.0

注：下标字母含义是横向比较，若字母相同，在0.05级别，这些类别的列比例相互之间无显著差异。

5. 不同学历教师对管理和经费满意度的评价

不同学历教师进行的管理和经费满意度总体评价，获取的有效数据是11 443人。

经卡方检验，χ^2值为319.154**，sig<0.01，表明不同学历教师对管理和经费满意度的两个选项上，至少有一个选项的频数百分比有极其显著差异。

对占比进行Z检验比较，从学历与管理和经费满意度交叉表中可以看出，在"满意及以上"选项上，本科生及以下为80.4%，高于其他选项（见表9-3-16）。

表9-3-16 学历与管理和经费满意度交叉表

管理和经费满意度		学历			合计
		博士研究生	硕士研究生	本科生及以下	
满意及以上	人数/人	2 939$_a$	2 797$_b$	2 012$_c$	7 748
	占比/%	60.0	69.2	80.4	67.7
一般及以下	人数/人	1 957$_a$	1 246$_b$	492$_c$	3 695
	占比/%	40.0	30.8	19.6	32.3
总计	人数/人	4 896	4 043	2 504	11 443
	占比/%	100.0	100.0	100.0	100.0

注：下标字母含义是横向比较，若字母相同，在0.05级别，这些类别的列比例相互之间无显著差异。

6. 不同职称教师对管理和经费满意度的评价

不同职称教师进行的管理和经费满意度总体评价，获取的有效数据是11 443人。

经卡方检验，χ^2 值为 104.759**，sig<0.01，表明不同职称教师对管理和经费满意度的两个选项上，至少有一个选项的频数百分比有极其显著差异。

对占比进行 Z 检验比较，从职称与管理和经费满意度交叉表中可以看出，在"满意及以上"选项上，中级及以下为 73.5%，高于其他选项（见表 9-3-17）。

表 9-3-17　职称与管理和经费满意度交叉表

管理和经费满意度		职称			合计
		正高级	副高级	中级及以下	
满意及以上	人数/人	1 859$_a$	4 094$_b$	1 795$_c$	7 748
	占比/%	61.0	68.8	73.5	67.7
一般及以下	人数/人	1 191$_a$	1 858$_b$	646$_c$	3 695
	占比/%	39.0	31.2	26.5	32.3
总计	人数/人	3 050	5 952	2 441	11 443
	占比/%	100.0	100.0	100.0	100.0

注：下标字母含义是横向比较，若字母相同，在 0.05 级别，这些类别的列比例相互之间无显著差异。

7. 不同工作年限教师对管理和经费满意度的评价

不同工作年限教师进行的管理和经费满意度总体评价，获取的有效数据是 11 443 人。

经卡方检验，χ^2 值为 14.706，sig<0.01，表明不同工作年限教师在对管理和经费满意度的两个选项上，至少有一个选项的频数百分比有极其显著差异。

对占比进行 Z 检验比较，从工作年限与管理和经费满意度交叉表中可以看出，在"满意及以上"选项上，0~10 年为 70.9%，高于其他选项（见表 9-3-18）。

表 9-3-18　工作年限与管理和经费满意度交叉表

管理和经费满意度		工作年限				合计
		0～10年	11～20年	21～30年	30年以上	
满意及以上	人数/人	1 574$_a$	2 268$_b$	2 448$_b$	1 458$_b$	7 748
	占比/%	70.9	66.9	67.7	65.8	67.7
一般及以下	人数/人	647$_a$	1 121$_b$	1 170$_b$	757$_b$	3 695
	占比/%	29.1	33.1	32.3	34.2	32.3
总计	人数/人	2 221	3 389	3 618	2 215	11 443
	占比/%	100.0	100.0	100.0	100.0	100.0

注：下标字母含义是横向比较，若字母相同，在0.05级别，这些类别的列比例相互之间无显著差异。

8. 不同专业教师对管理和经费满意度的评价

不同专业教师进行的管理和经费满意度总体评价，获取的有效数据是10 988人。其中评价"满意及以上"的人数为7423人，各专业对其评价的平均百分比为67.7%，评价"一般及以下"的人数为3565人，各专业对其评价的平均百分比为32.3%。

对评价的人数残差进行标准化后发现，在评价"一般及以下"的专业中，心理健康教育和学科教育·体育专业的教师对管理和经费满意度的评价最低，标准化残差均为3.2；其次是学科教学·历史专业，标准化残差为1.3；教育管理、现代教育技术、特殊教育、职业技术教育、学科教学·化学专业的评价也低于平均水平（见表9-3-19）。

表 9-3-19　所在专业与管理和经费满意度交叉表

专业	满意及以上			一般及以下			总计/人
	人数/人	百分比/%	标准化残差	人数/人	百分比/%	标准化残差	
小学教育	568	68.3	0.2	264	31.7	−0.3	832
教育管理	346	66.8	−0.3	172	33.2	0.4	518
心理健康教育	240	58.7	−2.2	169	41.3	3.2	409
现代教育技术	252	65.3	−0.6	134	34.7	0.8	386

续表

专业	满意及以上 人数/人	百分比/%	标准化残差	一般及以下 人数/人	百分比/%	标准化残差	总计/人
特殊教育	22	56.4	−0.9	17	43.6	1.2	39
职业技术教育	341	67.1	−0.2	167	32.9	0.2	508
科学技术教育	49	76.6	0.9	15	23.4	−1.2	64
学前教育	304	70.9	0.8	125	29.1	−1.1	429
学科教学·语文	1 012	68.2	0.2	472	31.8	−0.3	1 484
学科教学·数学	559	69.0	0.5	251	31.0	−0.7	810
学科教学·英语	931	68.3	0.2	433	31.7	−0.4	1 364
学科教学·物理	297	69.1	0.3	133	30.9	−0.5	430
学科教学·化学	352	65.4	−0.6	186	34.6	0.9	538
学科教学·生物	427	68.5	0.3	196	31.5	−0.4	623
学科教学·思政	525	69.4	0.5	232	30.6	−0.8	757
学科教学·历史	360	64.6	−0.9	197	35.4	1.3	557
学科教学·地理	373	69.2	0.4	166	30.8	−0.6	539
学科教学·体育	91	53.8	−2.2	78	46.2	3.2	169
学科教学·音乐	213	71.0	0.7	87	29.0	−1.0	300
学科教学·美术	161	69.4	0.3	71	30.6	−0.5	232
总计	7 423	67.7	0	3 565	32.3	0	10 988

（二）导师

1.有无教育学相关背景教师对管理和经费满意度的评价

有无教育学相关背景教师进行的管理和经费满意度总体评价，获取的有效数据是6777人。

经卡方检验，χ^2值为0.069，sig=0.793>0.05，表明有无教育学相关背景教师在对管理和经费满意度的两个选项上无显著差异。

2.有无基础教育工作和研究经历教师对管理和经费满意度的评价

有无基础教育工作和研究经历教师进行的管理和经费满意度总体评价，获

取的有效数据是 6777 人。

经卡方检验，χ^2 值为 7.093**，sig<0.01，表明有无基础教育工作和研究经历教师对管理和经费满意度的两个选项上，至少有一个选项的频数百分比有极其显著差异。

对占比进行 Z 检验比较，从有无基础教育工作和研究经历与管理和经费满意度交叉表中可以看出，在"满意及以上"选项上，有基础教育工作和研究经历的为 60.2%，高于无基础教育工作和研究经历的 56.9%（见表 9-3-20）。

表 9-3-20　有无基础教育工作和研究经历与管理和经费满意度交叉表

管理和经费满意度		有无基础教育工作和研究经历		合计
		有	无	
满意及以上	人数 / 人	2728$_a$	1279$_b$	4007
	占比 / %	60.2	56.9	59.1
一般及以下	人数 / 人	1800$_a$	970$_b$	2770
	占比 / %	39.8	43.1	40.9
总计	人数 / 人	4528	2249	6777
	占比 / %	100.0	100.0	100.0

注：下标字母含义是横向比较，若字母相同，在 0.05 级别，这些类别的列比例相互之间无显著差异。

3. 教师担任导师年限对管理和经费满意度的评价

教师担任导师年限进行的管理和经费满意度总体评价，获取的有效数据是 9368 人。

经卡方检验，χ^2 值为 109.739**，sig<0.01，表明教师担任导师年限对管理和经费满意度的两个选项上，至少有一个选项的频数百分比有极其显著差异。

对占比进行 Z 检验比较，从担任导师年限与管理和经费满意度交叉表中可以看出，在"满意及以上"选项上，0~5 年的为 70.0%，高于其他选项（见表 9-3-21）。

表 9-3-21　担任导师年限与管理和经费满意度交叉表

管理和经费满意度		担任导师年限					合计
		0～5 年	6～10 年	11～15 年	16～20 年	20 年以上	
满意及以上	人数/人	3916$_a$	1424$_b$	518$_{c,d}$	211$_{b,d}$	124$_c$	6193
	占比/%	70.0	62.5	56.9	60.8	52.3	66.1
一般及以下	人数/人	1679$_a$	855$_b$	392$_{c,d}$	136$_{b,d}$	113$_c$	3175
	占列的百分比/%	30.0	37.5	43.1	39.2	47.7	33.9
总计	人数/人	5595	2279	910	347	237	9368
	占列的百分比/%	100.0	100.0	100.0	100.0	100.0	100.0

注：下标字母含义是横向比较，若字母相同，在 0.05 级别，这些类别的列比例相互之间无显著差异。

4. 双导师间是否经常进行沟通合作对管理和经费满意度的评价

双导师间是否经常沟通合作进行的管理和经费满意度总体评价，获取的有效数据是 9368 人。

经卡方检验，χ^2 值为 197.874**，sig<0.01，表明双导师间是否经常沟通合作对管理和经费满意度的两个选项上，至少有一个选项的频数百分比有极其显著差异。

对占比进行 Z 检验比较，从双导师间是否经常沟通合作与管理和经费满意度交叉表中可以看出，在"满意及以上"选项上，经常沟通合作的为 69.1%，高于不经常沟通合作的 50.1%（见表 9-3-22）。

表 9-3-22　双导师间是否经常沟通合作与管理和经费满意度交叉表

管理和经费满意度		双导师间是否经常沟通合作		合计
		是	否	
满意及以上	人数/人	5458$_a$	735$_b$	6193
	占比/%	69.1	50.1	66.1
一般及以下	人数/人	2444$_a$	731$_b$	3175
	占比/%	30.9	49.9	33.9

续表

管理和经费满意度		双导师间是否经常沟通合作		合计
		是	否	
总计	人数/人	7902	1466	9368
	占比/%	100.0	100.0	100.0

注：下标字母含义是横向比较，若字母相同，在0.05级别，这些类别的列比例相互之间无显著差异。

（三）不同身份教师

不同身份教师进行的管理和经费满意度总体评价，获取的有效数据是18 164人。

经卡方检验，χ^2值为598.558**，sig<0.01，表明不同身份教师对管理和经费满意度的两个选项上，至少有一个选项的频数百分比有极其显著差异。

对占比进行Z检验比较，从不同身份教师与管理和经费满意度交叉表中可以看出，在"满意及以上"选项上，实践导师为84.4%，高于其他选项（见表9-3-23）。

表9-3-23　不同身份教师与管理和经费满意度交叉表

管理和经费满意度		身份				合计
		理论导师	实践导师	任课教师	管理者	
比较高及以上	人数/人	4 007$_a$	2 186$_b$	4 272$_c$	1 490$_d$	11 955
	占比/%	59.1	84.4	63.2	73.0	65.8
一般及以下	人数/人	2 770$_a$	405$_b$	2 484$_c$	550$_d$	6 209
	占比/%	40.9	15.6	36.8	27.0	34.2
总计	人数/人	6 777	2 591	6 756	2 040	18 164
	占比/%	100.0	100.0	100.0	100.0	100.0

注：下标字母含义是横向比较，若字母相同，在0.05级别，这些类别的列比例相互之间无显著差异。

三、教育硕士与教师管理和经费满意度的差异性比较

(一)对管理和经费满意度的差异性分析

教育硕士和教师进行的管理和经费满意度总体评价,获取的有效数据是42 528人。

经卡方检验,χ^2值为50.969**,sig<0.01,表明教育硕士和教师在对管理和经费满意度的两个选项上,至少有一个选项的频数百分比有极其显著差异。

对占比进行 Z 检验比较,从教育硕士和教师与管理和经费满意度交叉表中可以看出,在"满意及以上"选项上,教师为67.7%,高于教育硕士的64.0%(见表9-3-24)。

表9-3-24 教育硕士和教师与管理和经费满意度交叉表

管理和经费满意度		身份		合计
		教育硕士	教师	
满意及以上	人数/人	19 890$_a$	7 748$_b$	27 638
	占比/%	64.0	67.7	65.0
一般及以下	人数/人	11 195$_a$	3 695$_b$	14 890
	占比/%	36.0	32.3	35.0
总计	人数/人	31 085	11 443	42 528
	占比/%	100.0	100.0	100.0

注:下标字母含义是横向比较,若字母相同,在0.05级别,这些类别的列比例相互之间无显著差异。

(二)对管理和经费各维度满意度的差异性分析

1. 对教学管理满意度的差异性分析

教育硕士和教师进行的教学管理满意度总体评价,获取的有效数据是42 528人。

经卡方检验,χ^2值为300.891**,sig<0.01,表明教育硕士和教师在对教学管理满意度的两个选项上,至少有一个选项的频数百分比有极其显著差异。

对占比进行 Z 检验比较,从教育硕士和教师与教学管理满意度评价交叉表中可以看出,在"满意及以上"选项上,教师为 77.8%,高于教育硕士的 69.2%(见表 9-3-25)。

表 9-3-25 教育硕士和教师与教学管理满意度交叉表

教学管理满意度		身份		合计
		教育硕士	教师	
满意及以上	人数 / 人	21 516$_a$	8 900$_b$	30 416
	占比 / %	69.2	77.8	71.5
一般及以下	人数 / 人	9 569$_a$	2 543$_b$	12 112
	占比 / %	30.8	22.2	28.5
总计	人数 / 人	31 085	11 443	42 528
	占比 / %	100.0	100.0	100.0

注:下标字母含义是横向比较,若字母相同,在 0.05 级别,这些类别的列比例相互之间无显著差异。

2. 对经费投入满意度的差异性分析

教育硕士和教师进行的经费投入满意度总体评价,获取的有效数据是 42 528 人。

经卡方检验,χ^2 值为 3.192,sig=0.074>0.05,表明教育硕士与教师在对经费投入满意度的两个选项上无显著差异。

第十章 研究结论与建议

第一节 研究结论

一、专业满意度总体现状

（一）总体满意度

1. 教育硕士的总体满意度

教育硕士专业总体满意度的调查显示，有63.9%的教育硕士对专业的总体满意度在满意及以上程度，有60.5%的在校生对专业的总体满意度在满意及以上程度，有71.7%的毕业生对专业的总体满意度在满意及以上程度。

2. 教师的总体满意度

教师专业总体满意度的调查显示，有77.8%的教师对教育硕士的专业满意度在满意及以上程度，有75.2%的理论导师对教育硕士的专业满意度在满意及以上程度，有86.9%的实践导师对教育硕士的专业满意度在满意及以上程度，有76.5%的任课教师对教育硕士的专业满意度在满意及以上程度，有82.3%的管理者对教育硕士的专业满意度在满意及以上程度。

（二）专业培养目标满意度

1. 教育硕士专业培养目标的满意度

教育硕士专业培养目标满意度的调查显示，有71.9%的教育硕士对专业

培养目标满意度在满意及以上程度，有 69.6% 的在校生对专业培养目标满意度在满意及以上程度，有 77.0% 的毕业生对专业培养目标满意度在满意及以上程度。

教育硕士专业培养目标不同维度的调查显示，有 74.4% 的教育硕士对符合学校办学定位满意度在满意及以上程度，有 74.7% 的教育硕士对符合基础教育发展需求满意度在满意及以上程度，有 71.9% 的教育硕士对以实践为导向满意度在满意及以上程度。

2. 教师的专业培养目标满意度

教师专业培养目标满意度的调查显示，有 88.8% 的教师对专业培养目标满意度在满意及以上程度。其中，对理论导师和任课教师的专业培养目标满意度百分比均超过 87%，对实践导师和管理者的专业培养目标满意度百分比均超过 91%。

教师专业培养目标不同维度的调查显示，有 89.7% 的教师对符合学校办学定位满意度在满意及以上程度，有 87.4% 的教师对符合基础教育发展需求满意度在满意及以上程度，有 84.8% 的教师对以实践为导向满意度在满意及以上程度。

（三）课程设置满意度

1. 教育硕士的课程设置满意度

教育硕士课程设置满意度的调查显示，有 69.0% 的教育硕士的课程设置满意度在满意及以上程度，其中毕业生对课程设置的满意度百分比为 75.0%，远远高于在校生的 66.4%。

教育硕士课程设置不同维度的调查显示，有 70.2% 的教育硕士的课程结构满意度在满意及以上程度，有 70.6% 的教育硕士的课程内容满意度在满意及以上程度，有 72.1% 的教育硕士的课程考核方式满意度在满意及以上程度，有 68.2% 的教育硕士的实践课程占比满意度在满意及以上程度。

2. 教师的课程设置满意度

教师课程设置满意度的调查显示，有 84.3% 的教师的课程设置满意度在满意及以上程度，理论导师、任课教师、管理者的满意度百分比均超过 81%，实践导师的满意度百分比为 93.3%。

教师课程设置不同维度的调查显示，有 84.1% 的教师对课程结构满意度在满意及以上程度，有 83.9% 的教师对课程内容满意度在满意及以上程度，有 84.3% 的教师的课程考核方式满意度在满意及以上程度，有 80.5% 的教师的实践课程占比满意度在满意及以上程度。

（四）师资队伍满意度

1. 教育硕士的师资队伍满意度

教育硕士师资队伍满意度的调查显示，有 77.5% 的教育硕士对师资队伍满意度在满意及以上程度，75.6% 的在校生对师资队伍满意度在满意及以上程度，81.8% 的毕业生对师资队伍满意度在满意及以上程度。

教育硕士师资队伍不同维度的调查显示，学生对校内理论导师的满意度高于对任课教师的满意度，高于对校外实践导师的满意度，满意度百分比依次为：82.1%、78.2%、77.2%。

2. 教师的师资队伍满意度

教师师资队伍满意度的调查显示，有 83.4% 的教师对师资队伍满意度在满意及以上程度，实践导师对师资队伍的满意度最高为 94.9%，管理者为 83.5%，任课教师为 81.6%，理论导师为 78.9%。

教师师资队伍不同维度的调查显示，有 86.7% 的教师对校内理论导师满意度在满意及以上程度，有 81.9% 的教师对校外实践导师满意度在满意及以上程度，有 85.9% 的教师对任课教师满意度在满意及以上程度。

（五）实践教学满意度

1. 教育硕士的实践教学满意度

教育硕士实践教学满意度的调查显示，有74.4%的教育硕士对实践教学满意度在满意及以上程度，有72.5%的在校生对实践教学满意度在满意及以上程度，有78.9%的毕业生对实践教学满意度在满意及以上程度。

教育硕士实践教学不同维度的调查显示，有74.4%的教育硕士对校内实训满意度在满意及以上程度，有71.3%的教育硕士对校内实验设施满意度在满意及以上程度，有71.7%的教育硕士对校外"三习"满意度在满意及以上程度。

2. 教师的实践教学满意度

教师实践教学满意度的调查显示，有81.7%的教师对实践教学满意度在满意及以上程度，实践导师对实践教学的满意度最高为92.9%，管理者为91.7%，任课教师为80.0%，理论导师为77.1%。

教师实践教学不同维度的调查显示，有81.2%的教师对校内实训满意度在满意及以上程度，有77.9%的教师对校内实验设施满意度在满意及以上程度，有79.4%的教师对校外"三习"满意度在满意及以上程度。

（六）教学范式满意度

1. 教育硕士的教学范式满意度

教育硕士教学范式满意度的调查显示，有74.0%的教育硕士对教学范式满意度在满意及以上程度，有72.0%的在校生对教学范式满意度在满意及以上程度，有78.6%的毕业生对教学范式满意度在满意及以上程度。

教育硕士教学范式不同维度的调查显示，有75.3%的教育硕士对案例教学满意度在满意及以上程度，有76.3%的教育硕士对讲授教学满意度在满意及以上程度，有75.1%的教育硕士对讨论教学满意度在满意及以上程度，有71.1%的教育硕士对实验教学满意度在满意及以上程度。

2. 教师的教学范式满意度

教师教学范式满意度的调查显示，有83.7%的教师对教学范式满意度在满意及以上程度，实践导师对教学范式的满意度百分比最高为93.1%，管理者为87%，任课教师为82.5%，理论导师为79.9%。

教师教学范式不同维度的调查显示，有82.7%的教师对案例教学满意度在满意及以上程度，有87.0%的教师对讲授教学满意度在满意及以上程度，有83.3%的教师对讨论教学满意度在满意及以上程度，有77.3%的教师对实验教学满意度在满意及以上程度。

（七）管理和经费满意度

1. 教育硕士的管理和经费满意度

教育硕士管理和经费满意度的调查显示，有64.0%的教育硕士对管理和经费满意度在满意及以上程度，有61.2%的在校生对管理和经费满意度在满意及以上程度，有70.3%的毕业生对管理和经费满意度在满意及以上程度。

教育硕士管理和经费不同维度的调查显示，有69.2%的教育硕士对教学管理满意度在满意及以上程度，有62.7%的教育硕士对经费投入满意度在满意及以上程度。

2. 教师的管理和经费满意度

教师管理和经费满意度的调查显示，有67.7%的教师对管理和经费满意度在满意及以上程度，实践导师对管理和经费的满意度最高为84.4%，理论导师对管理和经费的满意度最低为59.1%。

教师管理和经费不同维度的调查显示，有77.8%的教师对教学管理满意度在满意及以上程度，有63.7%的教师对经费投入满意度在满意及以上程度。

二、专业满意度相关性

（一）专业满意度相关性分析

教育硕士满意度的调查显示，教育硕士专业满意度分别与专业培养目标、课程设置、师资队伍、实践教学、教学范式、管理和经费的满意度之间相关性显著；教师专业满意度的调查发现，教师专业满意度分别与专业培养目标、课程设置、师资队伍、实践教学、教学范式、管理和经费的满意度二者之间相关性显著。

1. 专业总体满意度与专业培养目标满意度的相关性

教育硕士满意度的调查显示，教育硕士对专业培养目标的满意度较高；同时，对教育硕士总体满意度和专业培养目标满意度的相关性进行分析，结果表明全体教育硕士、在校生、毕业生对专业满意度与专业培养目标的满意度二者之间相关性均为显著相关。

教育硕士专业培养目标不同维度的调查显示，全体教育硕士、在校生、毕业生对专业培养目标满意度与符合学校办学定位满意度、符合基础教育发展需求满意度和以实践为导向满意的相关性均为显著相关。

教师满意度调查显示，教师对专业培养目标的满意度比较高；同时，对教育硕士总体满意度和专业培养目标满意度的相关性进行分析，结果表明全体教师、理论导师、任课教师、管理者专业满意度与专业培养目标满意度二者之间相关性均为显著相关。

教师专业培养目标不同维度的调查显示，全体教师、理论导师、实践导师、任课教师、管理者专业培养目标满意度分别与符合学校办学定位、符合基础教育发展需求、以实践为导向满意度之间相关性均为显著相关。

2. 专业总体满意度与课程设置满意度的相关性

教育硕士满意度调查显示，教育硕士对课程设置的满意度较高；同时，对教育硕士总体满意度和专业培养目标满意度的相关性进行分析，结果表明全体教育硕士、在校生、毕业生专业满意度与对课程设置满意度二者之间相关性均为显著相关。

教育硕士课程设置不同维度的调查显示，全体教育硕士、在校生、毕业生课程设置满意度与课程结构、课程内容、课程考核方式、实践课程占比满意度之间相关性均为显著相关。

教师满意度调查显示，教师对专业培养目标的满意度比较高；同时，对教育硕士总体满意度和专业培养目标满意度的相关性进行分析，结果表明全体教师、理论导师、实践导师、任课教师、管理者对专业满意度与课程设置满意度二者之间相关性均为显著相关；

教师课程设置不同维度的调查显示，全体教师、理论导师、实践导师、任课教师、管理者对课程设置满意度与课程结构、课程内容、课程考核方式、实践课程占比满意度之间相关性均为显著相关。

3. 专业总体满意度与师资队伍满意度的相关性

教育硕士满意度调查显示，教育硕士对师资队伍的满意度较高；同时，对教育硕士总体满意度和专业培养目标满意度的相关性进行分析，结果表明全体教育硕士、在校生、毕业生专业满意度与师资队伍满意度之间相关性均为显著相关。

教育硕士师资队伍不同维度的调查显示，全体教育硕士、在校生、毕业生对师资队伍满意度与校内理论导师、校外实践导师、任课教师满意度之间相关性均为显著相关。

教师满意度的调查显示，教师对师资队伍的满意度比较高；同时，对教育硕士总体满意度和专业培养目标满意度的相关性进行分析，结果表明全体教师、理论导师、实践导师、任课教师、管理者专业满意度与师资队伍满意度之间相关性均为显著相关。

教师师资队伍不同维度的调查显示，全体教师、理论导师、实践导师、任课教师、管理者对师资队伍满意度与校内理论导师满意度、校外实践导师满意度、任课教师满意度之间相关性均为显著相关。

4.专业总体满意度与实践教学满意度的相关性

教育硕士满意度调查显示，教育硕士对实践教学的满意度较高；同时，对教育硕士总体满意度和专业培养目标满意度的相关性进行分析，结果表明全体教育硕士、在校生、毕业生对专业满意度与对实践教学满意度之间相关性均为显著相关。

教育硕士实践教学不同维度的调查显示，全体教育硕士、在校生、毕业生对实践教学满意度与校内实训满意度、校内实验设施满意度、校外"三习"满意度之间相关性均为显著相关。

教师满意度调查显示，教师对实践教学的满意度比较高；同时，对教育硕士总体满意度和专业培养目标满意度的相关性进行分析，结果表明全体教师、理论导师、实践导师、任课教师、管理者专业满意度与实践教学满意度之间相关性均为显著相关。

教师实践教学不同维度的调查显示，全体教师、理论导师、实践导师、任课教师、管理者实践教学满意度与校内实训满意度、对校内实验设施满意度、校外"三习"满意度之间相关性均为显著相关性。

5.专业总体满意度与教学范式满意度的相关性

教育硕士满意度调查显示，教育硕士对教学范式的满意度较高；同时，对教育硕士总体满意度和专业培养目标满意度的相关性进行分析，结果表明全体教育硕士、在校生、毕业生专业满意度与教学范式满意度之间相关性均为显著相关。

教育硕士教学范式不同维度的调查显示，全体教育硕士、在校生、毕业生教学范式满意度与案例教学满意度、讲授教学满意度、讨论教学满意度、实验教学满意度之间相关性均为显著相关。

教师满意度调查显示，教师对教学范式的满意度比较高；同时，对教育硕士总体满意度和专业培养目标满意度的相关性进行分析，结果表明全体教师、理论导师、实践导师、任课教师、管理者专业满意度与教学范式满意度之间相关性均为显著相关。

教师在教学范式不同维度的调查显示，全体教师、理论导师、实践导师、任课教师、管理者对教学范式满意度与案例教学满意度、讲授教学满意度、讨论教学满意度、实验教学满意度之间相关性均为显著相关。

6.专业总体满意度与管理和经费满意度的相关性

教育硕士满意度调查显示，教育硕士对专业的满意度与管理和经费的满意度几乎相同；同时，对教育硕士总体满意度和专业培养目标满意度的相关性进行分析，结果表明全体教育硕士、在校生、毕业生专业满意度与管理和经费满意度之间相关性均为显著相关。

教育硕士管理和经费不同维度的调查显示，全体教育硕士、在校生、毕业生管理和经费满意度与教学管理满意度、经费投入满意度之间相关性均为显著相关。

教师满意度调查显示，教师对专业的满意度比较高；同时，对教育硕士总体满意度和专业培养目标满意度的相关性进行分析，结果表明全体教师、理论导师、实践导师、任课教师、管理者专业满意度与管理和经费满意度之间相关性均为显著相关。

教师管理和经费不同维度的调查显示，全体教师、理论导师、实践导师、任课教师、管理者管理和经费满意度与教学管理满意度、经费投入满意度之间相关性均为显著相关。

三、专业满意度差异性分析

（一）教育硕士各维度专业满意度差异性分析

教育硕士的调查显示，不同就读高校或工作单位、不同城市、不同地区、读研前有无从教经历、能否胜任教育教学工作的教育硕士在专业满意度评价的选项上，至少有一个选项的频数百分比有极其显著差异；不同隶属层次高校在校生在对专业满意度的选项上，至少有一个选项的频数百分比有极其显著差异；不同类型高校在校生在专业满意度的两个选项上，至少有一个选项的频数

百分比有显著差异；不同毕业年限、是否工作、是否为师范专业毕业生在专业满意度的选项上，至少有一个选项的频数百分比有极其显著差异；对不同专业教育硕士进行的专业满意度总体评价上，获取的有效数据是 31 085 人，其中评价"满意及以上"的人数为 19 858 人，各专业对其评价的平均百分比为 63.9%，评价"一般及以下"的人数为 11 227 人，各专业对其评价的平均百分比为 36.1%。

对学生的基础信息调查显示，不同城市教育硕士在对师资队伍满意度的两个选项上无显著差异。

（二）教师各维度专业满意度差异性分析

对教师的调查显示，不同工作单位、不同地区、不同年龄、不同学历、不同职称、不同工作年限、有无教育学相关背景、有无基础教育工作和研究经历教师在专业满意度的选项上，至少有一个选项的频数百分比有极其显著差异；双导师间是否经常沟通合作、不同教师身份的专业满意度选项上，至少有一个选项的频数百分比有极其显著差异；对不同专业教师进行的专业满意度总体评价上，获取的有效数据是 10 988 人，其中评价"满意及以上"的人数为 8398 人，各专业对其评价的平均百分比为 72.3%。

对教师的基础信息调查显示，不同隶属层次高校、不同城市、不同类型高校教师、教师担任导师年限在对专业满意度的选项上无显著差异；导师有无教育学相关背景在课程设置、教学范式、管理和经费满意度的两个选项上无显著差异；导师有无基础教育工作和研究经历在课程设置满意度的两个选项上无显著差异；教师担任导师年限在对专业培养目标、教学范式满意度的两个选项上无显著差异；不同工作年限教师在对师资队伍满意度的两个选项上无显著差异；不同城市教师在对教学范式满意度的两个选项上无显著差异；不同工作年限教师在对教学范式满意度的两个选项上无显著差异。

（三）教育硕士与教师专业满意度的差异性比较

教育硕士和教师在专业满意度、专业培养目标满意度、课程设置满意度、师资队伍满意度、实践教学满意度、教学范式满意度、管理和经费满意度的选项上，至少有一个选项的频数百分比有极其显著差异。

四、主要研究结论

第一，教育硕士对专业满意度评价较高。在本次调查中，有70.1的教育硕士对培养院校总体满意，有63.9%对专业总体满意；在校生有66.4%对培养院校总体满意，有60.5%对专业总体满意；毕业生中有78.6%对培养院校总体满意，有71.1%对专业总体满意。这些数据充分表明教育硕士对专业满意度总体是满意的。

第二，教师对专业满意度评价较高。在本次调查中，全体教师中有77.8%对教育硕士专业总体满意；理论导师有75.2%对教育硕士专业总体满意；实践导师有86.9%对教育硕士专业总体满意；任课教师有76.5对教育硕士专业总体满意；管理者有82.3%对教育硕士专业总体满意。这些数据充分表明全体教师对教育硕士专业满意度评价较高。

第三，教育硕士和教师在专业满意度各维度的评价不一且有一定差距，全面提升专业培养质量任务繁重。调查数据表明，在专业培养目标维度，全体教育硕士对专业培养目标满意度为很满意的占35.4%，满意的占36.5%，共有71.9%的教育硕士对专业培养目标满意度在满意及以上程度。对全体教师专业培养目标满意度的调查发现，全体教师的专业培养目标满意度为很满意的占42.1%，满意的占46.7%，共有88.8%的教师对专业培养目标满意度在满意及以上程度，高于全体教育硕士的16.9%。

在课程设置维度，全体教育硕士对课程设置满意度为很满意的占33.2%，满意的占35.8%，共有69.0%的教育硕士的课程设置满意度在满意及以上程

度。全体教师课程设置满意度的调查发现，课程设置满意度为很满意的占36.3%，满意的占48.0%，共有84.3%的教师的课程设置满意度在满意及以上程度，高于全体教育硕士15.3%。

在师资队伍维度，教育硕士师资队伍满意度的调查显示，师资队伍满意度为很满意的占38.6%，满意的占39.0%，共有77.6%的教育硕士对师资队伍满意度在满意及以上程度。全体教师师资队伍满意度的调查显示，师资队伍满意度为很满意的占37.2%，满意的占46.2%，共有83.4%的教师对师资队伍满意度在满意及以上程度，高于全体教育硕士的5.9%。

在实践教学维度，教育硕士实践教学满意度的调查显示，实践教学满意度为很满意的占36.6%，满意的占37.8%，共有74.4%的教育硕士对实践教学满意度在满意及以上程度。全体教师实践教学满意度的调查发现，实践教学满意度为很满意的占36.6%，满意的占45.1%，共有81.7%的教师对实践教学满意度在满意及以上程度，高于全体教育硕士的7.3%。

在教学范式维度，教育硕士教学范式满意度的调查显示，教学范式满意度为很满意的占35.9%，满意的占38.1%，共有74.0%的教育硕士对教学范式满意度在满意及以上程度。全体教师教学范式满意度的调查发现，教学范式满意度为很满意的占35.6%，满意的占48.1% 共有83.7%的教师对教学范式满意度在满意及以上程度，高于全体教育硕士的9.7%。

在管理与经费维度，教育硕士管理和经费满意度的调查显示，管理和经费满意度为很满意的占31.5%，满意的占32.5%很不满意的占1.7%，共有64.0%的教育硕士对管理和经费满意度在满意及以上程度。全体教师管理和经费满意度的调查显示，管理和经费满意度为很满意的占28.0%，满意的占39.7%，一般的占26.4%，共有67.7%的教师对管理和经费满意度在满意及以上程度，高于全体教育硕士的3.7%。

在这六个维度中，全体教育硕士和全体教师满意度最低的是管理与经费维度，百分比分别为64.0%和67.7%；全体教育硕士满意度最高的是师资队伍，百分比为77.5%；全体教师满意度最高的是专业培养目标定位，百分比为

88.8%；对于培养目标满意度和课程设置满意度，全体教育硕士和全体教师的满意度差距较大，差值分别为 16.9% 和 15.3%。

第四，教育硕士专业满意度评价与专业培养目标、课程设置、师资队伍、实践教学、教学范式、管理与经费各维度均呈正相关，相关性最强的是课程设置、专业培养目标维度。通过相关性分析，发现全体教育硕士和全体教师对专业满意度评价与培养目标、课程设置、师资队伍、实践教学、教学范式、管理与经费各维度均呈显著正相关，但是相关程度有所不同。其中，全体教育硕士培养院校满意度与专业满意度相关性最为显著，皮尔逊相关性值为 0.718，其次为教育硕士专业满意度与课程设置、专业培养目标、教学范式满意度相关性。全体教师专业满意度与专业培养目标、课程设置满意度相关性最为显著，皮尔逊相关性值为 0.619，其次为教师专业满意度与教学范式满意度相关性。

第五，全体教师专业满意度较高于全体教育硕士满意度。全体教育硕士满意度最低的是管理与经费满意度和课程设置满意度，全体教师满意度最低的是管理与经费满意度和实践教学满意度，两者满意度最低的均为管理与经费满意度。在对教育硕士和教师进行的专业满意度总体评价上，教育硕士和教师在对专业满意度的两个选项上，至少有一个选项的频数百分比有极其显著差异。在教育硕士和教师与专业满意度总体评价交叉表中可以看出，在"满意及以上"选项上，教师为 77.8%，高于教育硕士的 63.9%。在"一般及以下"选项上，教育硕士为 36.1%，高于教师的 22.2%。通过差异性分析，发现全体教育硕士和全体教师对专业满意度评价在专业培养目标、课程设置、师资队伍、实践教学、教学范式五个维度均有显著差异性，全体教师在各维度的满意度均高于全体教育硕士，但两者的满意度均超过 69.0%。但在管理与经费维度，全体教育硕士和全体教师的满意度均较低于其他维度，分别为 64.0% 和 67.7%。

第二节 建议

一、进一步优化培养目标和课程设置，凸显基础性

在学生专业满意度的相关性分析中，相关性最强的维度是课程设置满意度，皮尔逊相关性值为 0.673，其次是专业培养目标满意度，皮尔逊相关性值为 0.657。在教师专业满意度相关性的分析中，相关性最强的两个维度是专业培养目标和课程设置，皮尔逊相关性值为 0.619。

由此可见，专业培养目标和课程设置维度是影响学生和教师对专业总体满意度评价的最关键因素，学生和教师对专业培养目标和课程设置的满意度越高，表明对专业总体满意度越高。虽然本次调查数据显示学生和教师对专业培养目标、课程设置较为满意，但是在以实践为导向方面及课程内容、实践课程占比方面也表达了一定程度的不满意。从整体的调查结果看，在专业培养目标和课程设置维度的具体方面仍然存在很大的提升空间。

在国家层面上，《硕士、博士专业学位研究生教育发展总体方案》中提出，突出实践教学，加大实践课程占比，在课程设置方面，充分考虑课程结构和课程内容的合理性；改革创新实践教学模式，坚持一线实践，保证培养质量。2022 年教育部工作要点中提及，"提升高等教育服务创新发展能力，实施新时代高等教育育人质量工程，建设高质量人才培养体系。统筹卓越拔尖人才培养，深入实施卓越拔尖人才培养计划，推动高校和企业共同设计培养目标、制定培养方案、实施培养过程"。

依据国家相关政策，在教育硕士专业建设层面上，应突出教育硕士培养的实践性，突出实践教学，保证实践教学质量，从教育硕士专业建设角度引导高校与企业进行实践合作，这既符合国家相关的政策要求，又符合国家对教育硕

士的培养目标。

在高校层面，建议教育硕士专业学位培养单位根据专业培养目标，以实践为导向，对以往的课程设置进行全方位的优化，注重课程内容的前沿性和职业性、理论性与实践性的结合，充分考虑实践课程的百分比，构建符合人才培养目标的课程设置体系，从而提升学生和教师的专业满意度评价；积极推进教师教育课程教学改革，为培养优秀教育硕士奠定坚实基础，形成由通识教育课程、专业教育课程、教师职业教育课程三大模块构成的教师教育课程体系，推进教学模式改革创新，实践启发式、讨论式、研究式、案例式等教学模式。

二、进一步强化师资队伍建设，凸显双师合作性

教育硕士专业满意度与师资队伍满意度二者之间具有显著相关性，皮尔逊相关性值为0.606，毕业生专业满意度与师资队伍满意度二者之间的显著相关性高于在校生。教师专业满意度与师资队伍满意度二者之间具有显著相关性，皮尔逊相关性值为0.598，在师资队伍维度，相关性最强的影响因素是校外实践导师因素。

由此可见，师资队伍建设与教育硕士专业满意度呈显著相关，进一步优化师资队伍建设，对提升专业满意度总体评价至关重要。其中，影响师资队伍建设最主要的因素是校外实践导师因素，因此，在教育硕士的培养过程中，提升校外实践导师的培养质量至关重要。

在国家层面上，2022年教育部工作要点中提及实行校企"双导师制"，建设"双师型"教师队伍。依托头部企业和高水平大学建设一批国家级职业教育"双师型"教师培养培训基地。推进"双师型"教师认定工作，指导各地制定省级"双师型"教师认定标准、实施办法。《专业学位研究生教育发展方案（2020—2025）》要求，"加强专业学位研究生导师队伍建设。坚持正确育人导向，强化导师育人职责"；"深化产教融合专业学位研究生培养模式改革"；"完善专业学位研究生教育评价机制"。"培养单位联合行业产业共同拟定培养方

案，建设实践课程，编写精品教材，开展联合培养基地建设。要求加强导师队伍建设，提升导师实践育人能力。"

在高校层面，首先应建立并完善"联合培养基地"及相关制度，使专业学位培养更具专业性和合作性。目前，众多高校的联合培养基地建设尚不完善，在师资队伍中校内理论导师、校外实践导师和任课教师的交流较少，在调查中发现仍然有部分教师在完成自身的教学任务后，没有及时与其他教师相互交流，关注教育硕士的实践性培养。因此，首先要加强"联合培养基地"的建设，尤其是应该制定相应的制度来保障各类教师之间的有效交流与合作；其次，要在高校内建立教育硕士培养的"校外实践导师指导过程档案"，并在每学期对校外实践导师的指导过程及指导能力进行综合性的评价，包括学生评价、任课教师评价、校内理论导师评价、管理者评价，在每学期形成评价总结，从而能够发现指导过程中的问题，及时解决；最后，在高校的课堂教学中，对于任课教师和校内理论导师的教育应增加教学内容的实践性和职业性的部分，形成"实践教学内容记录册"，任课教师和校内理论导师在教育教学的过程中，以课堂教学为依托，能够使学生的理论知识、课堂教学与实践知识充分结合，形成一个良性的知识循环，从而提升教育硕士的培养质量，提升学生和教师的专业满意度。

三、进一步细化实践教学考核标准，凸显一致性

教育硕士专业满意度与实践教学满意度二者之间具有显著相关性，皮尔逊相关性值为 0.605，其中毕业生对实践教学满意度相关性高于在校生；教师专业满意度与实践教学满意度二者之间具有显著相关性，皮尔逊相关性值为 0.607，其中实践导师专业满意度与实践教学满意度二者之间相关性最显著。

首先，在全国教指委层面，一方面，应该制定统一的实践教学考核标准，加强对实践教学的质量监督和巡查，使各培养院校能够明确应遵循的标准和要求；另一方面，应该将实践教学包括校内实训、课程中的实践环节、校外"三

习"的考核标准统一起来，形成一体化的训练体系，加强教育硕士实践能力的培养。其次，培养院校需要保障校内实训和校内实验设施的完备，建立有效的校内实训保障机制，保证校内实训的主动性和积极性。在校内实训中要注重教育硕士教学技能训练，同时加强微格教学、案例分析训练，从而强化教育硕士的综合教学技能、创新能力，强化理论与实践结合，促进教育硕士提升从教能力。再次，在校内实训过程中，使教育硕士全程参与，全方位参与，并在每次实训之后，教育硕士对自己的实训内容、实训过程、实训成果、问题与反思进行详细的记录，从而与任课教师和校内理论导师的"实践教学内容记录册"，进行对比，发现教育硕士校内实训中的问题，有针对性地进行培养。最后，加强校外"三习"的有效性。例如，在教育见习中，参观学校的听课、教学观摩活动，感受基础教育教师的工作和学校生活，帮助教育硕士在教学实践过程中了解基础教育工作职责，培养从事教育工作的兴趣；在教育实习中，通过教学实践，使教育硕士学习优秀教师的师德风范和教育教学方法，关注基础教育教学的问题和解决方法；在教育研习中，教育硕士可以用所学到的教育教学理论知识和专业技能对教育实习工作中出现的有关问题进行分析、探讨和研究，以提高教学反思能力和研究能力，通过对问题的研究，发现有效的教学方法，对以往的教学方法进行优化，从而形成良性的循环。

四、进一步加大管理与经费支持力度，凸显服务性

教育硕士专业满意度与管理和经费满意度二者之间具有显著相关性，皮尔逊相关性值为 0.568，表明教师专业满意度与管理和经费满意度二者之间具有显著相关性，皮逊相关性值为 0.539。在专业满意度总体评价中，学生和教师对管理与经费满意度最低。由此可见，进一步加强管理与经费的支持是重中之重。

从高校层面，首先细化并完善对教育硕士专业建设经费管理机制，并按照培养目标、课程设置、师资队伍建设、实践教学各维度进行合理分配，尤其是

师资队伍建设方面，应针对任课教师、校内理论导师、校外实践导师的指导过程，细化经费支持标准。在实践教学维度，对校内实训、校内实验设施的投入要与校外"三习"的投入相辅相成，既要学生在校内的实践得到有效保障，又要有效保障校外"三习"；建立教育硕士的校友基金会，一方面可以增强教育硕士在校生和毕业生的联系，另一方面通过基金会的相关活动及经费管理机制建立教育硕士的校友奖学金，从而对优秀的教育硕士起到激励导向作用，这是加强教育硕士管理和提升就业率的有效方式，使高校充分利用校友基金会的作用为基础教育培养应用型专门人才。

参考文献

[1] 全国教育专业学位教育指导委员会.教育专业学位教育概况[EB/OL].（2016-1-12）[2022-11-15].eduwest.com.

[2] 张斌贤.2021年教育专业学位教育专项质量巡查情况报告[R].北京：北京师范大学，2021.

[3] 唐卫民，彭万英.地方普通本科高校学生专业满意度研究[M].北京：中国社会科学出版社，2017.

[4] 全日制教育硕士专业学位研究生指导性培养方案（修订）[R].教指委发（2017）04号.

[5] 胡赤弟.教育产权与现代大学制度构建[M].广州：广东高等教育出版社，2008.

[6] 尹晓敏.利益相关者参与逻辑下的大学治理研究[M].杭州：浙江大学出版社，2010.

[7] 曹礼和.顾客满意度理论模型与测评体系研究[J].湖北经济学院学报，2007（1）：115-119.

[8] 郑山.中雅机电实业公司顾客满意度测评及改善对策研究[D].南昌：南昌大学，2009.

[9] 李红玫.辽宁省普通高等院校学生满意度研究[D].沈阳：沈阳师范大学，2011.

[10] 杨晓明，金龙，张艳.英国大学生满意度调查及其启示[Z].转引自李红玫.辽宁省普通高等院校学生专业满意度研究[D].沈阳：沈阳师范大学，2001.

[11] 韩玉志.现代大学管理——以美国大学学生满意度调查为例[M].杭州：

浙江大学出版社，2008.

[12] 霍映宝.顾客满意度测评理论与应用研究[M].南京：东南大学出版社，2010.

[13] 文静.大学生学习满意度实证研究[M].北京：教育科学出版社，2015.

[14] 周文辉.中国研究生满意度调查[M].北京：中国科学技术出版社，2018.

[15] 胥桂宏.大学生专业教学满意度研究与实践[M].镇江：江苏大学出版社，2019：1.

[16] 艾小娟.本科教学质量评估研究——以毕业生满意度为视角[M].北京：中国社会科学出版社，2021.

[17] 黄瑾婵.高职院校学生专业满意度影响因素研究[D].广州：暨南大学，2020.

[18] 赵泽群，孙宇飞，邱懿.高职专业选择满意度影响因素、问题与展望——学生个体视角[J].中国职业技术教育，2021（19）.

[19] 伍榕.基于ACSI的大学新生专业满意度测评指标体系研究[D].湘潭：湘潭大学，2019.

[20] 周银香.大数据时代统计学教学满意度评价及提升研究——以浙江财经大学经管类专业为例[J].教育教学论坛，2022（03）：17-20.

[21] 刘荣君，任志洁，王润霞.高职院校涉农专业学生对本专业满意度分析——以内蒙古某农业高职院校为例[J].现代职业教育，2021（33）.

[22] 陈霞.教育类硕士研究生专业满意度调查研究[D].重庆：重庆师范大学，2018.

[23] 张淑慧.冰雪方向体育大学生专业满意度、学习投入度对学业收获的影响[D].哈尔滨：哈尔滨体育学院，2019.

[24] 窦硕华.不同类型高校的外语院系学生专业满意度比较分析[J].煤炭高等教育，2022，40（4）.

[25] 王萌萌.硕士研究生专业满意度及其对学习结果的影响研究[D].上海：

华东师范大学，2020.

[26] 李孟璐，柳亮.地方医学院校本科生专业满意度调查分析［J］.中国高等医学教育，2022（5）.

[27] 丁沁南.选择重要还是培养重要——本科生专业自主选择、专业承诺与专业满意度关系探究［J］.教育发展研究，2019，39（23）.

[28] 安惠麟.汉语国际教育外国专业硕士课程满意度调查研究［D］.济南：山东大学，2019.

[29] 李颖君.东盟语种专业课堂教学满意度调研——以广西外国语学院为例［J］.高教论坛，2021（10）.

[30] 黄艳丽，杨葛君，许华山.临床医学专业临床学院教学模式学生满意度分析——基于Nvivo11的质性研究［J］.高教论坛，2020（09）.

[31] 陈倩.基于职业核心素养的中职财经商贸专业课程满意度评价研究［D］.大连：辽宁师范大学，2021.

[32] 熊敏.教育硕士（职业技术教育领域）专业学位研究生课程满意度研究［D］.天津：天津职业技术师范大学，2022.

[33] 林荫.中职学校旅游专业学生实习体验满意度调查研究［D］.大连：辽宁师范大学，2019.

[34] 王传毅，李福林.实习如何"赋能"专业学位硕士研究生——基于研究生满意度调查［J］.中国高教研究，2021（10）.

[35] 赵潇竹，李晓飞，胡慧敏.河北省新建本科院校学前教育专业学生集中实习满意度调查——以X学院学前教育专业2021届毕业生为例［J］.西部学刊，2021（22）.

[36] 刘睿.基于WSR方法论的体育教育专业学生教育实习满意度研究［D］.南京：南京师范大学，2020.

[37] 常荔，吕河西，周荣.满意度视角下公共管理专业实践教学模式优化［J］.黑龙江教育（高教研究与评估），2020（5）.

[38] 李卫祥.地方高校农科大学生就读专业满意度的调查研究［J］.教育现

代化，2020，7（51）．

[39] 曲彩云，吴楠冰．西藏地区公费师范生专业满意度实证研究［J］．现代职业教育，2022（10）：148-150．

[40] 如鲜古丽·艾海提．MTI英语口译专业研究生学位教育满意度调查［D］．北京：北京外国语大学，2022．

[41] 刘超．图书情报专业硕士培养过程满意度调查与影响因素研究［D］．济南：山东师范大学，2022．

[42] 巨岚．教育硕士（职业技术教育领域）专业学位研究生对导师满意度研究［D］．天津：天津职业技术师范大学，2022．

后　记

本书系辽宁省教育科学"十三五"规划课题"基于教师教育功能拓展的职业教育师资培养路径研究"（JG20DB416）、沈阳师范大学教学改革研究项目""教师教育＋X"的实施模式研究"、沈阳师范大学2021—2022年度省一流学科教育学学科建设项目的结题成果。

本书的完成离不开课题组全体成员的辛勤付出和密切合作。同时，彭唐修平（沈阳体育学院）、李侠、于茜茜、申君宇、彭丹丹、吴雨萌、朱玉等人，参与了本书部分章节的编写和校对工作。

感谢全国教指委对本课题的调研给予大力支持。沈阳师范大学学科处和教师教育学院为本书的出版提供了经费资助，在此深表谢意。对本书调研及撰写过程中参考的各位专家和学者表示诚挚的谢意！

由于笔者的知识、能力所限，书中难免存在不足，敬请各位读者包涵与指正。

彭万英

2022年12月